厚德博學
經濟匡時

匡时 经济学系列

高级区域与城市经济学

踪家峰　岳耀民　著

上海财经大学出版社
上海学术·经济学出版中心

图书在版编目(CIP)数据

高级区域与城市经济学 / 踪家峰,岳耀民著.
上海:上海财经大学出版社,2025.2. --(匡时).
ISBN 978-7-5642-4554-2
Ⅰ. F061.5;F290
中国国家版本馆 CIP 数据核字第 20250X3L25 号

责任编辑:季羽洁
封面设计:张克瑶
版式设计:朱静怡
投稿邮箱:jiangyu@msg.sufe.edu.cn

高级区域与城市经济学

著　作　者:踪家峰　岳耀民　著
出版发行:上海财经大学出版社有限公司
地　　址:上海市中山北一路 369 号(邮编 200083)
网　　址:http://www.sufep.com
经　　销:全国新华书店
印刷装订:上海华业装璜印刷厂有限公司
开　　本:787mm×1092mm　1/16
印　　张:15.75 印张(插页:2)
字　　数:308 千字
版　　次:2025 年 2 月第 1 版
印　　次:2025 年 2 月第 1 次印刷
定　　价:59.00 元

前　言

《高级区域与城市经济学》是一本面向研究生和科学研究者层面的著作。"高级"者，大量应用数学也。本书涉及微积分、概率论、线性代数、基础统计与计量经济学，为了更通俗易读，前面几章会对有关数学知识做简单介绍，尽量做到浅入浅出。与本书配套的初级著作《区域与城市经济学》（第 2 版）（踪家峰、潘丽群编著）主要面向初学者和本科生，几乎未用到高等数学知识而仅用图表表达。读者可根据自身需要选用这两本书。

本书提供了该领域学习研究的最精简的模型与文献，是该领域研究生特别是博士生和科研人员通向前沿的桥梁。这些模型和文献包括单中心城市经济模型（AMM）、多中心城市经济模型、城市体系模型、新经济地理模型、量化空间模型、Hotelling 模型和地方政府模型等，涵盖 GIS 应用、空间计量经济学、DEA 分析、双重差分方法等。本书不仅阐述了理论模型，而且比较详细地介绍了实证方法，这符合理论模型与数据匹配的学科发展趋势。我们调研发现，相关专业的硕士生乃至博士生真正系统读过经典文献者不多，同时，有些所谓的高级课程也只是初中级水准，离高级和前沿差得很远，这是制约中国区域与城市经济学发展的重要原因。我们认为，一名合格的研究生层次的区域与城市经济学专业学生（包括区域经济学、城市经济学、空间经济学、经济地理学等）至少应该掌握的理论有单中心城市模型、Rosen-Roback 模型、核心边缘模型、量化空间模型与地方政府模型，掌握的实证方法包括因果推断、GIS 与空间计量等，还需要掌握经典算法与数值分析、机器学习等技术。可见，这门学科的门槛较高。在软件方面，最好需要掌握 GIS、Stata、Python 等，会 R 语言可以不学 Stata，不会 R 语言最好要学习 Stata。软件的入门是简单的，大致几周即可成为这方面的熟练操作工，但是要深入掌握，则必须学习基础的算法和数值分析，不然基本上浮于表面，而基本的算法和数值分析是大多数经济类研究生所缺失的知识和能力。

对于研究生来说，不仅需要熟练地进行实证研究，而且需要花大力气学习理论模型，做到既能写代码，又能进行理论模型推导，切记"少壮工夫老始成"。有的学生将文字叙述作为理论研究，认为不做实证不写代码就是理论研究，其实这与理论研究"八竿子打不着"，理论模型创新的基础在于对经典理论模型的熟悉，如果连经典模型都闻所未闻，连前人的肩膀都没够到，那么谈何站在前人的肩膀上？有的学生拘泥于城市经济学、区域经济学、空间经济学、经济地理学、区域与城市经济学的名称,但其实它们没多大区别,是相互融合成的一个关于资源空间配置的经济学科。与其拘泥于它们的名称,不如静下心来好好学习理论模型和实证方法,读万卷书,行万里路,知中国,服务中国。政策研究只是该学科的一小部分,不应该把政策解读等同于该学科,区域与城市经济学主要是探求资源的空间配置规律,而不是政策解读。

在撰写本书的过程中,康明、白雪、谢凡等同学对部分数据进行了测算。本书参考了国内外众多文献和讲稿,并结合了作者本人的学习心得和思考,可作为经济学类、经济地理类等专业研究生的参考书,亦可让对经济感兴趣的读者了解如何将地理因素纳入经济分析中,对地理感兴趣的读者可以了解如何从经济学的角度对地理进行分析。不可否认,撰写这本书是非常具有挑战性的,缺点和错误在所难免,恳请广大读者和同行批评指正。知无知,我们知道自己对这门学科还有太多的东西没有理解透,这正是我们继续学习和研究的动力之一。

我从事区域与城市经济学的教学和研究 20 余年,2004 年获评管理科学与工程专业副教授,2008 年获评经济学教授,2010 年开始指导区域经济学等专业的博士生,在国内较早对城市治理、区域治理等进行理论与实证研究,较早对 AMM、Rosen-Roback、空间筛选、产业集聚等进行实证分析。2005 年,我写出了 Matlab 的空间计量代码。2012 年,我在德国法兰克福美因河畔的文化宫宿舍里开始系统推导新经济地理、城市经济的模型,推导过程很是辛苦,A4 纸用了 600 多张,由此发现自己开始初步真正理解了区域与城市经济学的理论模型。我曾经教过高级微观经济学、高级计量经济学、高级公共经济学、高级区域经济学、博弈论、区域经济学/城市经济学/空间经济学、产业经济学、房地产、财政学、中国财政思想史、管理学、组织行为学、Stata 应用、Python 入门等课程,积累了经济管理学的一些教学经验。自 2004 年起,我陆续指导了区域经济学、财政学等专业的硕士生和博士生,积累了一些指导经验。我经常激励我的学生们,要下苦功夫,要做冷板凳,科学研究不能花里胡哨,什么时候开始学习都不晚。

区域与城市经济学在中国已经获得长足的发展,但大量创新性成果的涌现仍有漫长的道路要走,研究者需要坐得十年冷板凳,方能"柳暗花明又一村"。以文会友,以友辅仁,与读者和同行共勉。

踪家峰

扫码获取教学资料
(请标注姓名、院校、教材名称及版本)

目 录

第一章　绪论 / 1
　第一节　研究对象与发展脉络 / 1
　第二节　标杆模型与空间均衡 / 3
　第三节　市场结构 / 8
　第四节　几组关系 / 9
　第五节　简单的记号 / 17
　参考文献 / 18
　思考与练习 / 20

第二章　AMM 模型 / 22
　第一节　预备知识 / 22
　第二节　城市经济模型简介 / 26
　第三节　简单的单中心模型 / 29
　第四节　标准的单中心模型 / 31
　参考文献 / 34
　思考与练习 / 35

第三章　多中心模型 / 38
　第一节　预备知识 / 38
　第二节　多中心模型的特点 / 43
　第三节　Fujita-Ogawa 模型 / 45
　参考文献 / 51
　思考与练习 / 53

第四章　城市体系模型 / 55
　第一节　预备知识 / 55
　第二节　Zipf 模型:最优的城市体系分布 / 60

第三节　Henderson(1974)模型：最优城市规模　/ 64
第四节　Rosen-Roback 模型：城市间人口、房价、工资与品质关系　/ 67
第五节　孵化城市模型：城市间产业关系　/ 71
参考文献　/ 74
思考与练习　/ 76

第五章　城市交通拥挤与空间筛选　/ 79

第一节　预备知识　/ 79
第二节　交通拥挤模型　/ 82
第三节　自选择与空间筛选　/ 86
参考文献　/ 91
思考与练习　/ 92

第六章　新经济地理学：核心边缘模型　/ 94

第一节　预备知识　/ 94
第二节　Dixit-Stiglitz 框架　/ 96
第三节　核心边缘模型　/ 98
第四节　三种效应、两种力和两种均衡　/ 104
参考文献　/ 107
思考与练习　/ 108

第七章　新经济地理学：模型扩展　/ 112

第一节　预备知识　/ 112
第二节　NEG 扩展的方向　/ 113
第三节　资本流动模型　/ 114
第四节　异质性企业理论　/ 117
参考文献　/ 121
思考与练习　/ 121

第八章　量化空间模型　/ 125

第一节　预备知识　/ 125
第二节　量化空间　/ 128
第三节　Eaton-Kortum(2002)模型　/ 131
第四节　Redding 和 Rossi-Hansberg(2018)模型　/ 134

第五节　简单比较　/ 137
参考文献　/ 138
思考与练习　/ 139

第九章　Hotelling 模型　/ 142

第一节　预备知识　/ 142
第二节　Hotelling 模型简介及拓展分析　/ 144
第三节　空间 Cournot 数量竞争　/ 149
第四节　空间 Bertrand 价格竞争　/ 151
参考文献　/ 154
思考与练习　/ 154

第十章　地方政府模型　/ 156

第一节　最优地方政府模型　/ 156
第二节　政府间策略相互作用　/ 158
第三节　基于 NEG 的税收竞争模型　/ 161
参考文献　/ 164
思考与练习　/ 165

第十一章　实证论文初步Ⅰ　/ 168

第一节　论文的基本范式　/ 168
第二节　实证模型、变量与数据　/ 169
第三节　内生性与工具变量　/ 174
第四节　GIS 初步　/ 180
第五节　空间计量经济　/ 194
参考文献　/ 198
思考与练习　/ 200

第十二章　实证论文初步Ⅱ　/ 205

第一节　系统评价概述　/ 205
第二节　投入-产出分析　/ 206
第三节　DEA 模型　/ 211
第四节　主成分分析　/ 219
第五节　双重差分法　/ 225

第六节　机器学习　/ 230
第七节　论文选题　/ 231
参考文献　/ 235
思考与练习　/ 236

附　录　/ 242

第一章 绪 论

第一节 研究对象与发展脉络

经济学是研究资源配置的科学,而作为其分支学科的区域与城市经济学是研究资源的空间配置的科学。资源的空间配置不是均质的,而是集聚的,因此,区域与城市经济学是研究经济集聚及其空间相互作用的科学。

区域与城市经济学主要沿着两大主线而发展:一条是从亚当·斯密(Adam Smith)开始到杜能(Thünen)的区位论,然后由 Alonso(1964)、Mills(1967)、Muth(1969)发展成新城市经济学,接着 Hendenson(1974)又提出城市体系理论,最后在 20 世纪 80 年代后形成 Rosen-Roback 城市体系理论;一条是从亚当·斯密的绝对优势理论开始到李嘉图(Ricardo,1817)的比较优势理论,然后到赫克歇尔-俄林的要素禀赋理论(Heckscher-Ohlin Theory,即 H-O 理论),最后发展到克鲁格曼(Krugman,1991)的新经济地理学传统。此外还有其他支线,如由 Tiebout(1956)发展而成的税收竞争和地方公共经济学,由 Hotelling(1929)发展而来的区位垄断竞争模型,在区位论基础上发展起来的韦伯(Weber,1909)的工业区位论、克里斯泰勒-廖什的城市区位论,进而是 Isard(1949)提出的区域科学综合、马歇尔-雅各布斯(Marshall-Jacobs)的空间外部性理论。2000 年以来,量化空间模型得到了发展(Eaton-Korum,2002;Redding-RossiHansberg,et al.,2017),这种模型可能是两大类模型的合流,见图 1.1。

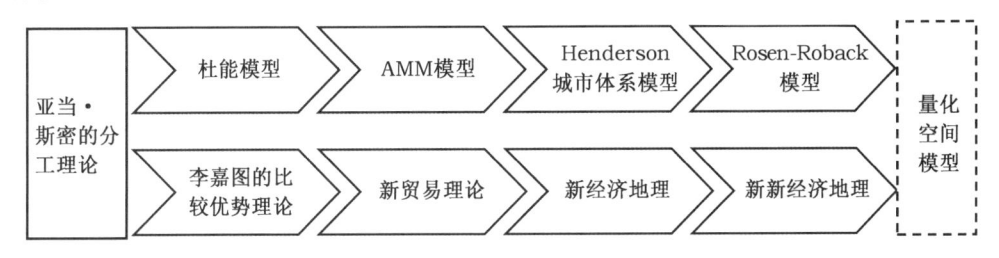

图 1.1 学科发展的两大主线

亚当·斯密 1776 年的《国富论》是经济学的开山之作，《国富论》为区域与城市经济学提供了最主要的思考渊源：市场机制和分工理论。当代区域与城市经济学的基础理论都是建立在市场经济这一体制背景下的，市场机制（而不是计划经济体制）是资源配置的基本手段。杜能（1826）开创性的对农业生产的区位选择进行的研究，使得他成为空间经济学、经济地理学、区域与城市经济学之父。在杜能模型提出 100 多年后，阿隆索等人将杜能模型应用于城市经济分析，发展了单中心的城市经济模型，因而可以说杜能模型不仅是农业的区位论，更是城市的区位论，影响了整个学科的发展。在亚当·斯密的分工理论基础上，李嘉图（Ricardo，1817）提出了比较优势理论，认为区际/国际贸易的基础是比较优势，即由于相对技术差异带来的成本高低的不同，一国或一地区应该集中生产并出口其具有"比较优势"的产品，进口其具有"比较劣势"的产品，而赫克歇尔和俄林认为具有比较优势的产品是由相对充足的生产要素所生产的产品（Heckscher，1919；Ohlin，1933）。后来克鲁格曼（Krugman，1980，1991）又在他们的基础上提出新贸易理论和新经济地理学。如今谈到区域与城市经济学，以亚当·斯密、杜能等为代表的学术北辰依然熠熠发光，指引着后来者不断求索。

区域与城市经济学，或称"城市与区域经济学"的 JEL 分类[①]为 R 类，全称为"城市、农村、区域、房地产与交通经济学"，有时候也可以简称为"城市、区域与空间经济学"，国内称之为"区域经济学、城市经济学或空间经济学"，经济地理学也可以囊括进去。R 类中又包括五个小类，这五个小类基本上概括了这门学科研究的内容：

R0：总论

R1：一般空间经济，主要包括经济活动的规模和空间分布方式、土地利用模式、投入产出分析、区域内贸易等子类；

R2：家庭分析，主要包括家户需求分析、劳动力流动等子类；

R3：生产分析与企业区位，主要包括企业区位、住房供给与需求、房地产市场、政府规制政策等子类；

R4：运输系统，主要包括运输的供给与需求、交通运输投资、交通拥挤等子类；

R5：区域政府分析，主要包括地方与区域财政、公共设施区位、区域发展政策等子类。

---

① JEL 分类系统，是由美国《经济文献杂志》（*Journal of Economic Literature*）所创立的经济学文献主题分类系统。

第二节　标杆模型与空间均衡

一、市场经济与分工理论

亚当·斯密在谈到市场机制时说：

"每个人都在力图应用他的资本，来使其生产品能得到最大的价值。一般地说，他们并不企图增进公共福利，也不知道他所增进的公共福利为多少。他所追求的仅仅是他个人的安乐，仅仅是他个人的利益。在这样做时，有一只看不见的手引导他去促进一种目标，而这种目标决不是他所追求的东西。由于追逐他自己的利益，他经常促进了社会利益，其效果要比他真正想促进社会利益时所得到的效果要大。我们从未听说那些自称为公共利益而从事贸易的人做过多少好事。"

亚当·斯密的"看不见的手"的思想早在2 000多年前的《管子》中就曾论述过，《管子》论述的精彩程度不亚于《国富论》。《管子·禁藏》曰：

"夫凡人之情，见利莫能勿就，见害莫能勿避。其商人通贾，倍道兼行，夜以续日，千里而不远者，利在前也。渔人之入海，海深万仞，就彼逆流，乘危万里，宿夜不出者，利在水也。故利之所在，虽千仞之山，无所不上，深源之下，无所不入焉。"

亚当·斯密的第二个重大贡献是其分工理论。首先，分工是效率的源泉，是经济增长、国际贸易等的起点。亚当·斯密这样谈分工：

"一个劳动者，如果对于这职业（分工的结果，使扣针的制造成为一种专门职业）没有受过相当训练，又不知怎样使用这职业上的机械（使这种机械有发明的可能的，恐怕也是分工的结果），那么纵使竭力工作，也许一天也制造不出一枚扣针，要做二十枚，当然是绝不可能了。但按照现在经营的方法，不但这种作业全部已经成为专门职业，而且这种职业分成若干部门，其中有大多数也同样成为专门职业。一个人抽铁线，一个人拉直，一个人切截，一个人削尖线的一端，一个人磨另一端，以便装上圆头。要做圆头，就需要有两三种不同的操作。装圆头，涂白色，乃至包装，都是专门的职业。这样，扣针的制造分为十八种操作。有些工厂，这十八种操作，分由十八个专门工人担任。固然，有时一人也兼任两三种。我见过一个这种小工厂，只雇用十个工人，因此在这一个工厂中，有几个工人担任两三种操作。像这样一个小工厂的工人，虽很穷困，他们的必要机械设备，虽很简陋，但他们如果勤勉努力，一日也能成针十二磅。从每磅中等针有四千枚计，这十个工人每日就可成针四万八千枚，即一人一日可成针四千八百枚。如果他们各自独立工作，不专习一种特殊业务，那么，他们不论是谁，绝对不能一日制造二十枚针,说不定一天连一枚针也制造不出来。他们不但不能制出今日由适当分工合作而制成的数量的二百四十分之一,就连这数量的四千八百分之一,恐怕也制造不出来。"

其次,分工受制于市场范围。亚当·斯密曾言:

"交换力引起了分工,分工的范围受限于交换的范围,也就是受市场范围局限。市场过小,工人无法专职一种工作,因为他无法将劳动剩余生产物随意与别人交换。所以许多业务包换底层劳动者,也必须聚集在大城市才能获得持续稳定的工作。农村的职工大多一个人兼营几项所用的材料类似的作业,比如木匠同时又是细工木匠、家具师、雕刻师、车轮制造者、耕犁制造者及至三轮车、四轮车制造者。在苏格兰高原偏远的奥地,无论如何维持不了一个专门造钉工人的生计,因为那里一年也消耗不了他一日的制造额。相比于陆地运输,水运可以开拓更广大的市场。所以各产业的分工改良往往很自然地开始于沿海沿河一带,而这种改良许久之后才会慢慢普及到内陆。水运较陆运大幅度减少人力、物力、时间、金钱成本,且让运输更安全、更便利和到达更多更远目的地。这样就促进了多地之间更大规模的商业,提供了更广阔的市场空间和业务支持。"

管仲比亚当·斯密更早注意到分工问题,《管子》有言:

"今夫工群萃而州处……相语以事,相示以功,相陈以巧,相高以知事。旦昔从事于此,以教其子弟,少而习焉,其心安焉,不见异物而迁焉。是故其父兄之教不肃而成,其子弟之学不劳而能。"

司马迁也持有相似的观点,他在《史记·货殖列传》中进一步论述道:

"农不出则乏其食,工不出则乏其事,商不出则三宝绝,虞不出则财匮少。"

二、标杆模型

新经济地理的核心边缘模型、单中心 AMM 模型、Rosen-Roback 模型、Hotelling 模型和 Tiebout"用脚投票"模型是区域与城市经济学中的标杆模型,见图 1.2。其中 Hotelling 模型是企业选择区位的策略互动,涉及的均衡概念是博弈均衡,核心边缘模型、单中心 AMM 模型、Rosen-Roback 模型、Tiebout-Z-W 模型则是用一般均衡方法求解,涉及的概念是一般均衡,这是因为这些基本的模型省略了企业之间的策略互动。

单中心 AMM 模型主要分析城市内部的资源(土地)配置,至于城市为什么存在,单中心模型不考虑。Rosen-Roback 模型主要阐述城市之间的资源配置,即人口、房价和工资的关系。核心边缘模型主要是通过贸易流来反映不同地区之间的真实工资,从而分析产业的集聚状态。以 Eaton-Kortum(2002)为代表的量化空间模型研究的则是领域扩展,涉及的不仅有贸易,还有人口、知识等流动,其追求的是理论与数据特别是

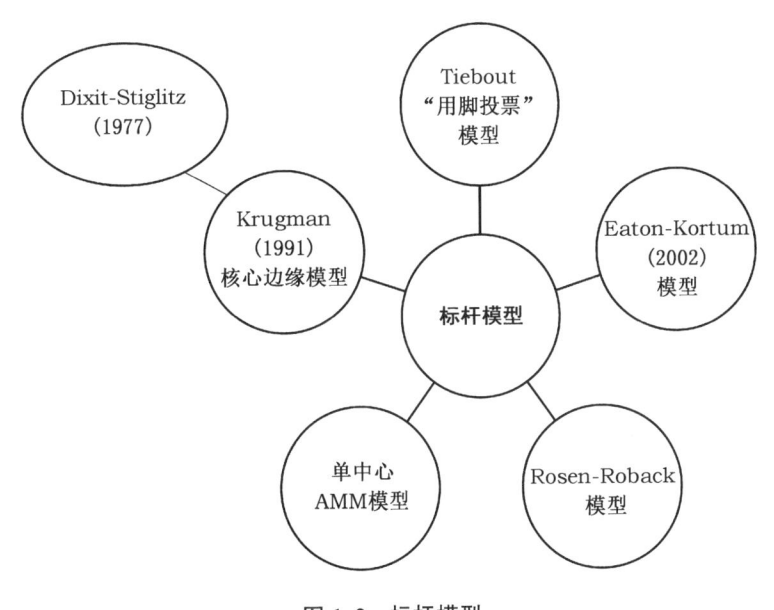

图 1.2 标杆模型

微观数据的契合。Tiebout"用脚投票"模型是地方公共经济学的出发点,也是区域与城市经济学的最核心研究内容,以该模型发展形成了税收竞争与地方政府竞争的模型。上述这些模型与新经济地理、城市经济模型互相融合。Hotelling 模型是产业组织理论最重要的模型之一,也是分析集聚的一个重要视角,它遵循的是博弈均衡的模式,而不是其他模型的一般均衡模式,所以学习 Hotelling 模型需要具备一些博弈论知识。总之,有关上述标杆模型的文献是区域与城市经济学研究者的必读文献和精读文献,最好是逐篇精读,至少得精研 AMM、Rosen-Roback、核心边缘、量化空间和税收竞争五类理论模型,并且熟练使用因果推断和空间计量等实证方法。

三、博弈与纳什均衡

博弈是两个以上的参与人(玩家)在一定的规则下选择自己的策略使得自己的效用最大化的过程,玩家自己的策略选择及其结果与其他玩家的策略有关。博弈论最重要的概念是纳什均衡,纳什均衡是在 N 人博弈中,一组参与人的策略,在博弈中,如果给定这一组合中其他参与人的选择,则没有任何人有积极性改变自己的选择。Hotelling 模型涉及的是博弈的参与人都能知道其他参与人的收益结构的完全信息博弈,根据博弈双方的行动顺序又可以分成同时行动的静态博弈和有前后次序的动态博弈,完全信息静态博弈对应的均衡概念是纳什均衡,而完全信息动态博弈对应的概念是子博弈精炼纳什均衡。

请记住,纳什均衡是参与人的策略组合。

四、无套利空间一般均衡

区域与城市经济学大部分模型属于无套利空间一般均衡（No-Arbitrage Spatial General Equilibrium）。无套利就是没有免费的午餐，想吃饭就得付钱，不能白吃饭不给钱。对于消费者而言，如果居住地离城市近些，到 CBD 购物就更方便，交通成本低，但同时房价高，得花费更多的钱买房。无套利空间均衡是指行为主体不能通过区位的改变来增进效用，如果有区位能增进其效用，那么他就会不断地改变区位，直到均衡。

空间一般均衡的建模步骤为：

(1) 模型环境。建模环境（Setup/Model Environment）主要涉及如下：第一，城市经济模型或者 Hotelling 模型要指出各主体活动空间是线形城市还是圆形城市，新经济地理则需要指出是两个区位还是多个区位。第二，模型中的参与主体是哪些？只有消费者，还是消费者和生产者均有，抑或是消费者、生产者、政府等主体均有？第三，模型中各主体的特征，比如消费者的区位、消费特征、流动性等，生产者的市场结构、产品特征等。

(2) 消费者行为。在文献中，常以偏好（Preference）作为标题。消费者行为是消费者在预算约束下最大化自己的效用。如无特别指出，消费者就是工人，工人就是消费者，多数情况下工人的工资就是该工人的收入，当然有时候还会加上从资本市场或土地市场得到的收益。消费者的收入用于购买空间商品（通勤费用和住房）和非空间商品，这就是消费者的预算约束方程式。

消费者的最优化问题为：

$$\max U(c)$$
$$\text{st. } pc = y \text{ 或 } w$$

式中，st 为 subject to 的缩写，是约束条件的意思。p 为价格，c 为消费品数量，消费者的收入为 y_1，工资为 w，多数模型里假设 $y=w$。当然，消费者不止消费一种商品，比如消费者还要购买住房，这时效用函数变成 $U(c, H)$，那么约束条件则变为 $pc + RH = w$，其中 R 为住房价格。

(3) 生产者行为。在文献中，常以技术作为标题，也称为厂商行为。与非空间的经济学模型一致，也是假设在生产者预算约束下生产者利润的最大化。新经济地理学是以垄断竞争结构为假设，厂商自由进出市场，这也意味着在均衡时厂商的利润为 0。量化空间模型则多是以完全竞争的市场为假设，代表性厂商以边际成本定价。

(4) 开发商行为（土地市场行为）。经典的城市经济学模型考虑的是开发商或者土地市场行为，开发商当然也是企业，只不过他们的产品是土地，他们不是在传统商品市场，而是在特定的土地市场追求利润的最大化。这本来就是城市经济学的传统套路。而经典的新经济地理学模型不考虑开发商行为或者说土地市场行为，这也容易理解，因为新经济地理学是贸易理论的发展,贸易理论的传统是忽略土地市场的。

(5)政府行为。在经典的城市经济学模型或新经济地理模型中是不考虑政府行为的,无论是单中心城市模型还是多中心城市模型抑或是城市体系模型,都不考虑政府行为。地方税收竞争模型则必须考虑政府行为,一般假设政府是个好政府,政府的目标是最大化辖区居民的效用,当然政府也要课征税款。

在扩展的区域与城市经济学模型中,将政府行为加入是个常见的方式,政府一般还是假设为好政府、征税并最大化辖区效用。

(6)空间一般均衡。一般而言,非空间因素的一般均衡我们仅需要考虑商品的供给等于需求,在带有空间一般均衡的条件下,我们需要考虑商品的供给等于需求,购买商品的支出等于其收入,劳动力市场供给等于需求(劳动力出清),土地市场供给等于需求(土地市场出清),还有劳动力的流入与流出之和等于总劳动力供给,等等。一般而言,模型设定有几种类型的市场,就有几种市场的供给等于需求,即市场出清。

图1.3列出了区域与城市经济学中各经济主体及其主要特征。

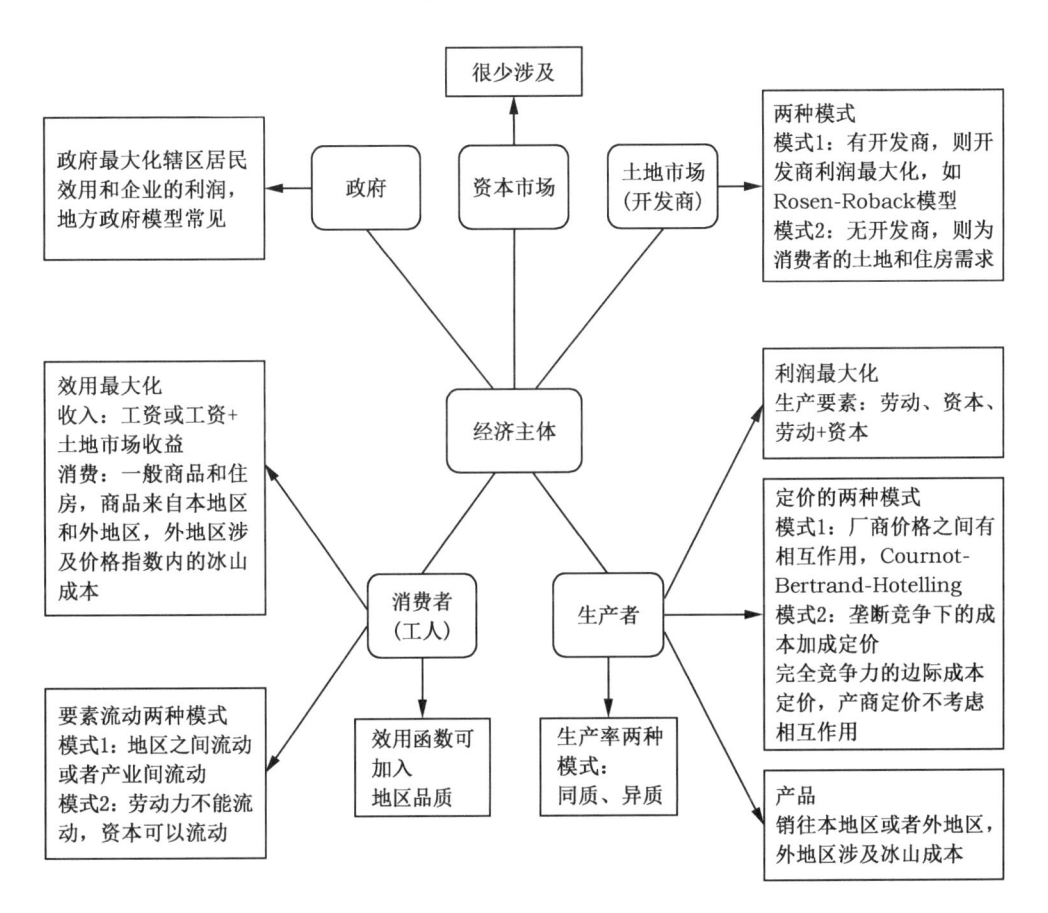

图1.3 经典模型中的主体及其假设

这六个步骤是一个完整的过程,有时候仅有(1)(2)(6),有时候仅有(1)(3)(6),有时候(1)(2)(3)(6)是一个组合,有时候(1)(2)(3)(4)(6)是一个组合。空间因素在消费者行为、生产者行为、开发商行为等步骤中皆可加入。在简化模型中可以只考虑消费者行为,而省略生产者行为、政府行为和开发商行为。空间一般均衡求出均衡后,接下来是进行参数校准(Parameter Calibration)和数值模拟(Numerical Simulation),如果有相关的数据则可进行实证分析。

第三节 市场结构

一、四种类型

市场结构一般可以划分为完全竞争(Perfect Competition)、完全垄断(Monopoly)、垄断竞争(Monopolistic Competition)与寡头垄断(Oligopoly)四种类型,见表1.1。

表 1.1　　　　　　　　　　　　四种市场结构

类型	企业数量	产品类型	进入或退出壁垒
完全竞争	非常多	同质	自由进入与退出,均衡时利润为0
垄断竞争	许多	差异产品	自由进入与退出,均衡时利润为0
寡头垄断	几家	相似或相同产品	进入困难
垄断(完全垄断)	一家	独家产品	不能进入

资料来源:曼昆(2022)。

完全竞争的特点是企业数量众多,每家企业生产同质的产品,以及企业可以自由进入或退出市场;垄断竞争意味着企业数量有许多,但每家企业生产差异化的产品,企业也可以自由进入或退出市场;寡头垄断市场上存在几家企业,每家企业生产相似或相同的产品,但进入市场有障碍;完全垄断市场则仅有一家企业,进入该行业非常困难,市场的需求曲线就是单个垄断企业面临的曲线。除完全竞争外,其他都属于非完全竞争的范畴。

区域与城市经济学模型常见的市场结构包括垄断竞争、寡头垄断和完全竞争。新经济学地理涉及垄断竞争,Hotelling模型为寡头垄断或垄断竞争,而量化空间模型如Eaton-Kortum(2002)的市场结构为完全竞争。

二、自由进入与退出

区域与城市经济学模型最常用到的两种市场类型为完全竞争和垄断竞争。这两种市场类型均有一个重要条件是企业可以自由进出市场——既可以自由进入市场,也可以自由退出市场。在这种条件下,均衡时,企业的利润为 0,在完全竞争时,遵循边际成本定价,价格等于边际成本,即 $p=c$;在垄断竞争的条件下,遵循成本加成定价,即价格在边际成本的基础上再加上一个系数。这也意味着单个企业之间没有策略相互作用,不似伯川德(Bertrand)定价。

第四节 几组关系

一、同质性与异质性

中国有句谚语:"一母生九子,九子各不同。"德国莱布尼茨也说过世界上没有两片相同的树叶。大到一个国家,小到一片树叶,都存在差异,这就是所谓的不同的性质,即异质性(Heterogeneity),异质性是绝对的。同质性(Homogeneity)是指事物具有相同的特性,存在共性,同质性是相对的。

城市具有异质性,每个城市都有不同之处,比如规模上的差异、地理分布的差异等;企业具有异质性,每个企业都有其特殊之处,比如企业规模的不同、CEO 的差异、企业生产率的不同;消费者也具有异质性,比如南方的消费者偏爱米饭,而北方的消费者偏爱馒头等。

刻画这种异质性的空间一般可以用生产率、地方品质和运输成本等变量(Arkolakis,2018)。在 Krugman(1991)核心边缘模型中,各个企业的生产率相同。在 Melitz(2003)模型中,生产率相异,假设服从帕累托分布,帕累托分布最简单的概况是所谓的二八定律,20% 的企业可能具有高效率,而 80% 的企业效率较低;这些模型均没有提及地方品质或者可以说地方品质相同,城市体系的 Rosen-Robak 模型则强调了地方品质的重要性,到后来的量化空间模型,地方品质不仅重要,而且服从某一概率分布。一般假设服从 Fréchet 分布,Fréchet 分布的意思是具有较高品质的城市很少,而较低品质的城市很多。

二、确定性与不确定性

确定性是经济主体对未来的事件的发生具有完全的知识,不确定性是经济主体对未来的事件的发生不具有完全的知识。不确定性是绝对的,确定性是相对的,确定性是不确定性的特例。早期的区域与城市经济学的模型很少涉及不确定性,都是讨论确定性问题。随着博弈论和异质性企业理论大量应用于区域与城市经济学领域,不确定性分析越来越多,成为理论模型的主流趋势。

对于生产者而言,价格、产量、成本等都是不确定性的,利润以及生存率都是不确定的。企业的价值是其未来现金流的折现,未来现金流是不确定性的,折现率也是不确定的。

对于消费者而言,消费的价格和种类都是不确定的,今天鸡蛋 1 元一个,明天可能涨到 1.5 元一个。

对于资本市场和土地市场而言,股票和住房价格的波动是常态。虽然中国股市的大盘可能长期保持在 3 000 点左右,波动不大,但也曾有 6 000 点以上的时候,而且个股的价格更是涨跌无常。住房价格自 1998 年起快速增长,某特大城市 20 世纪 90 年代的房价为每平方米几千元,而 2020 年已达到每平方米 10 万元以上,但是黑龙江省某些城市的住房价格却是不断下跌,号称白菜价。

不确定分析涉及概率分析,概率就是可能性。区域、城市与空间经济学的理论模型涉及的概率理论包括基本概率的概念、条件概率、贝叶斯公式、均值、方差,以及正态分布、均匀分布、帕累托分布和 Fréchet 分布。比如量化空间模型不仅涉及 Fréchet 分布,还涉及条件概率和贝叶斯公式。实证模型的基础则主要来自概率论与统计学。

三、报酬递增与运输成本

经济集聚的一个基本问题是报酬递增与运输成本之间的权衡,见图 1.4。我们以《道德经》第 80 章为例,第 80 章写道:"小国寡民。使民有什伯之器而不用,使民重死而不远徙。虽有舟舆,无所乘之;虽有甲兵,无所陈之。使民复结绳而用之。甘其食,美其服,安其居,乐其俗。邻国相望,鸡犬之声相闻,民至老死,不相往来。"

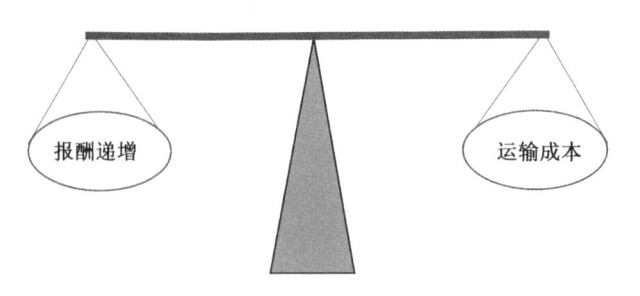

图 1.4 报酬递增与运输成本的权衡

1. 运输成本无穷大

运输成本无穷大,小国(区位)之间人员老死不相往来,其他要素都不流动,那么这时候小国皆是自给自足的经济体,吃喝拉撒都是自己内部解决,集聚特征是自给自足的 N 个小国。

2. 运输成本为 0

如果运输成本为 0，人们无成本自由流动，其他生产要素也无成本流动，那么仅仅剩下报酬递增这个因素，产业该如何集聚呢？这一问题留作课后的思考题，供大家学习探讨。

3. 运输成本不为 0

上述探讨的是两个极端情况：运输成本无穷大，为自给自足的区位；运输成本为 0，区位在何处无差异。大多数情况下我们碰到的是运输成本不为 0，也不是无穷大。由于有运输成本，要素迁移有成本，因而不远徙成为选择。

这时候的产业区位如何呢？既可以每个小国都建厂，这时候在小国内部的产品不需要运输成本，也可以在某个小国建厂，然后将产品运输到其他小国。工厂具体建在哪里取决于对报酬递增与运输成本的权衡，也可以说是对节约生产成本与节约运输成本的权衡。

四、空间相互作用与空间衰减

《三字经》云："昔孟母，择邻处，子不学，断机杼。"孟母择邻而居原因何在？可能是考虑到邻居天天吹喇叭对孟子有坏的影响，也可能是由于邻居是个屠夫，天天杀猪，担忧小孟子失去敬畏之心，孟母将家搬到学校附近，是希望孟子天天在琅琅读书声中耳濡目染，见图 1.5。这种直接的坏的或好的影响就叫外部性，坏的是负外部性，好的是正外部性。当然无论做什么职业，都是社会分工的不同，不应该有贵贱之分。而且有一点需要特别注意，孟子所处的时代人口是能够流动的，如果不能流动，则不能选择邻居，这点非常重要。

图 1.5　孟母三迁

外部性在空间上称为空间溢出效应，这种效应是随着距离的增加而衰减的。孟子迁到学校附近就不会受吹喇叭和杀猪的影响，而因受到学校琅琅书声的熏陶，孟子最后成为亚圣。

空间相互作用随着距离的增加而降低，这就是万有引力定律揭示的道理。1687 年，即康熙二十六年，牛顿发现万有引力定律。万有引力定律表述为任何物体之间均存在相互作用力，力的大小与各个物体的质量成正比例，而与它们之间的距离的平方成反比，即：

$$F = G \frac{M_1 M_2}{R^2}$$

式中,F 为吸引力,M_1、M_2 分别为物体 1 和物体 2 的质量,R 为两物体之间的距离,G 为引力常量。

Tinbergen(1962)将万有引力定律引入社会经济领域,如城市之间的相互作用、国际贸易等问题的研究,引力方程也变成更为一般的形式:

$$F=G\frac{M_1^\alpha M_2^\beta}{R^\gamma}$$

两边取对数,整理可得 $\ln F = \alpha \ln M_1 + \beta \ln M_2 - \gamma \ln R$。Anderson(1979)、Anderson 和 Van Wincoop(2003)等一系列关于引力方程的理论研究使得人们认识到区域与城市经济学的很多模型本质上是引力方程的变形或扩展。

空间相互作用的一个重要表现是地区之间的投入-产出关系。举个最简单的投入-产出关系的例子,甲地区的大米作为乙地区的中间产品,用来做乙地区的最终消费品(米饭)。再举个复杂一点的例子,甲地汽车厂的发动机供应商在乙地,也就是说乙地的发动机作为中间投入品投入甲地汽车厂,这部分是甲地对乙地的中间需求,除了这个中间需求外,还有对汽车的最终需求,这是最终消费品汽车需求,因此总需求就等于这二者之和,见图 1.6。

图 1.6 中间产品需求与最终产品需求

上述空间相互作用涉及人口、贸易、产业等内容,Arkolakis(2018)整合了这种关系,见图 1.7。区位之间的相互作用至少包括贸易联系、产业投入-产出关系、要素的流动联系以及知识溢出,要素包括数据要素。当然除了这些之外,还有诸如文化、宗教等联系。

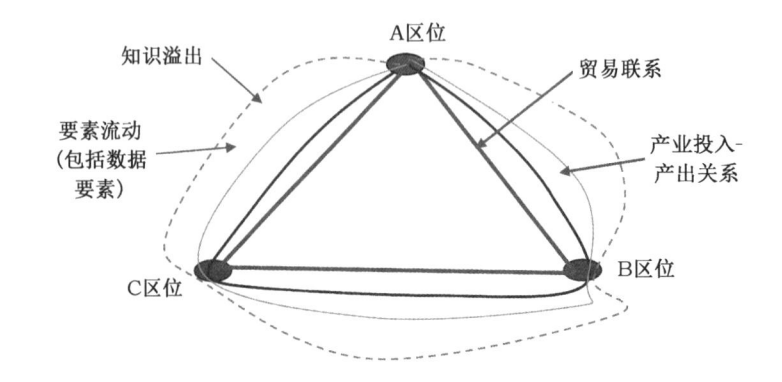

资料来源:根据 Arkolakis(2018)制作,参见 www.arkolakis.com/teaching/。

图 1.7 空间相互作用关系

其实中国有很多描述空间相互作用及其空间衰减的诗词佳句：

◆ "天高皇帝远。"一方面说明封建王朝实行中央集权制，另一方面说明集权效力随着距离衰减。中国古代的五服制度就是这种特征的写照。

◆ "孔雀东南飞。"东南一般指我国的东南部，特别是江南地区。这句诗一方面说明了东南特别是江南自宋代起一直是中国经济中心，另一方面也说明中国人口迁移的方向是东南方向，这种情况在1978年后更加明显。

◆ "东边不亮西边亮。"这句话一方面说明了中国是个大国，另一方面说明了中国各地区的差异性及其相互作用。

◆ "我住长江头，君住长江尾，日日思君不见君，共饮长江水。"这是宋代词人李之仪的《卜算子·我住长江头》的前几句。长江全长约6 300千米，"一个在头一个在尾"说明仍存在空间相互作用，另外还说明交通成本较大，虽然思君但无奈交通成本太大不能见君。如果坐飞机或高铁，那么见面的可能性就大大提高了，这间接说明交通运输的重要性。

◆ "天下没有免费的午餐。"无论走到哪里，都有收益、成本与预算约束，这是无套利的空间均衡。

五、物价与房价

物价与房价是区域与城市经济学最常见的两类价格（指数），在经典的新经济地理中用的是物价指数，而在经典的城市经济学模型中用的是房价。从字面上理解，物价应该包括房价，因为房子也是物品，但实践中房价一般不被纳入消费价格指数（CPI）计算，可以说物价是物价，房价是房价；在区域与城市经济学的理论模型中，物价一般是指可贸易品价格及其价格指数，而房价是不可贸易品价格及其价格指数。在经典的新经济地理学模型中，物价指数为：

$$P = \left(\int_0^N p(\omega)^{1-\sigma} d\omega \right)^{\frac{1}{1-\sigma}}$$

式中，$p(\omega)$为ω种类商品的价格，N为商品种类，σ为替代弹性，P为价格指数。

我们也可将上式写成离散形式（省略商品种类的下标w）：

$$P = \left(\sum_{i=1}^N p_i^{1-\sigma} \right)^{\frac{1}{1-\sigma}}$$

在经典的城市经济学模型中，住房价格则很少采取指数形式，直接以某区位价格表达。当然这本质上也是指数。

这两种价格或价格指数哪个重要呢？以北京与天津的物价和房价为例，表1.2列出了北京、天津的几种副食品和蔬菜的价格，图1.8和图1.9分别列出了北京与天津的平均房价。

表 1.2　　　　　　　北京、天津副食品和蔬菜批发价格　　　　　　单位：元/斤

（2023 年 6 月 14 日）

种类	北京新发地批发市场	天津韩家墅批发市场	北京/天津比值
粳米	2.53	2.40	1.05
鸡蛋	4.44	4.70	0.94
大白菜	1.15	1.15	1.00
土豆	1.6	1.4	1.14
西红柿（番茄）	2.05	1.85	1.11
茄子	1.20	1.75	0.69
白条猪（新鲜带骨，统货）	8.50	9.50	0.89
鲜羊肉（新鲜去骨，后腿肉）	32.75	38	0.86

资料来源：北京价格网站。

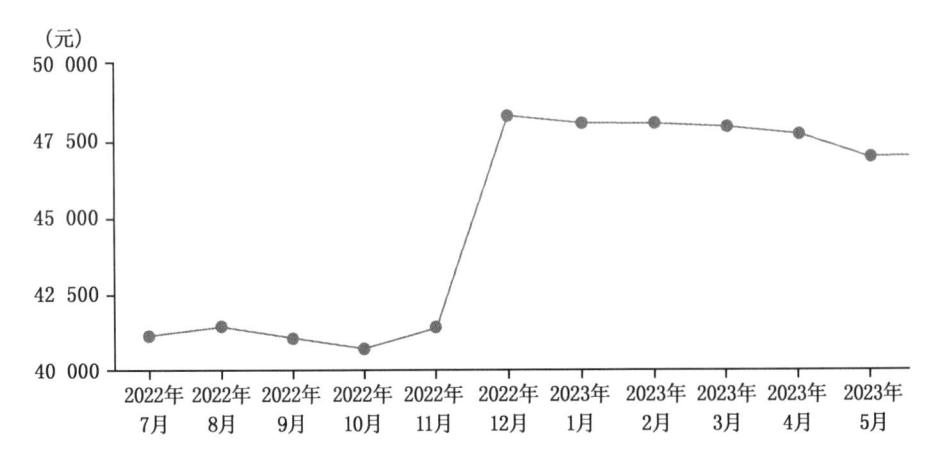

资料来源：安居客网站。

图 1.8　北京 2022 年 7 月至 2023 年 5 月房价

北京与天津几种副食品、蔬菜的价格有差异，如粳米的价格北京比天津高 0.13 元/斤，但鸡蛋的价格天津比北京高 0.26 元/斤，而大白菜的价格北京与天津相同。就房价而言，北京的房价在 4 万～5 万/平方米，而天津的房价低于 1.70 万/平方米，北京房价大概是天津的 2.5～3 倍。

作为贸易品的物价很重要，但是作为非贸易品的房价亦非常重要，消费者能否定居在城市，不是看他能不能买得起白菜和土豆，而是看他能不能买得起、租得起房子。所以，起源于贸易理论的量化空间模型也将住房因素纳入，而不仅仅考虑贸易品。

资料来源:安居客网站。

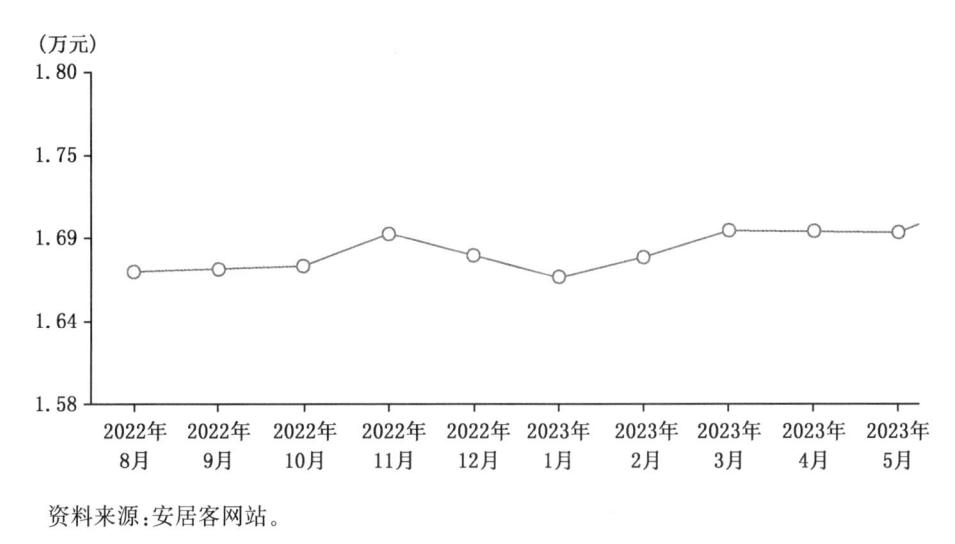

图 1.9　天津 2022 年 8 月至 2023 年 5 月房价

六、空间与非空间

区域与城市经济学是关于资源的空间配置的经济学,"空间"是这门经济学学科的关键词。一般来说,区域与城市经济学中的空间等同于地理,与非空间模型不同,空间主要通过以下途径进入理论模型:

(1)直接以距离表示。单中心城市模型、多中心城市模型均为这种模式,比如在单中心城市模型中,一般假设消费者的约束方程为:

$$w=R(x)H+\tau x+Z$$

式中,x 为消费者居住地距离城市 CBD 的距离,w 为消费者的工资,τ 为从居住地到单位的通勤费用,$R(x)$ 为 x 处的地租,H 为消费者的住房面积,Z 为其他消费品且其价格被单位化为 1。$R(x)H+\tau x$ 是通勤与住房的支出,是空间因素的支出,这两项支出是消费者最主要的支出。

(2)以冰山成本和价格指数形式表示。在核心边缘等模型中,距离是采取冰山成本的形式,而价格指数是冰山成本的函数,即:

$$p_2{'}=\tau p_2$$

西部地区某种商品的价格为 p_2,运输到东部地区则为 τp_2,其中 τ 为冰山成本,一般而言 $\tau>1$。相应的东部地区的价格指数为:

$$P_1=(n_1 p_1^{1-\sigma}+n_2(p_2\tau)^{1-\sigma})^{\frac{1}{1-\sigma}}$$

式中,n_1 代表东部商品种类的数量,n_2 代表西部商品种类的数量。

(3)区位相互作用。两个区位的生产要素的流动会对这两个区位的经济社会产生影响。当我们说到多个区位的时候,就应该明白这种影响。比如在要素流动下,东部地区的发展促进了西部地区农村收入的提升,这是因为西部地区农民流动到东部地区,不仅为东部地区带来了产业工人,而且促进了他们收入的提升。

实证研究主要涉及以下方面:

(1)实证研究各种地理条件的影响。这种影响包括研究距离、气候、地形、降水、河流、到海洋的里程等。此外,还有各种经济地理条件,比如大运河的效应,铁路特别是高铁的效应等。

(2)将地理作为工具变量。正因为地理条件的影响是广泛而深入的,所以地理条件常被作为某些变量的工具变量,比如到赤道的距离、到北京的距离、到海洋的距离、到最近铁路线的距离等常被作为工具变量。这部分内容第十一章还会详细阐述。

(3)以地理作为断点。《晏子春秋》载:"橘生淮南则为橘,生于淮北则为枳,叶徒相似,其实味不同。"淮河-秦岭作为我国的南北分界线,其南北自然地理环境存在较大差别,因此在实证研究中,常将秦岭-淮河作为地理断点进行断点回归。当然类似的地理分界线还有很多,如 Black(1999)、Bayer 等(2007)对学区房的效应的研究等,这里不再赘述。

七、政府与市场

在区域与城市经济学的经典模型中,无论是单中心城市模型,还是新经济地理学模型,税收竞争模型的隐含假设都是市场经济的制度环境,劳动力、资本等要素自由流动,企业追求利润最大化,消费者追求效用最大化,市场机制是最基本的资源配置方式,在市场经济的制度环境中,各参与主体按照最大化利润或效用活动。

事实上,完全的市场经济环境的条件可能无法满足,劳动力不是自由流动而是受到制约的,资本不是自由流动而是受到阻遏的。经典模型只考虑在市场经济背景下地理、行业等特点对生产要素流动的约束,而没有考虑非完全市场经济的制度背景。

承认经典模型是市场经济背景下的模型不意味着经典模型中不存在政府主体,在地方政府模型中,从 Tiebout(1956)到税收竞争模型均存在政府主体,假设政府为好政府,不仅收税,而且能最大化辖区居民的效用。经典模型中政府不涉及对政府官员的分析。

八、理论模型与数据

一篇区域与城市经济学论文,需要既有理论模型,又有经验分析。随着异质性等技术的引入,出现了更具解释力的理论模型,随着更多源、更微观的数据的应用,更能发现新的问题和解释新的理论。更匹配的理论模型与数据,促进了这门学科的发展。Melitz(2003)的异质性企业理论匹配了微观层面的企业数据,量化空间模型尤其是量化城市模型则匹配了城市居民个体数据。让模型说话,让数据说话,让匹配的理论与数据说话成为区域与城市经济学的发展方向。

数据尤为重要,区域与城市经济学的数据更多源,更微观,质量也更高。20世纪90年代以来,大量关于企业、个人的微观数据和数据库如雨后春笋般出现,具体包括家庭区位数据、企业区位数据、POI数据、手机信令数据、城市公共交通刷卡数据、环境污染实时数据、各类GIS数据(如夜间灯光数据、高程、坡度等)以及各类网络数据(如微博数据、网上购物数据等)、即时交流软件的数据(如微信数据、QQ数据、Facebook数据、ChatGPT等)。

对于一个区域与城市经济学研究者来说,不仅要掌握经典的理论模型,掌握模型的求解与数值模拟方法,而且需要具备更好的数据收集、整理与分析能力,掌握机器学习等人工智能方法。当然,对于一些常用工具如Python、Stata和GIS更应灵活而熟练地使用。

第五节 简单的记号

为尽可能保持全书一致性,本书采用以下记号:

p 为价格;

P 为价格指数;

q 为消费数量;

π 为利润,有时作为比率或概率,仅在个别情况下作为圆周率运算;

c 为消费,有时作为边际成本;

ω 为产品种类,读作 omega;

σ 为产品的替代弹性,读作 sigma;

τ 为单位运输成本,读作 tao,又可作为冰山成本,有时用 t 表示;

h 或 H 为住房面积;

R 或 r 常作为住房成本或房租,有时 r 又作为资本成本,R 又作为厂商的收入;

λ 常作为拉格朗日方程的系数,又可作为人口比重或支出比重,读作 lambda,其中 b 不发音;

A 表示技术,即生产率;

B 代表城市或地方品质,之所以不用 A 表示,其中一个原因是 A 在宏观经济学中作为生产率已经约定俗成；

U 为效用函数；

V 为间接效用(函数)，本质是测量的福利水平；

$\bar{U}$ 一般为保留效用；

Pr 为概率，一般数学书上概率以 P 表示，但经济学上 P 大多表示价格；

$\exp$ 为以 e 为底的指数的缩写，$\exp(z)$ 即 e^z；

涉及区位、部门(产业)、产品种类时，常用区位 i、部门 j、产品 ω，当然有时 j 也表示区位。部门者，可以视为产业也，部门 j 也就是产业 j。

参考文献

[1][英]阿尔弗雷德·马歇尔. 经济学原理[M]. 朱志泰，译. 北京：商务印书馆，2019.

[2][美]格里高利·曼昆. 经济学原理[M]. 梁小民，梁砾，译. 北京：北京大学出版社，2022.

[3][英]亚当·斯密. 国富论[M]. 郭大力，王亚南，译. 北京：商务印书馆，2015.

[4]踪家峰，潘丽群. 区域与城市经济学[M]. 2版. 上海：上海财经大学出版社，2023.

[5]Alonso W. *Location and Land Use*[M]. Cambridge (MA)：Harvard University Press，1964.

[6]S Brakman，H Garretsen，Charles Marrewijk. *The New Introduction to Geographical Economics*[M]. Cambridge：Cambridge University Press，2009.

[7]Baldwin R，R Forslid，P Martin，et al. *Economic Geography and Public Policy*[M]. New Jersey：Princeton University Press，2005.

[8]Pierre-Philippe Combes，Thierry Mayer，and Jacques Thisse. *Economic Geography—The Integration of Regions and Nations*[M]. Princeton：Princeton University Press，2008.

[9]Fujita M，Krugman P and A Venables. *The Spatial Economy：Cities，Regions and International Trade*[M]. Cambridge (Mass)：MIT Press，1999.

[10] Masahisa Fujita and Jacques-François Thisse. *Economics of Agglomeration：Cities，Industrial Location，and Regional Growth*[M]. Cambridge：Cambridge University Press，2005.

[11]Glaeser E L. *Triumph of the City*[M]. London：Macmillan，2011.

[12]Andreu Mas-Colell，Michael D Whinston and Jerry R Green. *Microeconomic Theory*[M]. New York：Oxford University Press，1995.

[13]Holger Sieg. *Urban Economics and Fiscal Policy*[M]. Princeton University Press，2021.

[14]Starrett D. Market Allocations of Location Choice in a Model with Free Mobility[J]. *Journal of Economic Theory*，1978，17(1).

[15]Zenou Y. *Urban Labor Economics*[M]. Cambridge：Cambridge University Press，2009.

[16]Anderson James E. A Theoretical Foundation for the Gravity Equation[J]. *American Economic Review*，1979，69(1).

[17]Anderson James E，and Eric van Wincoop. Gravity with Gravitas：A Solution to the Border

Puzzle[J]. *American Economic Review*, 2003,93(1).

[18]Arkolakis Costas, Natalia Ramondo, Andrés Rodríguez-Clare, et al. Innovation and Production in the Global Economy[J]. *American Economic Review*, 2018, 108 (8).

[19]Eaton Jonathan, and Samuel Kortum. Technology, Geography, and Trade[J]. *Econometrica*, 2002, 70(5).

[20]Krugman Paul. Scale Economies, Product Differentiation, and the Pattern of Trade[J]. *American Economic Review*,1980, 70(5).

[21]Krugman Paul. Increasing Returns and Economic Geography[J]. *Journal of Political Economy*, 1991,99(3).

[22]Henderson J Vernon. The Sizes and Types of Cities[J]. *American Economic Review*,1974, 64(4).

[23]Hotelling H. Stability in Competition[J]. *Economic Journal*, 1929(39).

[24]Heckscher E. The Effect of Foreign Trade on the Distribution of Income[J]. *Ekonomisk Tidskrijf*, 1919,21. (Translated as chapter 13 in American Economic Association, Readings in the Theory of International Trade. Philadelphia: Blakiston, 1949.)

[25]Isard W. The General Theory of Location and Space-Economy[J]. *The Quarterly Journal of Economics*,1949,63 (4).

[26]Muth Richard F. *Cities and Housing: The Spatial Pattern of Urban Residential Land Use. Chicago*[M]: University of Chicago Press, 1969.

[27]Melitz Marc. The Impact of Trade on Aggregate Industry Productivity and Intraindustry Reallocations[J]. *Econometrica*, 2003, 71(6).

[28]Marshall A. *Principles of Economics*[M]. London: Macmillan,1890.

[29]Mills E, An Aggregate Model of Resource Allocation in a Metropolitan Area[J]. *American Economic Review*,1967. 57.

[30]Ohlin Bertil. *Interregional and International Trade*[M]. Cambridge, MA: Harvard University Press, 1933.

[31]Roback Jennifer. Wages, Rents, and the Quality of Life[J]. *Journal of Political Economy*,1982,90 (6).

[32]Ricardo David. *On the Principles of Political Economy and Taxation*[M]. London :John Murray, 1817.

[33]Redding Stephen J and Esteban Rossi-Hansberg. Quantitative Spatial Economics[J]. *Annual Review of Economics*,2017, 9.

[34]Tiebout Charles M. A Pure Theory of Local Expenditures[J]. *Journal of Political Economy*,1956,64(5).

[35]Tinbergen Jan. *An Analysis of World Trade Flows, in Shaping the World Economy*[M]. New York, NY: Twentieth Century,1962.

[36]Weber A. *Über den Standort der Industrien*[M]. Tübingen, Germany: J. C. B. Mohr, 1909.

思考与练习

1. 区域经济学、城市经济学、地理经济学、空间经济学、经济地理学等的研究对象与内容趋同,一般可称为区域与城市经济学,或区域与城市经济学,或区域、城市与空间经济学。请查阅资料,了解区域、城市与空间经济学的发展脉络。

2. 思考现代人工智能等信息技术(如无人驾驶、ChatGPT、机器人、云计算、新能源等)对区域与城市发展的影响,以及对区域、城市与空间经济学发展的影响。

3. 20世纪有的国家选择了市场经济体制,有的国家选择了计划经济体制。请查阅相关历史资料并回答:①什么是市场经济?②市场经济有哪些必要条件?

4. 比较《管子》与亚当·斯密关于市场机制和分工的思想。

5. 请查阅任一本中级微观经济学教材,进一步理解纳什均衡和一般均衡。

6. 如何理解无套利空间一般均衡?

7. 市场结构的四种类型各有什么特点?企业自由进出市场意味着什么?差异产品与同质产品有什么区别?

8. 什么是异质性和同质性?思考如何测度厂商的异质性、消费者的异质性和区位(国家、地区、城市等)的异质性。

9. 思考"孟母择邻"与学区房。

10. 设定引力方程:$\ln F = \alpha \ln M_1 + \beta \ln M_2 - \gamma \ln R$。式中,$R$为各城市到北京的距离,$M_1$为北京市人口,$M_2$为某城市人口,$F$为北京到某城市的客流量。请回答:①用数据实证上述引力方程;②思考引力方程的经济学基础。

11. 一个经济体有N个区位(国家、区域或城市等),商品和劳动力在区位之间自由流动。在空间一般均衡条件下,有以下说法:

①对于商品市场的出清 $Y_i = X_i = \sum_{j=1}^{N} x_{i,j}$,对商品$i$的需求等于来自各自区位的供给,$x_{ij}$是第$j$个区位的商品$i$的供给。

②对于劳动力市场的出清 $L = \sum_{j=1}^{N} L_j$,劳动力的总需求或供给等于各个区位需求或供给之和。对于土地市场也有类似的表达式。

请问上述两种说法正确吗?

12. 一个经济体有N个小国,在运输成本为0的情形下,生产要素无成本在小国之间自由流动。请回答:①某小国由于偶然率先建立了企业,这时候产业集聚特征是怎样的?②有无可能,每个小国都生产同质的某种商品?③是否存在这种可能,某个小国始终没有产业集聚?④在这种情形下,如何理解报酬递增与运输成本的权衡?

13. 熟悉中国"五普"(2000年)、"六普"(2010年)、"七普"(2020年)数据。这三次普查数据中关于城市的数据是否具有可比性?

14. 熟悉《中国统计年鉴》、中国综合社会调查(CGSS)、中国居民收入调查数据库(CHIPS)、中国家庭追踪调查(CFPS)等。

15. 熟悉中国工业企业数据库和中国海关数据库。

16. 熟悉国家统计局"中国投入-产出表"和"中国地区投入-产出表"。

17. 下载夜间灯光地图,熟悉全世界夜间灯光的长期演变。

18. 查阅 1978 年以来各地区用电量数据。请回答用电量数据、夜间灯光数据、GDP 数据三者匹配吗?

19. Python 是一种流行的计算机语言。请下载安装 Python,并用 Python 写代码,获取你所在城市有关平台网站上提供的川菜餐馆的信息。

第二章　AMM 模型

第一节　预备知识

一、导数

英文"derivative"可翻译成导数、微商、派生的,还有一个重要的意思是衍生物。

(一)导数的定义

函数 $f(x)$ 在 $x=a$ 处的导数 $f'(x)$ 定义为：
$$f'(x)=\lim_{h\to 0}\frac{f(h+a)-f(a)}{h}$$

只要这个极限存在。

一般我们把函数的导数记作 $f'(x)$,或 $\dfrac{\mathrm{d}y}{\mathrm{d}x}$、$\dfrac{\mathrm{d}f(x)}{\mathrm{d}x}$ 等。

(二)导数的运算

对于函数 $f(x)$、$g(x)$,性质如下：

(1)加减法：$(f(x)\pm g(x))'=f'(x)\pm g'(x)$；

(2)乘法：$(f(x)\times g(x))'=f'(x)g(x)+f(x)g'(x)$；

(3)除法：$\dfrac{f(x)}{g(x)}=\dfrac{f'(x)g(x)-f(x)g'(x)}{g^2(x)}$；

(4)如果 $f(x)=k$,k 为常数,那么 $f'(x)=0$；

(5)对于任何常数 k,如果 $f(x)=kg(x)$,那么 $f'(x)=kg'(x)$；

(6)链式法则：如果对于函数 $f(x)$、$g(x)$,我们定义 $h(x)=f(g(x))$,那么 $h'(x)=f'(g(x))g'(x)$。

(三)隐函数的求导

对于隐函数 $F(x,y)=c$,如何求 $\dfrac{\partial y}{\partial x}$ 呢？我们可以两边对 x 求导,得出：
$$\frac{\partial F}{\partial x}\cdot\frac{\partial x}{\partial x}+\frac{\partial F}{\partial y}\cdot\frac{\partial y}{\partial x}=\frac{\partial}{\partial x}(c)$$

即：

$$\frac{\partial F}{\partial x} \cdot 1 + \frac{\partial F}{\partial y} \cdot \frac{\partial y}{\partial x} = 0$$

那么，

$$\frac{\partial y}{\partial x} = -\frac{\dfrac{\partial F}{\partial x}}{\dfrac{\partial F}{\partial y}}$$

(四) 偏导数

对于多元函数，对应的是偏导数的概念。函数 $z=f(x,y)$，则 f 关于 x 的偏导数定义为：

$$f_x(x,y) = \lim_{h \to \infty} \frac{f(x+h,y) - f(x,y)}{h}$$

同理可以定义 f 关于 y 的偏导数：

$$f_y(x,y) = \lim_{h \to \infty} \frac{f(x,y+h) - f(x,y)}{h}$$

偏导数的记号 $f_x(x,y)$ 可以写作 f_x，或 $\frac{\partial f}{\partial x}$、$\frac{\partial}{\partial x}(f(x,y))$，或 z_x、$\frac{\partial z}{\partial x}$ 等形式；同理 $f_y(x,y)$ 可以写作 f_y、$\frac{\partial f}{\partial y}$、$\frac{\partial}{\partial y}(f(x,y))$、$z_y$、$\frac{\partial z}{\partial y}$ 等。

对一阶偏导数再求一次偏导，称为二阶偏导数。二阶偏导数的记号为：

$$f_{xx} = \frac{\partial^2 f}{\partial x^2}$$

$$f_{xy} = \frac{\partial^2 f}{\partial x \partial y}$$

$$f_{xxy} = \frac{\partial^2 f}{\partial x^2 \partial y}$$

二、积分

积分，来自英文"integration"，在汉语中表示整合、一体化、集成、求和等意思。积分符号 $\int$ 是英文"sum"的缩写，即求和的意思。本质上积分是求和运算，积为集合，分为分割或者切片，积分就是将不同的切片集合在一起，也就是相加的意思。

以图 2.1 为例，求曲线 $y=f(x)$ 与 x 轴 $[a,b]$ 围成的面积。我们可以将 $[a,b]$ 进行 n 等分，每份为 Δx，对应的高度为 $f(\Delta x_i)$，求该曲线下面的面积则变成求这些长方形面积之和，即：

$$S = f(\Delta x_1) \times \Delta x + f(\Delta x_2) \times \Delta x + \cdots + f(\Delta x_N) \times \Delta x = \sum_{i=1}^{N} f(\Delta x_i) \times \Delta x$$

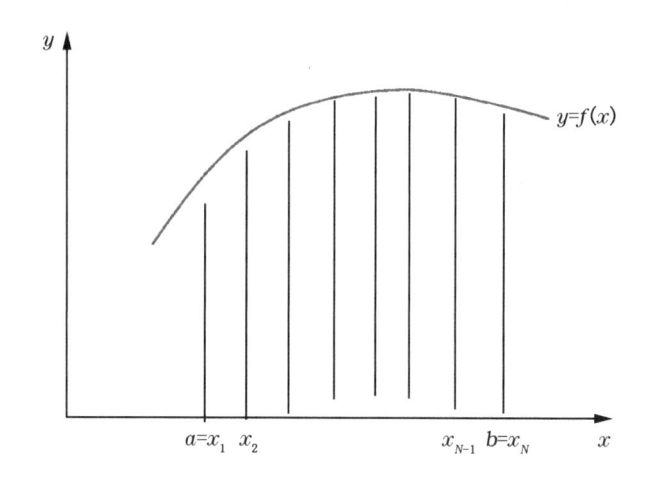

图 2.1 积分示意

令：

$$\int_a^b f(x) \mathrm{d}x = \lim_{N \to \infty} \sum_{i=1}^N f(\Delta x_i) \times \Delta x$$

这就成为 $f(x)$ 在 $[a,b]$ 上的积分。积分的本质是求和。

很显然，积分具有以下简单的性质：

$$\int_a^b f(x) \mathrm{d}x = \int_a^{x2} f(x) \mathrm{d}x + \int_{x2}^{x3} f(x) \mathrm{d}x + \cdots + \int_{x_{N-1}}^b f(x) \mathrm{d}x$$

$$\int_a^b kf(x) \mathrm{d}x = k \int_a^b f(x) \mathrm{d}x$$

积分与微分的简单关系如图 2.2 所示。

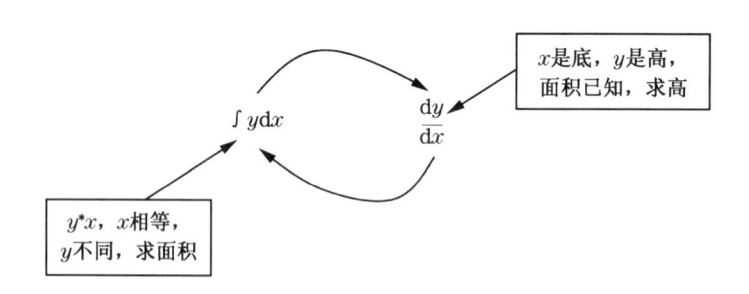

图 2.2 积分与微分的关系

三、包络定理

一个典型消费者的效用函数为 $U = f(x, y, \alpha)$，其中 x、y 为商品数量，α 为参数，消费者效用最大化为：

$$\max f(x, y, \alpha)$$

一阶条件为:
$$\frac{\partial f(x,y,\alpha)}{\partial x}=\frac{\partial f(x,y,\alpha)}{\partial y}=0$$

一般情况下,可以求出 x、y 的最优解:
$$x=x^*(\alpha)$$
$$y=y^*(\alpha)$$

将上面最优解代入消费者的效用函数:
$$V(\alpha)=f(x^*(\alpha),y^*(\alpha),\alpha)$$

这个函数被称为最大值函数(Maximum Value Function),是消费者效用函数最大化时的函数,它是一个关于参数 α 的函数。求这个函数关于 α 的一阶导数,可得:
$$\frac{\partial V}{\partial \alpha}=\frac{\partial f}{\partial x}\times\frac{\partial x^*(\alpha)}{\partial \alpha}+\frac{\partial f}{\partial y}\times\frac{\partial y^*(\alpha)}{\partial \alpha}+\frac{\partial f}{\partial \alpha}$$

由于 $\frac{\partial f}{\partial x}=\frac{\partial f}{\partial y}=0$,所以 $\frac{\partial V}{\partial \alpha}=\frac{\partial f}{\partial \alpha}$。

也可以写成:
$$\frac{\partial V}{\partial \alpha}=f_\alpha$$

这就是包络定理(Envelope Theorem)。

四、库恩塔克条件与拉格朗日方法

库恩塔克条件(Kuhn-Tucker Conditions)是非线性规划中最重要的一个定理。实值函数 $f(x)$ 的规划问题为:
$$\max f(x)$$

约束条件为:
$$g^1(x)\geqslant 0$$
$$g^2(x)\geqslant 0$$
$$\cdots$$
$$g^k(x)\geqslant 0$$

和
$$x_1\geqslant 0, x_2\geqslant 0,\cdots,x_n\geqslant 0$$

建立拉格朗日函数:
$$L(x,\lambda_1,\cdots,\lambda_k)=f(x)+\sum_{j=1}^{k}\lambda_j g^j(x),\lambda_j\geqslant 0$$

那么,库恩塔克条件为:

① $\frac{\partial L}{\partial x}=\frac{\partial f}{\partial x}+\sum_{j=1}^{k}\lambda_j\frac{\partial g^j(x)}{\partial x}\leqslant 0$,在 $x_i>0$ 时取等号;

② $g^j(x)\geqslant 0$,在 $\lambda_j>0$ 时取等号。

接着来看下面这个例子,最优化问题为:

$$\max f(x_1,x_2)$$

约束条件为:

$$g(x_1,x_2)=0$$

求解过程如下:

① 建立拉格朗日方程:$L(x_1,x_2,\lambda)=f(x_1,x_2)+\lambda g(x_1,x_2)$;

② 注意到拉格朗日方程有三个变量 x_1、x_2、λ,分别求关于 x_1、x_2 两个变量的偏导数,并令其等于 0:

$$\frac{\partial L}{\partial x_1}=\frac{\partial f}{\partial x_1}+\lambda\frac{\partial g}{\partial x_1}=0$$

$$\frac{\partial L}{\partial x_2}=\frac{\partial f}{\partial x_2}+\lambda\frac{\partial g}{\partial x_2}=0$$

$$\frac{\partial L}{\partial \lambda}=g(x_1,x_2)=0$$

求出这个方程组的解 x_1^*、x_2^*、λ^*。

第二节 城市经济模型简介

一、演进脉络

单中心城市经济模型是城市经济学的标杆模型,也是 20 世纪 60—70 年代所谓的新城市经济学的最主要贡献。单中心城市模型(Monocentric Model)最早由 Alonso(1964)、Mills(1967)和 Muth(1969)提出,他们将杜能模型应用于城市经济分析中,发展出城市的单中心模型,这个模型直接导致了 60—70 年代新城市经济学的兴起与发展。因此,单中心城市模型也被称为 Allonso-Mills-Muth 模型,简称 AMM 模型。之后很多城市经济理论与实证研究都是奠定在单中心城市的 AMM 模型的基础上。多中心和城市体系模型多是以单中心城市模型为基础而扩展的。此外,Wheaton(1974)对 AMM 模型的贡献也很大。本章介绍主要参考 Fujita(1989)和 Zenou(2009)。

单中心模型有两个重要的假设:一个是线形城市(Linear City),另一个是圆形城市(Circular City)。这点类似于 Hotelling 模型。线形城市是将城市视之为一条长度为1的线段,线段的一端或中点为CBD,居民在线形城市上均匀分布;圆形城市是将城市看成一个圆,圆的中心为CBD,居民均匀分布于圆内(包括边界)。线形城市与圆形城市见图2.3。

线形城市

CBD

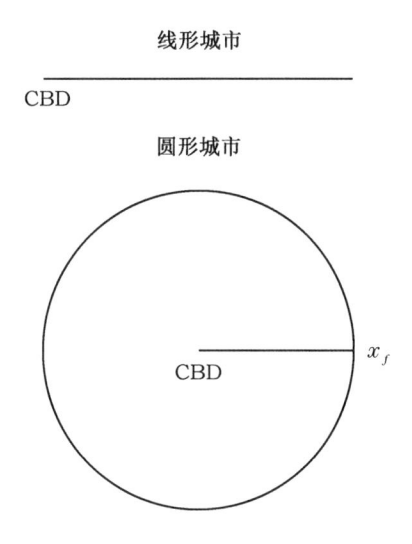

圆形城市

CBD　　x_f

图2.3　线形城市与圆形城市

竞租曲线(Bid Rent Curve)几乎贯穿于整个城市经济模型,已经成为城市经济模型不可或缺的工具。简单地说,竞租曲线就是城市土地租金/价格(或住房)的空间分布曲线,一般而言,离城市中心越远,租金越低(见图2.4)。竞租曲线首先是一个租金曲线,竞的意思是在同一个地点有不同的行为主体进行竞租,出价高者争得这个地块,从这个意义上说城市经济学就是房地产经济学。

单中心城市模型(AMM模型)的城市中心(CBD)是外生的,直到Solow和Vickrey(1971)、Beckmann(1976)才将城市中心内生化,形成了比较完善的单中心城市模型。

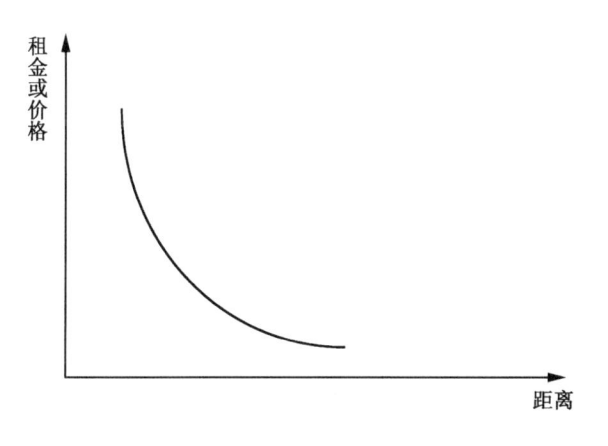

图2.4　竞租曲线

单中心模型和多中心模型是城市经济的主要模型,主要用于研究城市空间结构,即城市土地利用的空间秩序。现实生活中的城市土地利用是复杂的,有商业用地、工业用地、居住用地、教育用地、办公用地、农业用地等,这些土地利用方式有时候是分离的(如工业区与居住区),有时候是混合的(如居住区内有商业乃至工业用地)。城市经济模型主要利用竞租曲线这种工具来分析这些纷繁复杂的土地利用现象。

二、杜能模型应用于城市

单中心城市模型(AMM 模型)是将杜能模型应用于城市分析中,核心思想来自杜能模型。AMM 模型分析的对象是城市的内部空间结构,杜能分析的是城市外部的农业生产空间结构。因此,简单地说,将农业空间集聚的杜能模型复制到城市就变成了 AMM 模型。

我们来比较一下杜能模型和 AMM 模型,看一下 AMM 模型是如何从杜能模型演化的。图 2.5 简化描述了这两种模型,这两种模型看起来非常相似,不同之处在于以下几个方面:

(1)在杜能模型中,农民将产品运往城市销售,农产品市场在城市,城市是唯一的农产品消费市场;而在 AMM 模型中,工人是去 CBD 工作,工作地点集中在 CBD,CBD 也是唯一的工作场所。

(2)在杜能模型中,将农产品运往城市需要交通费用;在 AMM 模型中,从住宅到 CBD 需要通勤成本。

(3)在杜能模型中,由于不同农产品对租金的敏感性不同(主要是运输费用原因)而形成了杜能环;在 AMM 模型中,由于不同收入的工人对租金的敏感性不同,而形成了单中心的城市空间结构。

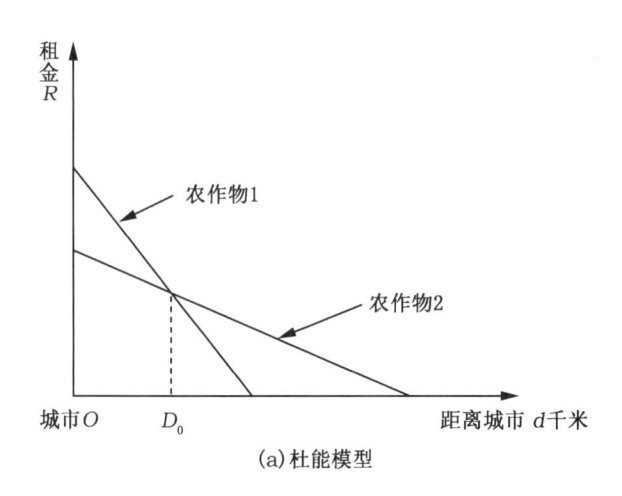

(a) 杜能模型

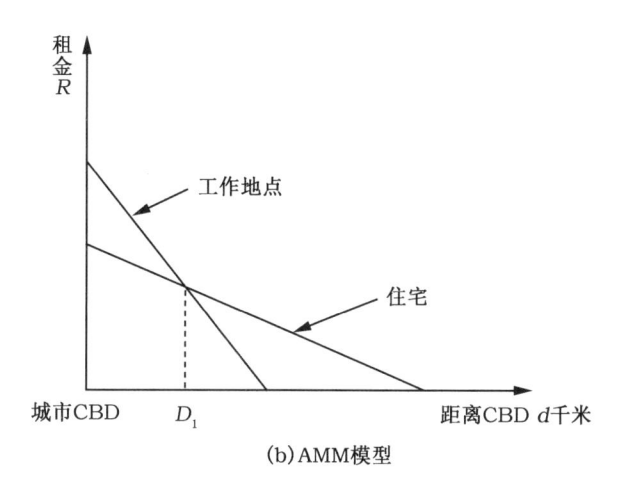

图 2.5　从杜能模型到 AMM 模型

第三节　简单的单中心模型

本节介绍一个简单的单中心模型,这个简单的模型在文献中经常使用。建模环境为:城市的所有生产都集中在 CBD,城市居民围绕 CBD 居住,城市居民数量为 N,工人/消费者是同质的,他们有相同的偏好,住宅也是同质的。每位居民占用一单位的土地,往返 CBD 的单位通勤成本为 t,在距离 x 千米处的土地租金为 $R(x)$,在城市的边缘 x_f 处 $R(x_f)=0$,见图 2.6。

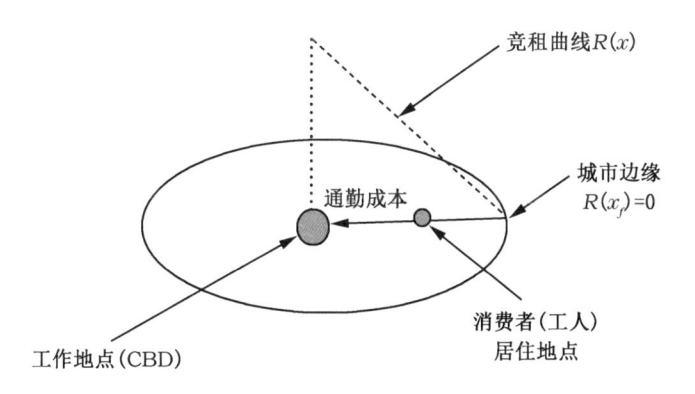

图 2.6　单中心示意

工人的工资为 w,则下式成立:

$$w - R(x) - tx = 0 \tag{2.1}$$

$R(x)+tx$ 是工人在城市的空间费用,包括通勤费用和租房费用,工人的工资 w 用于支付空间费用,即在城市生活至少得支付住房成本和交通成本,见图2.7。公式2.1可以变形为:

$$w=R(x)+tx \tag{2.2}$$

如果该工人住在 x_f 处,则 $w=R(x_f)+tx_f=tx_f$。

上述两式子相减,可得:

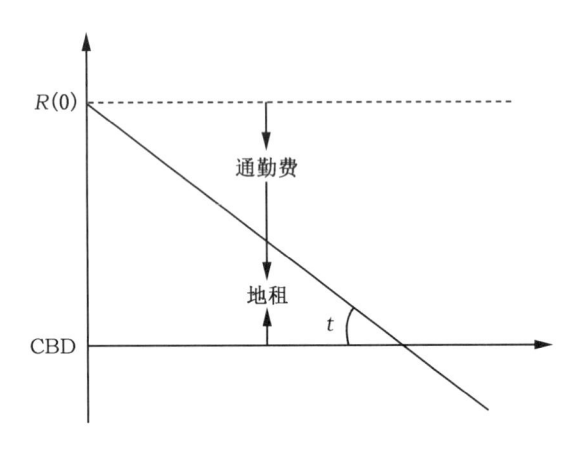

$$R(x)=t(x_f-x) \tag{2.3}$$

图2.7 地租与通勤费用的权衡

注意到城市的总人口为 N,则 $N=\pi x_f^2$,这是因为一个工人占有一个单位的土地。

城市的总通勤成本为:

$$TC=\int_0^{x_f} 2\pi x(tx)\,\mathrm{d}x = \frac{2}{3}\frac{tN^{\frac{3}{2}}}{\sqrt{\pi}} \tag{2.4}$$

这个定积分里面的意思为:$2\pi x$ 是距 CBD 之 x 距离的圆周长,在此圆周上居住的消费者都需要 tx 的运输费用。很显然,总通勤成本与单位通勤成本 t 和总人口 N 有关。

城市的总地租为:

$$TR=\int_0^{x_f} 2\pi x \times R(x)\,\mathrm{d}x = \frac{1}{3}\frac{tN^{\frac{3}{2}}}{\sqrt{\pi}} \tag{2.5}$$

总地租与城市的人口 N 和通勤成本 t 有关,见图2.8。

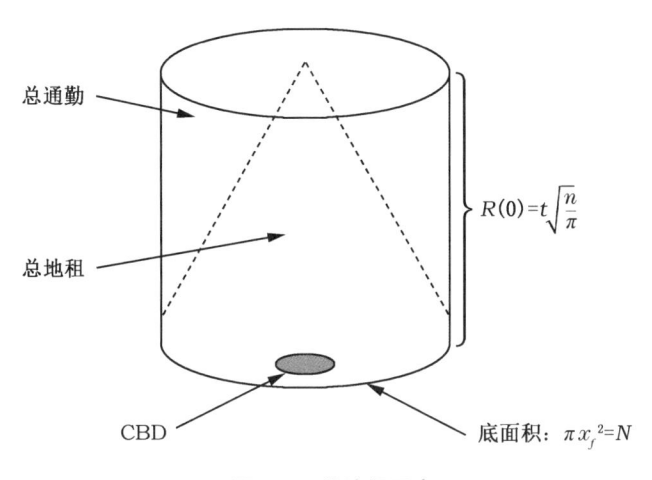

图 2.8 总地租示意

第四节 标准的单中心模型

本节介绍一个标准的单中心模型。

一、建模环境

消费者的效用函数为 $U(Z,H)$,其中,Z 是除了住房(区位)以外的其他商品(a non-spatial composite good),其价格被标准化为 1,H 为住房。消费者在 CBD 工作得到 w 的收入,居住在离 CBD 距离为 x 的地方,除了要支付 tx 的通勤费用外,还要支付用于购买房屋的 $R(x)$,$tx+HR(x)$ 其实是与区位有关的成本,假设 $Z>0,H>0$。

二、消费者行为

消费者效用最大化为:
$$\max U(Z,H)$$

消费者的预算约束为:
$$w=tx+HR(x)+Z \tag{2.6}$$

为求解这个最优化问题,可以建立拉格朗日方程:
$$L=U(Z,H)+\lambda(w-tx-HR(x)-Z) \tag{2.7}$$

那么,
$$\frac{\partial L}{\partial Z}=\frac{\partial U}{\partial Z}+\lambda\times(-1)=0 \tag{2.8}$$

$$\frac{\partial L}{\partial H} = \frac{\partial U}{\partial H} + \lambda \times (-R(x)) = 0 \tag{2.9}$$

由上述两式可得：

$$\frac{\partial U}{\partial H} - R(x)\frac{\partial U}{\partial Z} = 0 \tag{2.10}$$

$$R(x) = \frac{\frac{\partial U}{\partial H}}{\frac{\partial U}{\partial Z}} \tag{2.11}$$

由约束条件可以求出马歇尔需求函数：

$$H = \frac{w - tx - Z}{R(x)} = (w - tx - Z)\frac{\frac{\partial U}{\partial Z}}{\frac{\partial U}{\partial H}} \tag{2.12}$$

$$Z = w - tx - HR(x) \tag{2.13}$$

可见，居民对住房的需求取决于收入水平、地租、运输费用和到 CBD 的距离。

三、Alonso-Muth 条件

消费者的保留效用为 $\bar{U}$，即：

$$U[H(x), w - tx - R(x)H(x)] = \bar{U} \tag{2.14}$$

根据式(2.14)，求关于距离 x 的全微分，可得：

$$\frac{\partial U}{\partial H}\frac{\partial H}{\partial x} - \frac{\partial U}{\partial Z}R(x)\frac{\partial H}{\partial x} - \frac{\partial U}{\partial Z}\left(t + H\frac{dR(X)}{dx}\right) = 0 \tag{2.15}$$

由于 $\frac{\partial U}{\partial H} = R(x)\frac{\partial H}{\partial x} = 0$，可得：

$$\frac{dR(x)}{dx} = -\frac{t}{H} < 0 \tag{2.16}$$

这个式子被称为 Alonso-Muth 条件。这个条件的直接含义是距离 CBD 越远，地租越低，其变化取决于通勤成本与住房面积的权衡。

四、竞租函数

上文的 $R(x)$ 就是地租函数，是指消费者能够支付的租金。更为一般的竞租函数 $\psi(x, \bar{U})$ 可以定义为：在保持效用 $\bar{U}$ 的条件下，为居住于 x 处而可以支付的最大地租。即：

$$\psi(x, \bar{U}) \equiv \max\{R(x) | U(Z, H) = \bar{U}, w = tx + HR(x) + Z\} \tag{2.17}$$

代换整理可得：

$$\psi(x,\bar{U}) = \max\left\{\frac{w-tx-Z}{H} \Big| U(Z,H)=\bar{U}\right\} \tag{2.18}$$

再转换成无约束形式：

$$\psi(x,\bar{U}) = \max\left\{\frac{w-tx-Z(R(x),\bar{U})}{H}\right\} \tag{2.19}$$

利用包络定理，可得：

$$\frac{\mathrm{d}\psi(x,\bar{U})}{\mathrm{d}x} = -\frac{t}{H} \tag{2.20}$$

竞租函数如图 2.9 所示。

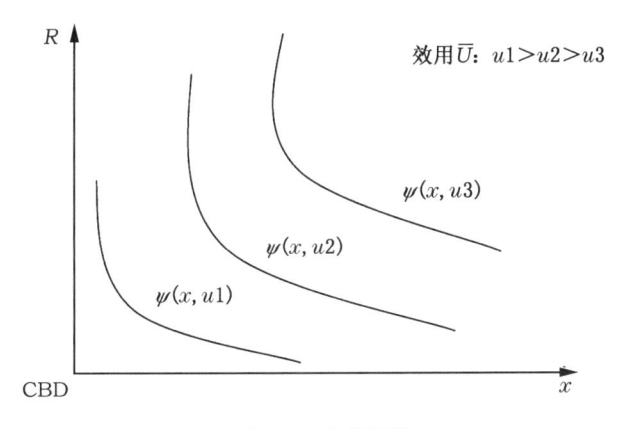

图 2.9 竞租函数

竞租函数的性质为：

(1) $\frac{\partial \psi}{\partial x} < 0$，离 CBD 的距离越远，地租越低；离 CBD 越近，地租越高。

(2) $\frac{\partial \psi}{\partial w} > 0$，收入越高，能支付的地租越高；收入越低，能支付的地租越低。

(3) $\frac{\partial \psi}{\partial \bar{U}} < 0$，要想效用水平高，地租需要降低，高房价降低了效用水平。

(4) $\frac{\mathrm{d}}{\mathrm{d}w}\frac{\partial \psi}{\partial x} > 0$，收入提高，竞租曲线会逐步平缓；收入降低，竞租曲线会比较陡峭，说明收入水平低不能承受更高的通勤成本。

五、空间一般均衡

AMM 模型只有消费者（同时也是工人），消费者在城市中进行区位选择并使得自己的效用最大化，同时还需要到CBD工作，因此空间一般均衡就包括两个部分：一是劳动力市场的均衡，劳动力的需求等于供给；二是土地市场均衡，消费者选择家庭居住区位。为了简便，我们假设城市人口 N 是外生给定的，这种模型也称为封闭型城市模型，这种情形下我们不考虑城市之间的人口流动。如果城市人口 N 是内生的，不是外生给定的，那么这种模型称为开放型城市模型。开放型城市模型涉及两个以上城市的情形，变成了城市与城市的城市体系模型。

（一）线型城市情形

劳动力市场均衡条件为：

$$\int_0^{x_f} \frac{1}{H(x,\bar{U})} \mathrm{d}x = N \tag{2.21}$$

土地市场出清条件为：

$$\psi_A = \Psi(x_f, \bar{U}) \tag{2.22}$$

$$\psi(x) = \begin{cases} R_A, \text{if } x > x_f \\ \Psi(x, \bar{U}), \text{if } x \leqslant x_f \end{cases} \tag{2.23}$$

式(2.21)中，N 是总人口，$\dfrac{1}{H(x,\bar{U})}$ 则为居住密度；式(2.22)表示在城市的边缘城市地租等于农业地租 R_A；式(2.23)表示市场条件下的地租等于其竞标地租。

（二）圆形城市情形

劳动力市场均衡条件为：

$$\int_0^{x_f} \frac{2\pi x}{H(x,\bar{U})} \mathrm{d}x = N \tag{2.24}$$

与线形城市不同的是，与CBD相距 x 的地点，线形城市只有1份土地，而圆形城市则有 $2\pi x$ 的土地（圆的周长）。

土地市场均衡条件为：

$$R_A = \Psi(x_f, \bar{U}) \tag{2.25}$$

$$R(x) = \begin{cases} R_A, \text{if } x > x_f \\ \Psi(x, \bar{U}), \text{if } x \leqslant x_f \end{cases} \tag{2.26}$$

参考文献

[1] Alonso W. *Location and Land Use: Toward a General Theory of Land Rent* [M]. Cambridge: Harvard University Press, 1964.

[2]Anas A，Arnott R，Small K A. Urban Spatial Structure[J]. *Journal of Economic Literature*，1998,36(3).

[3]Bruckner J. The Structure of Urban Equilibria：A Unified Treatment of the Muth-Mills Model[A]//Mills E. *Handbook of Regional Science and Urban Economics*. Amsterdam：North-Holland Biomedical Press,1987.

[4]Duranton G，Puga D. *Urban Land Use*[A]// Duranton G，Henderson J V，Strange W S. *Handbook of Regional and Urban Economics*：Vol. 5. Amsterdam：North-Holland Biomedical Press,2015.

[5]Fujita M. *Urban Economic Theory：Land Use and City Size*[M]. Cambridge：Cambridge University Press，1989.

[6]Mills E S. An Aggregative Model of Resource Allocation in a Metropolitan Area[J]. *American Economic Review*，*Papers and Proceedings*,1967,57(2).

[7]Muth R F. *Cities and Housing：The Spatial Pattern of Urban Residential Land Use：Studies in Business and Society*[M]. Chicago：University of Chicago Press，1969.

[8]Wheaton W C. A Comparative Static Analysis of Urban Spatial Structure[J]. *Journal of Economic Theory*，1974,9(2).

[9]Zenou Y. *Urban Labor Economics*[M]. Cambridge：Cambridge University Press,2009.

[10]Glaeser E，Gyourko J，Saks R. Why Is Manhattan So Expensive? Regulation and the Rise in House Prices[J]. *Journal of Law & Economics*,2005,48(2).

[11]Glaeser E L，Kahn M E，Rappaport J. Why Do the Poor Live in Cities? The Role of Public Transportation[J]. *Journal of Urban Economics*，2008，63(1).

[12]Arzaghi M，Henderson J V. Networking Off Madison Avenue[J]. *The Review of Economic Studies*，2008,75(4).

[13]Solow Robert and Vickrey William，Land use in a long narrow city[J]. *Journal of Economic Theory*，1971,3(4).

思考与练习

1. 已知函数 $x^2\sin(y^2)+xe^{3z}-3y=6z+5$，求 $\dfrac{\partial z}{\partial x}$ 和 $\dfrac{\partial z}{\partial y}$。

2. 求解下列不定积分与定积分：

① $\int_0^3 3x\,\mathrm{d}x$；② $\int e^x\,\mathrm{d}x$；③ $\int_1^e \ln(x)\,\mathrm{d}x$；④ $\int \sin(x)e^x\,\mathrm{d}x$。

3. 在同一个坐标系下绘出以下函数的图形：

① $f(x)=e^x$；② $f(x)=e^{-x}$；③ $f(x)=xe^{2x}$；④ $f(x)=xe^{-3x}$；⑤ $f(x)=xe^{-2x^{-2}}$；⑥ $f(x)=xe^{-(-3x)^{\alpha}}$，$\alpha>0$。

4. 证明：$\int_0^\infty \theta T x^{-\theta} e^{-Tx^{-\theta}}\,\mathrm{d}x = \Gamma\left(\dfrac{\theta-1}{\theta}\right)T^{\frac{1}{\theta}}$。其中，$\Gamma(\cdot)$ 为伽马函数。

5. 什么是圆形城市？什么是线形城市？这两种城市有何异同？

6. 如何理解 AMM 模型是将杜能模型、城市模型应用于城市分析中?

7. 消费者的效用函数为 $U(Z,H,x)$,预算约束为 $y=tx+HR(x)+Z$。证明:$\frac{\partial R(x)}{\partial x}=-\frac{t}{H}$。

8. 请说明竞租曲线在城市经济模型的重要地位,并证明竞租函数的四个性质。

9. 在 AMM 模型中,H 被称为居住规模函数,其严格的定义为:$H(x,\bar{U})$ 是距离 CBD 为 x 的地点最优的房屋需求。请证明居住规模函数的性质为:①$\frac{\partial H}{\partial x}>0$,离开 CBD 的距离越远,居住面积越大;②$\frac{\partial H}{\partial \bar{U}}>0$,要获得更高的效用,需要更大的住房面积。

10. 消费者模型假设有两种类型的消费者:富人有 N_1,收入水平为 w_1;穷人有 N_0,收入水平为 w_0。其中,$w_1>w_0$。请证明高收入的竞租曲线比低收入的竞租曲线更平缓,即 $-\frac{\partial \Psi(x,w_0)}{\partial x}>-\frac{\partial \Psi(x,w_1)}{\partial x}$,这也意味着高收入人群居住在郊区,低收入人群居住在靠近 CBD 的地区。

11. 一个典型的消费者花在工作上的时间为 J,花在通勤上的时间为 τx,其中 τ 是单位距离通勤时间,闲暇时间为 L,则 $L+J+\tau x=24$。消费者的效用函数为 $U(Z,H,L)$,其中,H 是住房,Z 是其他商品,L 是闲暇时间。①请写出消费者的预算约束条件。②证明 Alonso-Muth 条件:$t+w\tau+HR(x)'=0$,并说明这个条件的含义。

12. 一个居住在距离 CBD 为 x 的消费者的效用函数为:$U(q_0,q_i)=\alpha\int_0^n q_i di - \frac{\beta-\gamma}{2}\int_0^n q_i^2 di - \frac{\gamma}{2}\left[\int_0^n q_i di\right]^2 + q_0$。其中,$\alpha>0,\beta>\gamma>0$。这位消费者面临的预算约束条件为:$\int_0^n p_i q_i di + q_0 + tx + R(x) = w$。请证明:消费者消费的商品数量 q 满足 $q(i)=a-bp(i)+c\int_0^N [p(j)-p(i)]dj$。式中,$N$ 为城市人口。

13. 在线形城市下,劳动力市场出清条件为:$\int_0^{x_f} \frac{1}{H(x,\bar{U})}dx = N$。请问为什么?

14. 一个城市的典型消费者的效用函数为:$U=U(c,H)=c^{1-\alpha}H^\alpha$。式中,$c$ 为一般商品,H 为住房,$1>\alpha>0$。该消费者的预算约束为:$w=c+rH$。式中,w 为消费者的工资,一般商品 c 的价格为 1,住房的价格为 r。完成以下练习:

①证明 $H=\frac{\alpha w}{r}$,并说明其含义。

②假设消费者的保留效用为 $\bar{U}$,低于这个效用,消费者就会迁移到其他城市。请证明在空间均衡时 $r=\left[\frac{\alpha^\alpha(1-\alpha)^{1-\alpha}}{\bar{U}}\right]^{\frac{1}{\alpha}} w^{\frac{1}{\alpha}}$,并说明其含义。

③判断 $\frac{dr}{dw}$ 符号大于 0 还是小于 0,并说明其含义。

15. 利用夜间灯光观测一下 1990 年以来中国直辖市与省会城市的空间结构是否发生了变化(维

持单中心还是维持多中心,从多中心到单中心还是从单中心到多中心)。

16. 根据 $\pi r^2 = S$, S 为城市面积,测度 2010 年和 2020 年中国地级市的半径并求东部、中部、西部和东北地区平均半径,填写下表。(面积有三种度量方法:一是行政区面积;二是建成区面积;三是夜间灯光。)

城市	S1(行政区面积)	S2(建成区面积)	S3(夜间灯光)
北京			
天津			
上海			
……			

17. 利用夜间灯光数据,完成以下练习:

①夜间灯光通常作为 GDP、人均 GDP、能源消耗的替代变量,除了这几个变量,夜间灯光还可以替代什么变量?

②实证分析中国直辖市与省会城市 20 年来的空间扩展速度。

③中国直辖市与省会城市都是单中心结构吗?

④撤县设区促进城市经济增长了吗?

18. 尝试建立 1998 年以来中国地级市特别是直辖市与省会城市的住房价格指数。

第三章 多中心模型

第一节 预备知识

一、效用函数与生产函数

(一)效用函数

效用函数是利用偏好关系来定义的,满足完全性、可传递性、连续性、严格单调性和严格凸性的偏好关系对应一个效用函数。一个典型的消费者,其直接效用函数$U(c)$满足:

(1) $U(0)=0$;

(2) 一阶导数$U'>0$;

(3) 二阶导数$U''<0$。

直接效用函数$U(c)$中的c是消费品,消费者可以"直接"消费之;而间接效用函数则为商品的价格和消费者的收入,当然也可以去买消费品,但并不直接显现在效用函数里。效用函数的第一个性质$U(0)=0$是很显然的,没有消费效用就为0。效用函数的第二个性质是一阶导数$U'>0$,表示消费的东西越多,效用越大。效用函数的第三个性质为随着消费品的增多,边际效用递减。

(二)生产函数

生产函数$f(x)$是生产可能集的边界,是在给定投入x的情况下最大可能产出的集合。生产函数是具有连续、严格递增的准凹函数,而且$f(0)=0$。$f(0)=0$说明没有生产要素的投入就没有产出,巧妇难为无米之炊。$f(x)$单调递增说明增加生产要素的投入,对应产出也会相应增加。

准凹函数的定义为:假设对于所有的x_1和x_2以及$0\leqslant\lambda\leqslant1$,都有函数$f$满足$f(\lambda x_1+(1-\lambda)x_2)\geqslant\min\{f(x_1),f(x_2)\}$,那么生产函数叫作准凹函数,意思是多种生产要素组合带来的产出至少不低于单一生产要素产出中的最小产出。

(三)利润函数

一个典型厂商的利润函数为：

$$\pi(p,w)=R-C=pq-wx$$

式中，R 为厂商的收益，等于产出 q 乘以其价格 p；成本 C 为厂商的成本，等于投入 x 乘以其价格 w。

利润函数具有以下性质：

(1) π 是 w 的非增函数；
(2) π 是 p 的非减函数；
(3) π 是一阶齐次函数，即 $\pi(\lambda p,\lambda w)=\lambda\pi(p,w)$，$t>0$；
(4) π 是凸函数。

二、函数的不同形式

区域与城市经济学用到的函数形式主要是柯布道格拉斯(Cobb-Douglas)函数和更一般的常替代弹性(Constant Elasticity of Substitution, CES)函数，函数形式不算复杂。但是有时候看文献，可能会遇到更为复杂的函数。

1. 效用函数 Ⅰ

函数表示形式：

$$U=\left(\sum_{i=1}^{N}q_i^{\frac{\sigma-1}{\sigma}}\right)^{\frac{\sigma}{\sigma-1}}$$

或者写成

$$U=\left(\int_{i=1}^{N}q_i^{\frac{\sigma-1}{\sigma}}\right)^{\frac{\sigma}{\sigma-1}}$$

式中，q_i 为第 i 种消费品，$\sigma>1$ 为替代弹性。上述效用函数是新经济地理学、量化空间模型等常用的效用函数，被称为常替代弹性效用函数。

2. 生产函数 Ⅰ

函数表示形式：

$$Y_{ijk}=A(n_{ij}^{\delta}h_i^{\varphi})h_{ijk}^{\theta}$$

式中，Y_{ijk} 为 i 城市 j 产业 k 企业的产出，n_{ij} 为 i 城市 j 产业的人力资本，h_i 为 i 城市的人力资本，h_{ijk} 为 i 城市 j 产业 k 企业的人力资本，A 为系数，δ 为 k 企业产出相对于 j 产业的弹性，φ 为 k 企业产出相对于城市的产出，θ 为 k 企业自身的弹性。

3. 生产函数 Ⅱ

函数表示形式：

$$Y_{ijk}=A(n_{ij}^{\delta}h_i^{\varphi})h_{ijk}^{\theta}y_{mjk}^{a}$$

式中，y_{mjk} 为城市 m 的 j 产业 k 企业的产出作为中间投入品，其他与效用函数相同。

4. 生产函数Ⅲ

函数表示形式：

$$Y = K^{\alpha} H^{\beta} (AL)^{1-\alpha-\beta}$$

式中，K 为资本，H 为人力资本，L 为劳动力，A 为技术，$\alpha>0, \beta>0, \alpha+\beta<1$。这是一个相对简单的生产函数。

5. 生产率溢出效应

函数表示形式：

$$A_i = \bar{A}_i \left[\sum_{s=1}^{S} H_s e^{-\rho \tau_{is}} \right]^{\delta}$$

式中，A_i 为 i 处的生产率，$\bar{A}_i$ 为系数，H_s 为 s 处的人力资本，τ_{is} 为 i 到 s 处的距离。这种溢出效应表明一处的生产率是所有生产率对该处的溢出之和，遵循距离衰减规律。

6. 宏观经济学上经常用到的消费者效用函数

函数表示形式：

$$U(c) = \frac{c^{1-\theta}}{1-\theta}, \theta > 0$$

这个函数并不复杂，但是却有好的性质。对于函数的性质，可以参见任何一本高级宏观经济学。

7. 效用函数Ⅱ

$$U(q_0, q_i) = \alpha \int_0^n q_i \mathrm{d}i - \frac{\beta-\gamma}{2} \int_0^n q_i^2 \mathrm{d}i - \frac{\gamma}{2} \left[\int_0^n q_i \mathrm{d}i \right]^2 + q_0$$

式中，$\alpha>0, \beta>\gamma>0$。这个效用函数曾在 Ottaviano 等（2002）模型中应用，通过这个函数，将 Krugman(1991) 的核心边缘模型线性化，就更容易处理了。

三、间接效用函数

一个消费者最大化问题为：

$$\max U(x)$$

约束条件为：

$$px \leqslant y$$

$U(x)$ 为直接效用函数，$U(x)$ 连续并且严格递增。

与之相对应，

$$V(p, y) = \max U(x)$$

约束条件为：
$$px \leq y$$

$V(p,y)$ 称为间接效用函数，间接的意思是函数里不是消费品，而是商品的价格和收入，收入和价格"间接"说明能消费多少商品。间接效用函数是相对于效用最大化的最大值函数，其性质如下：

（1）$V(p,y)$ 是 y 的增函数，p 的减函数；

（2）$V(p,y)$ 关于 (p,y) 零阶齐次，即 $V(tp,ty) = t^k V(p,y) = t^0 V(p,y) = V(p,y)$；

（3）Roy 等式（Roy's Identity）：$V(p,y)$ 在 (p^0, y^0) 可微，而且 $\frac{\partial(p^0, y^0)}{\partial y} \neq 0$，那么

$$x_i(p^0, y^0) = -\frac{\frac{\partial(p^0, y^0)}{\partial p_i}}{\frac{\partial(p^0, y^0)}{\partial y}}$$

四、参数校准与数值模拟

无论是经典的城市经济模型，还是新经济地理学模型，以及新近发展起来的量化空间模型，参数校准（Parameter Calibration）几乎都是必要的程序，通过设定某些参数，再绘制出图形，我们能够更加清楚和可视化主要变量的关系。参数校准不仅广泛应用于经济学中，更广泛应用于数学与工程学科中，包括近年来发展起来的机器学习。

一个简单的例子，生产函数 $Y = K^\alpha L^\beta$，其中 $\alpha + \beta = 1, \alpha > 0, \beta > 0$。在 $\alpha + \beta = 1, \alpha > 0, \beta > 0$ 的条件下，α、β 的取值有无穷多个，有一个 α，则对应一个 β。对于不同的 α 和 β 组合，同样的 K 和 L，Y 则不同。表 3.1 列出了几种组合及其对应的 Y 值。

表 3.1　　　　　　　　　　参数影响函数值

K 值	L 值	α 值	β 值	Y 值
3	2	0.1	0.9	2.082 759 5
3	2	0.2	0.8	2.168 943 5
3	2	0.3	0.7	2.258 693 9
3	2	0.4	0.6	2.352 158
3	2	0.5	0.5	2.449 489 7
3	2	0.6	0.4	2.550 849
3	2	0.7	0.3	2.656 402 5
3	2	0.8	0.2	2.766 323 7
3	2	0.9	0.1	2.880 793 5

到底选择什么样的 α 和 β 组合呢？这就是参数校准需要解决的问题。我们可以采用以下几种方法。

1. 从数据而来

对上述生产函数取对数,可得：

$$\ln Y = \alpha \ln K + \beta \ln L$$

如果我们有 Y、K、L 的数据,那么我们可以利用计量经济学方法对此进行回归分析,求出系数 α 和 β。

2. 从文献而来

我们可以进行文献分析,研究现有文献对 α 和 β 的取值情况,审慎地借鉴他人研究的 α 和 β 为我们的论文所用。

例如：Davis 和 Ortalo-Magne(2011)估计美国的住房消费占比 75%,即第八章 Redding-RH(2016,2018)模型中的 α=0.75；Davis 和 Palumbo(2008)估算的居住用地约占 25%,商业用地为 20%；中国城市的居住和商业用地则可能有所不同。Donaldson(2018)、Eaton 和 Kortum(2002)、Simonovska 和 Waugh(2014)设定 Fréchet 分布中的 θ=4,Ahlfedl 等(2015)设定 Frechet 分布中的 T=1。

3. 直接赋值

Krugman(1991)就曾直接令

$$\frac{\sigma-1}{\sigma}=c$$

$$F=\frac{\mu}{\sigma}$$

这种方法直截了当,剔除了不重要信息,只保留了关键性信息。但是,这种方法对于初学者不太适用。

参数校准后,一般还需要进行数值模拟(Numerical Simulation)和可视化。这一般需要数值分析的知识和简单的编程能力。数值模拟的软件一般使用 Matlab 和 Python,这里推荐使用开源软件 Python。区域与城市经济学的经典模型都运用了参数校准和数值模拟,见表 3.2。

表 3.2　　　　　　　　有关模型中用到的参数校准与数值模拟

模型	参数校准	数值模拟
Fujita 和 Ogawa(1982)多中心城市	是	是
Lucas 和 Rossi-Hansberg(2002)多中心城市	是	是
Krugman(1991)新经济地理学	是	是
Redding 和 Rossi-Hansberg(2018)量化空间	是	是

第二节 多中心模型的特点

Beckman(1976)试图建立一个多中心城市模型(Polycentric Urban Model),但第一个多中心城市经济模型是由 Fujita 和 Ogawa(1982)提出的。20 年后,Lucas 和 Rossi-Hansberg(2002)、Rossi-Hansberg(2004)发展了一个城市空间结构的模型。Desmet 和 Rossi-Hansberg (2013)、Ahlfeldt-Redding-Sturm-Wolf(2015)、Owens-RossiHansberg-Sarte(2020)等发展了动态的多中心模型,将多中心模型研究进一步深化。

一、多中心模型的特点

(一)单中心模型的扩展

相对于单中心模型,多中心城市模型的构建比较复杂,更能解释现实世界中不同类型的城市空间结构乃至城市的几何形状;它不仅能解释多中心的形成机制,还能解释单中心的形成机制。鉴于此,多中心模型可以简化成单中心城市模型。现实的城市空间结构多是单中心结构,而单中心的 AMM 模型能够很好地描述这种特征。正因为如此,AMM 模型才能成为城市经济的标杆模型,并成为容易扩展的模型,而多中心模型则困难得多。

(二)构建了更复杂的机制

主要包括:①单中心形成的机制;②多中心城市机制;③城市商业(工业)居住分区的机制,即商业(工业)区与居住区分布在城市的不同区位;④城市商业居住的混合机制。也就是说,多中心模型不仅阐述多中心的形成,还研究单中心的形成,不仅探究土地利用的分离机制,还研究混合机制,因此模型比单中心更复杂些,见图 3.1。

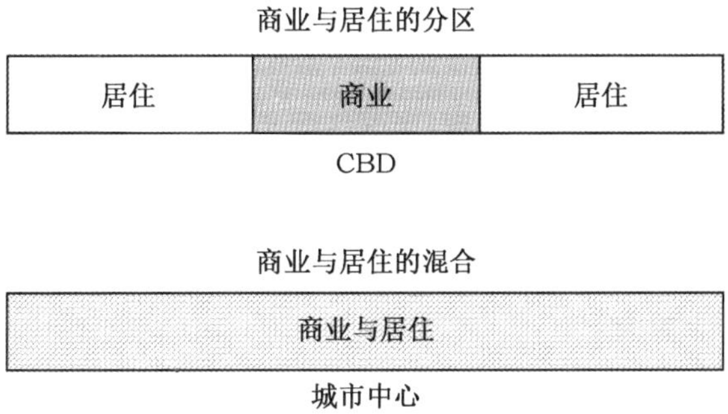

商业与居住的分区

| 居住 | 商业 | 居住 |

CBD

商业与居住的混合

| 商业与居住 |

城市中心

图 3.1 城市不同性质的中心

(三) 多中心的内生化

单中心假设城市中心 CBD 是外生的,至于为什么存在 CBD 中心不予考虑;而多中心城市模型则假设城市的中心和次中心是内生的,是由集聚经济与运输费用的权衡决定的。

二、集聚经济与通勤成本

(一) 运输费用处理

对于工人/消费者,单中心模型是住在 x 处的工人都到 CBD 工作,其通勤费用为 tx。多中心模型是住 x 处工人到 r 处工厂工作,其通勤成本为 $t\|x-r\|$。z 可能是中心,也可能不是中心。CBD 在多中心模型中是内生的,而在单中心模型中则是外生的、给定的。显然,通勤费用为扩散因素。

对于企业,这里引入空间可达性或者距离衰减的度量:一是线性衰减形式 $a(r,s)=\beta-\alpha\|r-s\|$;二是指数衰减形式 $a(x,y)=\beta e^{(-\alpha\|r-s\|)}$。其中,$r$、$s$ 为两个企业的区位。两个企业距离越近,其空间可达性越大;两个企业距离越远,其空间可达性越小。$\|r-s\|$ 外边的双竖线被称为范数,在欧式空间里都可以用绝对值符号代替,无论是范数还是绝对值都是 r 与 s 之间的距离。

(二) 集聚经济

Fujita 和 Ogawa(1982)引进企业密度函数作为集聚外部性的指标,$b(r)$ 为线形城市之区位 r 处的企业密度。这里 r 处企业对 s 处企业的空间作用可以写成 $b(r)\beta e^{(-\alpha|r-s|)}$,Fujita-Ogawa(1982)进而将之称为区位潜力函数:

$$A(s)=\int b(r)e^{(-\alpha|r-s|)}dr \tag{3.1}$$

式中,$A(s)$ 可以看成来自所有区位企业的溢出,这种溢出与企业密度有关,也与距离有关,遵循距离衰减的规律。正溢出效应随着距离而衰减。后两个特征是马歇尔技术的外部性呈现,即集聚因素。企业之间的相互作用(溢出效应)遵循可加性原则: $I(r,b1+b2)=I(r,b1)+I(r,b2)$,其中,$b1$、$b2$ 为区位 1、2 处的企业密度。

三、建模思路

多中心建模的思路是建立消费者和厂商两个主体(当然也可以是多个主体)的竞租函数,并进行比较。

消费者的竞租函数为:

$$\psi(x,\overline{U})\equiv\max\{R(x)\mid U(Z,H)=\overline{U}\} \tag{3.2}$$

这个函数的意思是消费者在保持 $\overline{U}$ 的情况下,为居住于 x 处而可以支付的最大地租。

厂商的竞租函数为：
$$\Phi(r) \equiv \max\{R(r) \mid \pi = 0, \pi = kF(r) - wl\} \quad (3.3)$$

这个函数的意思是厂商在自由进出的情况下（意味着利润为 0），在 x 处可以支付的最大地租。

如果 $\psi(x,\bar{U}) > \Phi(x)$，则此时 x 处为居住用地；

如果 $\psi(r,\bar{U}) < \Phi(r)$，则此时 r 处为商业用地；

如果 $\psi(x,\bar{U}) = \Phi(x)$，则此时 x 处既可以为商业用地，也可以是居住用地。

第三节　Fujita-Ogawa 模型

一、建模环境

各经济主体的活动空间为长度 l 的线形城市，该城市有 N 个家庭，每个家庭的人口数量为 1 人，显然城市总人口为 N，家庭的区位为 x，需要支付的租金为 $R(x)$，居住面积为 H，除房子外每个家庭消费其他商品 Z，其价格被标准化为 1。每个家庭成员既是消费者，又是工人，工人到位于 r 处的企业工作，收入为 $w(r)$，单位通勤费用为 t。

该线形城市有 M 个同质的企业，企业自由进出城市，位于 r 处的典型企业使用土地和劳动力两种生产要素，土地面积标准化为 1，雇佣劳动力数量为 L，则企业的数量为 $M = \dfrac{N}{L}$。

二、消费者行为

消费者在 r 处工作，拿到 $w(r)$ 的薪水，需要支付住房租金，需要消费 Z 商品，需要支付居住处 x 到工作地 r 的通勤费用，消费者的预算约束为：
$$w(r) = HR(x) + Z + td(x,r) \quad (3.4)$$

利用第二章的方法，我们求解消费者的效用最大化，可以得出下列消费者的竞租函数：
$$\Psi(x,\bar{U}) = \max\{R(x) \mid U(Z,H) = \bar{U}, w(r) = HR(x) + Z + td(x,r)\} \quad (3.5)$$

竞租曲线的意思是在保留效用 $\bar{U}$ 情况下可以支付的最大地租。

三、生产者行为

一个典型的企业,其生产函数为:
$$F(r)=\beta A(r)Kf(L) \tag{3.6}$$

式中,β 为系数,$A(r)=\int b(x)e^{(-a|x-r|)}dx$ 是 x 处企业对 r 处企业的溢出效应。K 为土地,$f(L)$ 为劳动力函数。

企业的利润函数为:
$$\pi=F(r)-R(r)-w(r)L=\beta A(r)f(L)-R(r)-w(r)L \tag{3.7}$$

企业自由进出城市,则 $\pi=0$,那么
$$R(r)=\beta A(r)f(L)-w(r)L \tag{3.8}$$

因此,该企业的竞租函数为:
$$\Phi(r)\equiv\max\{R(r)|\pi=0,\pi=\beta A(r)f(L)-R(r)-w(r)L\} \tag{3.9}$$

四、空间均衡

(一)空间均衡

如果 $\Phi(x)>\Psi(x,\bar{U})$,则为商业区,企业能支付更高的租金;

如果 $\Phi(x)<\Psi(x,\bar{U})$,则为居住区,家庭支付更高的租金;

如果 $\Phi(x)=\Psi(x,\bar{U})$,则为混合区域,家庭与企业支付相同的租金。

(二)参数校准

该模型设定 $\beta f(L)=1$,$K=1$,$H=1$。

五、单中心城市

(一)单中心城市竞租函数

图 3.2 显示了单中心城市的一个简图,城市中心是商业区,左右两边是居住区。在商业区 $x\in[-f_1,f_1]$,令企业的密度 $b(x)=1$,在居住区 $x\in[-f_2,-f_1]\cup[f_1,f_2]$,没有企业时 $b(x)=0$,而 $f_1=\dfrac{N}{2L}$。这是因为每个企业占用 1 单位的用地,M 个所在的线形城市的空间长度为 M,而 $M=\dfrac{N}{L}$。同理,$f_2=\dfrac{N}{2L}+\dfrac{N}{2}=\dfrac{1+L}{2L}N$,$\dfrac{N}{2L}$ 是商业,$\dfrac{N}{2}$ 则是居民。这样就得出了商业区与居住区的分界线。

| 居住 | 商业 | 居住 |
| $-f_2$ | 0　　$-f_1$ | $-f_2$ |

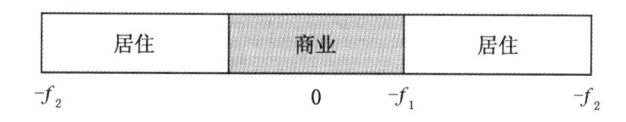

图 3.2　居住与商业的分离

工资曲线为：
$$w(x)=w(0)-tx \tag{3.10}$$
式中，$w(0)$是城市中心的工资，tx为到城市中心的通勤费用，$w(x)$可以称为可支配收入。

那么，家庭的竞租曲线为：
$$\Psi^*(x)=w(x)-Z(\bar{U})=w(0)-tx-Z(\bar{U}) \tag{3.11}$$
企业的竞租曲线为：
$$\Phi^*(x)=A(x)-w(x)L \tag{3.12}$$
而
$$A(x)=\int_{-f_1}^{f_1}b(s)e^{(-a|x-s|)}\mathrm{d}s=\frac{1}{\alpha}[2-e^{-a(f_1+x)}-e^{-a(f_1-x)}],x\in[0,f_1]$$
$$A(x)=\int_{-f_1}^{f_1}e^{-a(x-s)}\mathrm{d}s=\frac{1}{\alpha}(e^{-a(x-f_1)}-e^{-a(f_1+x)}),x\in[f_1,\infty] \tag{3.13}$$

因此，单中心城市的竞租曲线(见图3.3)为：

$\Phi^*(x)\geqslant\Psi^*(x),x\in[0,f_1]$，商业区的企业支付地租不小于家庭支付地租。

$\Psi^*(x)=\Phi^*(x),x=f_1$，商业区与居住区边界上，两者的租金相等。

$\Psi^*(x)\geqslant\Phi^*(x),x\in[f_1,f_2]$，居住区的家庭支付地租不小于企业支付地租。

$\Psi^*(x)=R_A,x=f_2$，在城市的边缘，地租等于农业地租。

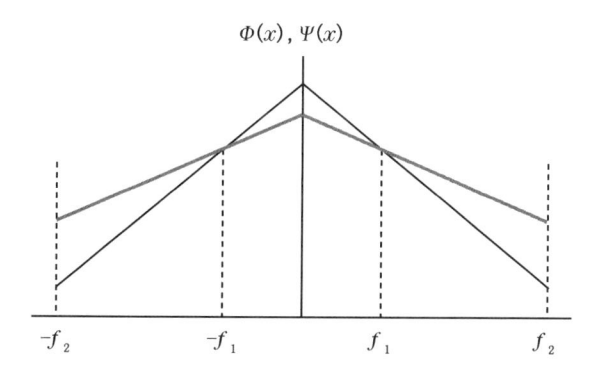

图 3.3　单中心城市竞租曲线

(二)维持单中心的通勤费用与空间溢出

由于注意到

$$R(0) = \Phi^*(0) \geqslant \Psi^*(0) \tag{3.14}$$

$$R(f_1) = \Phi^*(f_1) = \Psi^*(f_1) \tag{3.15}$$

$$R(f_2) = R_A = \Psi^*(f_2) \geqslant \Phi^*(f_2) \tag{3.16}$$

这也意味着

$$\Phi^*(0) - \Phi^*(f_1) \geqslant \Psi^*(0) - \Psi^*(f_1) \tag{3.17}$$

$$A(0) - A(f_1) - f_1 tL \geqslant f_1 t \tag{3.18}$$

因此,可得:

$$\frac{1}{\alpha}[2 - e^{-\alpha f_1} - e^{-\alpha f_1}] - \frac{1}{\alpha}[2 - e^{-2\alpha f_1} - e^0] - f_1 tL$$

$$= \frac{1}{\alpha}(2e^{-\alpha f_1} + e^{-2\alpha f_1} + 1) - f_1 tL \geqslant f_1 t$$

即:

$$\frac{1}{\alpha}(2e^{-\alpha f_1} + e^{-2\alpha f_1} + 1) \geqslant t\frac{N}{2L}L + \frac{N}{2L}t = \frac{Nt}{2} + \frac{N}{2L}t \tag{3.19}$$

同时,

$$\Phi^*(f_1) - \Phi^*(f_2) \geqslant \Psi^*(f_1) - \Psi^*(f_2) \tag{3.20}$$

$$A(f_1) - A(f_2) - (f_2 - f_1)tL \geqslant (f_2 - f_1)t \tag{3.21}$$

也就是

$$\frac{1}{\alpha}(e^{-\alpha(f_1-f_1)} - e^{-\alpha(f_1+f_1)}) - \frac{1}{\alpha}(e^{-\alpha(f_2-f_1)} - e^{-\alpha(f_1+f_2)}) - (f_2-f_1)tL$$

$$= \frac{1}{\alpha}(1 - e^{-2\alpha\frac{N}{2L}} - e^{-\alpha\frac{N}{2}} - e^{-\alpha(\frac{N}{2}+\frac{N}{L})}) - \frac{N}{2}tL \geqslant \frac{N}{2}t$$

$$\tag{3.22}$$

即:

$$\frac{1}{\alpha}(1 - e^{-2\alpha\frac{N}{2L}} - e^{-\alpha\frac{N}{2}} - e^{-\alpha(\frac{N}{2}+\frac{N}{L})}) \geqslant \frac{N}{2}t + \frac{N}{2}tL \tag{3.23}$$

上式包括 α、N、L、t 四个变量,给定 N、L 的值,比如 $N=100$,$L=50$,则可以得出 t 关于 α 的方程,从而绘出这个方程的图形。在通勤费用很大、空间溢出效应很小或者通勤费用很小但空间溢出效应很大时,可以维持单中心结构。

六、完全混合空间结构

(一)竞租曲线

图 3.4 显示了一个商业区与居住区完全混合的城市空间结构,这时 $f_1 =$

$\frac{(1+L)N}{2L}$。

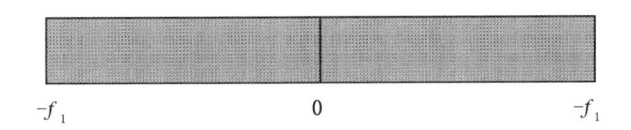

图 3.4　完全混合空间结构

家庭竞租曲线与企业竞租曲线相同,可以得出:
$$R(x)=\Phi^*(x)=\Psi^*(x), x\in[-f_1,f_1] \quad (3.24)$$

在城市边缘,地租等于农业地租:$R_A=R(x), x=-f_1,f_1$。这种情形下的竞租曲线如图 3.5 所示。

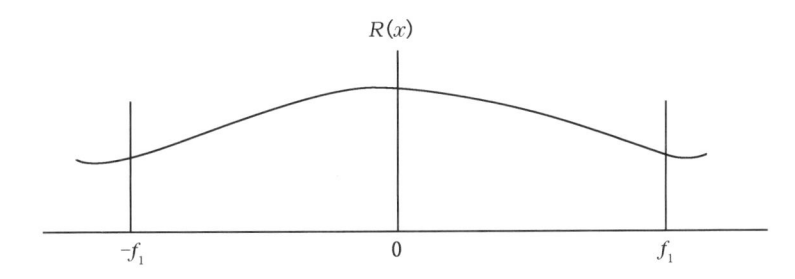

图 3.5　完全混合空间结构竞租曲线

(二)维持混合空间结构的通勤费用与空间溢出

由于混合空间竞租曲线相同,可以得出:
$$w(x)-Z=A(x)-w(x)L \quad (3.25)$$

因此,工资方程为:
$$w(x)=\frac{1}{1+L}(A(x)+Z) \quad (3.26)$$

$$R(x)=\frac{1}{1+L}(A(x)-ZL)=\frac{1}{1+L}[A(x)-A(f_1)]+R_A \quad (3.27)$$

注意到
$$A(x)=\frac{1}{\alpha}[2-e^{-\alpha(f_1+x)}-e^{-\alpha(f_1-x)}], x\in[-f_1,f_1] \quad (3.28)$$

$$A(x)=\frac{1}{\alpha}[e^{-\alpha(f_1-x)}-e^{-\alpha(f_1+x)}], x \text{ 不属于}[-f_1,f_1] \quad (3.29)$$

当 $x\in[0,f_1]$ 可以证明 $\frac{\partial A}{\partial x}\leq 0, \frac{\partial^2 A}{\partial x\partial x}<0$,可知 $A(x)$ 是凹函数,同理可得 $R(x)$、

$W(x)$ 都是凹函数。

由于商业与居住完全混合,不存在通勤成本,$\left|\dfrac{\partial w(x)}{\partial x}\right| \leqslant t$,这也意味着 $\dfrac{\partial w(f_1)}{\partial f_1} \geqslant -t$,即:

$$t(1+L)^2 \geqslant 1-e^{-2af_1} = 1-e^{-2a\frac{(1+L)N}{2L}} \tag{3.30}$$

如此显示出通勤费用与空间溢出效应对这种完全混合结构的作用。只有通勤费用较高时才能维持这种结构,因为通勤费用较高,工人只能居住在工作地附近。

七、多中心城市

(一)多中心城市竞租曲线

以多中心城市为例,这时 $f_1 = \dfrac{N}{4}$,$f_2 = f_1 + \dfrac{f_1}{L} = \dfrac{N}{4} + \dfrac{N}{4L}$,$f_3 = f_1 + \dfrac{N}{2L}$,$f_4 = \dfrac{(1+L)}{2L}N$,见图 3.6。

图 3.6 多中心城市

多中心城市的竞租曲线(见图 3.7)为:

$R(x) = \Psi^*(x) \geqslant \Phi^*(x), x \in [0, f_1] \cup [f_3, f_4]$,在居住区;

$R(x) = \Psi^*(x) = \Phi^*(x), x = f_1 = f_3$,在商业区与居住区的边界;

$R(x) = \Phi^*(x) \geqslant \Psi^*(x), x \in [f_2, f_3]$,在商业区;

$R(x) = \Psi^*(x) = R_A, x = f_4$,在城市的边缘。

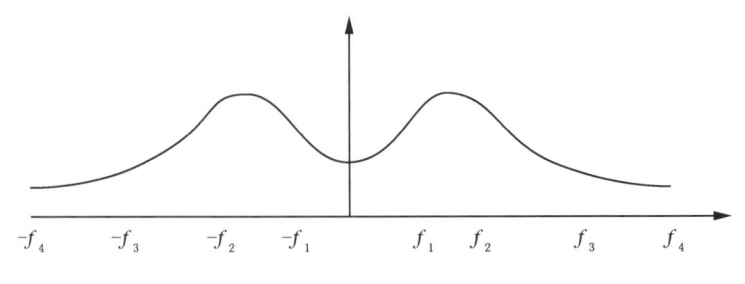

图 3.7 多中心城市竞租曲线

(二)维持双中心的通勤费用与空间溢出

由上式可以得到:

$$\frac{A(f_1)-A(f_3)}{f_1+f_3-2f_2}=t(1+L) \tag{3.31}$$

从而

$$t(1+L)\leqslant \min\left\{\frac{A(f_2)-A(f_1)}{f_2-f_1},\frac{A(f_1)-A(0)}{f_1},\frac{A(f_1)-A(f_4)}{f_1+f_4-2f_2}\right\} \tag{3.32}$$

可见,双中心的城市空间结构与通勤费用、企业的溢出效应有关。在通勤费用较高时,双中心结构可以维持。

这里需要指出的是,我们发现 Fujita-Ogawa 模型在设定的空间结构下可以求出通勤费用和空间溢出效应的关系。Lucas 和 Rossi-Hansberg(2002)则将空间结构、通勤费用、溢出效应进一步内生化,它是第一个二维的多中心空间模型。他们通过模拟发现,低通勤成本下可能存在单中心模式,中等通勤成本下可能出现另一个中心,高通勤成本下又可能出现次中心,这是非常容易理解的(见图3.8)。在现实生活中,运输成本更多地表现为通勤的时间成本和身体健康成本。

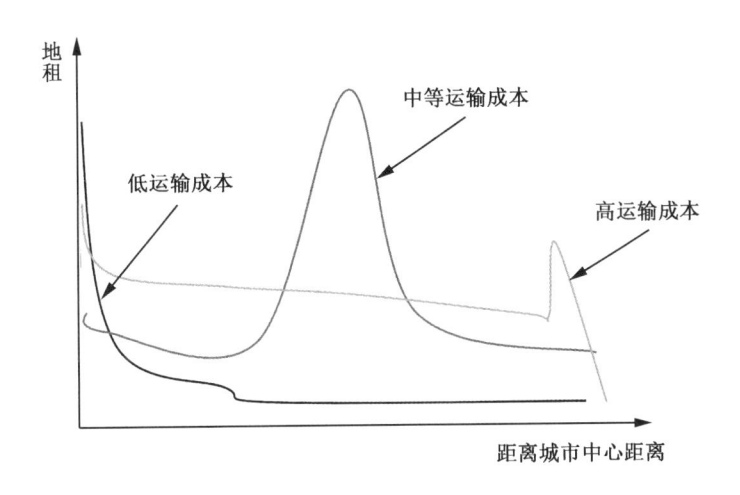

资料来源:Lucas 和 Rossi-Hansberg(2002)。

图3.8 LRH 城市空间结构理论模型

参考文献

[1] Desmet K, Rosse-Hansberg E. Spatial Development [J]. *American Economic Review*, 2014, 104(4).

[2] Lucas R, Rosse-Hansberg E. On the Internal Structure of Cities [J]. *Econometrica*, 2002,

70(4).

[3] Fujita M, Ogawa H. Multiple Equilibria and Structural Transition of Non-Monocentric Urban Configurations [J]. *Regional Science and Urban Economics*, 1982(12).

[4] Fujita M. *Urban Economic Theory: Land Use and City Size* [M]. Cambridge: Cambridge University Press, 1989.

[5] Michaels G, Redding S J, Rauch F. Technical Note: An Eaton and Kortum (2002) Model of Urbanization and Structural Transformation [D]. London: London School of Economics and Princeton University, 2011.

[6] Harari M. Cities in Bad Shape: Urban Geometry in India [J]. *American Economic Review*, 2020, 110 (8).

[7] Ahlfeldt Gabriel M, Stephen J Redding, Daniel Sturm, et al. The Economics of Density: Evidence from the Berlin Wall[J]. *Econometrica*, 2015, 83 (6).

[8] Beckmann M. Spatial Equilibrium in the Dispersed City [A]// G J Papageorgiou (ed.). *Mathematical Land Use Theory*. Lexington: Lexington Books, 1976.

[9] Davis Morris and Palumbo Michael. The Price of Residential Land in Large US Cities[J]. *Journal of Urban Economics*, 2008, 63(1).

[10] Donaldson Dave. Railroads of the Raj: Estimating the Impact of Transportation Infrastructure[J]. *American Economic Review*, 2018, 108 (4—5).

[11] Davis Morris A and Francois Ortalo-Magné. Household Expenditures, Wages, Rents[J]. *Review of Economic Dynamics*, 2011, 14(2).

[12] Eaton Jonathan and Samuel Kortum. Technology, Geography, and Trade[J]. *Econometrica*, 2002, 70(5).

[13] Desmet Klaus and Esteban Rossi-Hansberg. Urban Accounting and Welfare[J]. *American Economic Review*, 2013, 103 (6).

[14] Lucas R E, Rossi-Hansberg E. On the Internal Structure of Cities[J]. *Econometrica*, 2002, 70 (4).

[15] Krugman Paul Increasing Returns and Economic Geography[J]. *Journal of Political Economy*, 1991, 99(3).

[16] Ottaviano Gianmarco, Tabuchi Takatoshi and Thisse Jacques. Agglomeration and Trade Revisited[J]. *International Economic Review*, 2002, 43(2).

[17] Owens Raymond III, Esteban Rossi-Hansberg and Pierre-Daniel Sarte. Rethinking Detroit [J]. *American Economic Journal: Economic Policy*, 2020, 12(2).

[18] Rossi-Hansberg E. Cities under Stress[J]. *Journal of Monetary Economics*, 2004, 51.

[19] Simonovska Ina and Waugh Michael. The Elasticity of Trade: Estimates and Evidence[J]. *Journal of International Economics*, 2014, 92(1).

[20] Redding Stephen J and Esteban Rossi-Hansberg. Quantitative Spatial Economics[J]. *Annual Review of Economics*, 2017, 9(1).

思考与练习

1. 对于 CES 函数 $M = (\sum_{i=1}^{N} m_i^\rho)^{\frac{1}{\rho}}$，试证明：①$\rho \to 0$，CES 简化为柯布道格拉斯（C - D）函数；②$\rho \to -\infty$，CES 简化为里昂惕夫函数。

2. 对于间接效用函数 $V(p, y)$，试证明：①$V(p, y)$ 是 y 的增函数、p 的减函数；②Roy 等式；③间接效用函数与直接效用函数 U 的关系。

3. 典型消费者的效用函数为 $U = \sqrt{x_1} + \sqrt{x_2}$，试证明其间接效用函数为 $V(p, Y) = \left(\dfrac{1}{p_1} + \dfrac{1}{p_2}\right)^{\frac{1}{2}} Y^{\frac{1}{2}}$。

4. 典型消费者的效用函数为 $U(x_1, x_2)$，预算约束为 $p_1 x_1 + p_2 x_2 = y$，试证明 $\dfrac{\frac{\partial U}{\partial x_1}}{\frac{\partial U}{\partial x_2}} = \dfrac{p_1}{p_2}$。

5. 典型消费者的效用函数为 $U(x_1, x_2) = (x_1^\rho + x_2^\rho)^{\frac{1}{\rho}}$，$\rho \neq 0$ 且 $\rho < 1$，预算约束为 $p_1 x_1 + p_2 x_2 = y$，试证明 $\left(\dfrac{x_1}{x_2}\right)^{\rho-1} = \dfrac{p_1}{p_2}$。

6. 生产函数 $f(K, L) = AK^\alpha L^{1-\alpha}$，其中 $A > 0, 0 < \alpha < 1$。①试证明 $MP_K = \dfrac{\partial f}{\partial K} > 0, MP_L = \dfrac{\partial f}{\partial L} > 0, \dfrac{\partial^2 f}{\partial K^2} < 0, \dfrac{\partial^2 f}{\partial L^2} < 0$，并说出这四个式子的含义。②请回答函数 $f(K, L)$ 是齐次生产函数吗？③试证明欧拉定理：$f(K, L) = MP_K \times K + MP_L \times L$。

7. 典型厂商的生产函数为 $f(K, L)$，其中 K 为资本，L 为劳动。约束条件为 $wL + rK = C$。其中，w 为劳动的价格，r 为资本的价格。请证明 $\dfrac{MP_L}{MP_K} = \dfrac{w}{r}$，$MP_L$ 为劳动的边际产品 $\dfrac{\partial f}{\partial L}$，$MP_K$ 为资本的边际产品 $\dfrac{\partial f}{\partial K}$。

8. 函数 f 是凸函数，假设对于所有的 x、z 和 $0 \leqslant t \leqslant 1$，$f(tx + (1-t)z) \leqslant tf(x) + (1-t)f(z)$；函数 f 是凹函数，假设对于所有的 x、z 和 $0 \leqslant t \leqslant 1$，$f(tx + (1-t)z) \geqslant tf(x) + (1-t)f(z)$。请问 $f(K, L) = AK^\alpha L^{1-\alpha}$ 是凸函数还是凹函数，抑或是准凹函数？

9. 一个典型消费者的效用函数为 CES 形式：$U(x_1, x_2) = (x_1^\rho + x_2^\rho)^{\frac{1}{\rho}}$，其中 $0 < \rho < 1$ 且 $\rho \neq 0$。消费者的约束条件为：$p_1 x_1 + p_2 x_2 = y$。

①证明消费者的需求函数（马歇尔需求函数）为：

$$x_1(p_1, p_2, y) = \dfrac{p_1^{\frac{1}{\rho-1}}}{p_1^{\frac{\rho}{\rho-1}} + p_2^{\frac{\rho}{\rho-1}}} y$$

$$x_2(p_1, p_2, y) = \dfrac{p_2^{\frac{1}{\rho-1}}}{p_1^{\frac{\rho}{\rho-1}} + p_2^{\frac{\rho}{\rho-1}}} y$$

②如果效用函数变为 $U(x_1,x_2)=(\alpha x_1^\rho+\beta x_2^\rho)^{\frac{1}{\rho}}$,其中 $0<\alpha<1,0<\beta<1$,求其相应的需求函数。

10. 两个地区贸易量的比值 $f(t)$ 为运输费用 t 的函数: $f(t)=\dfrac{\alpha+t-1+\alpha t-\log t}{2\alpha t}$, $t>0$,参数 $\alpha>0$。请在同一个坐标下绘出 $\alpha=0.1$、0.5、1、1.5 情形下的 $f(t)$ 图形。

11. 消费者的效用函数为 $U=(c_{ag}^\gamma c_{na}^{1-\gamma})^\alpha H^{1-\alpha}$,其中,$H$ 为住房消费,c_{ag} 为农业消费,c_{na} 为工业品消费,r、α 为参数,$0<\gamma<1,0<\alpha<1$。消费者的预算约束为 $c_{ag}+p_{na}c_{na}+RH=w$,其中,w 为消费者的工资,农产品 c_{ag} 的价格标准化为 1,工业品价格 c_{na} 为 p_{na},R 为住房价格。①求解消费者最优化行为;②设定参数 $\alpha=0.13$,$r=0.1$,求 $\dfrac{H}{c_{na}}$;③如果参数取其他值,那么求 $\dfrac{H}{c_{na}}$。

12. 请阐述多中心城市模型的特点。

13. 区位潜力函数定义为 $A(s)=\int b(r)e^{(-\alpha|r-s|)}dr$。请回答:这个潜力函数有何特征?是否还有其他函数具有同样的功能?

14. 利用数值模拟的方法,画出式(3.23)、式(3.30)、式(3.32)中通勤费用与空间溢出效应对城市空间结构的影响(提示纵坐标为 t,横坐标为 α)。

15. 一圆形城市的半径为 R。在区位 (x,θ) 处的人口为 $n(x,\theta)$,其中 x 为到圆心的距离,θ 为其与圆心的夹角,$0\leqslant x\leqslant R,0\leqslant\theta<2\pi$。①请回答:为什么 $0\leqslant\theta<2\pi$?②证明:整个城市的人口为 $N=2\pi\int_0^R xn(x,\theta)\mathrm{d}x$;③证明:如果该城市人口平均分布,则 $N=n\pi R^2$。

16. 一个圆形城市,$n(x)$ 为区位 x 处的就业密度,即单位生产用地上雇佣的劳动力;区位在 x 处的消费者工资为 $w(x)$。区位为 x 的厂商生产函数为 $y(x)=g(z(x))f(x)$,其中 $g(x)=z^\gamma$,$f(x)=An^\alpha$,$g(x)$ 为生产的外部性,$f(x)$ 为投入要素,α、γ 为系数,$\alpha>0,\gamma>0$。①请写出该厂商的利润函数。②证明均衡时的利润为 $\pi^*(z,w)=A^{\frac{1}{1-\alpha}}(1-\alpha)\left(\dfrac{\alpha}{w}\right)^{\frac{\alpha}{1-\alpha}}z^{\frac{\gamma}{1-\alpha}}$。

17. 利用多源数据进行城市经济的研究是当前的一个热点。请利用手机信令数据、智能卡刷卡数据、共享单车数据等多源数据,研究北京、上海、广州、深圳和你所在城市的空间结构、通勤特征和职住特征。请利用有关平台的数据,研究分析北京、上海、天津、广州、成都和你所在城市是单中心还是多中心。

18. 观察 1992 年、1998 年、2002 年、2012 年、2020 年中国省区市的夜间灯光图,并回答:①哪些城市是单中心城市?哪些城市是多中心城市?②与 1992 年相比,2020 年各城市的空间结构是否有变化?③如何用夜间灯光数据精确测度城市的空间结构?

19. 请利用直辖市与省会城市的热点数据(Point of Interest,POI),分析上述城市的空间结构特征、与夜间灯光数据的差异之处,以及如何获取各城市的 POI。

20. 查阅百度地图、12306、交通运输部等网站,测量各城市高铁站距离市中心的最短距离(忽略没通高铁的城市),并回答:①该距离小于 1 千米的城市有哪些?②该距离在 10 千米以内的城市有哪些?③该距离在 10~20 千米的城市有哪些?④该距离超过 20 千米的城市有哪些?⑤高铁站成为城市副中心了吗?

21. 实证研究中国的开发区:①描述中国开发区的历史演进。②开发区工业用地价格与其他地区相比是否更低?③开发区生产率与老城区相比是否更高?④开发区成为城市副中心了吗?

第四章 城市体系模型

第一节 预备知识

一、垄断竞争与报酬递增

(一)垄断竞争

垄断竞争是四种市场结构之一,这一市场结构的特点是企业数量较多,但是每家企业提供的产品不同,是差异化产品,企业自由进出市场,因此均衡时企业的利润为0。

(二)规模报酬递增

报酬递增是指随着规模、结构或制度等的变化而导致的成本降低或收益增加,通常考虑的是规模报酬递增,对于生产函数 $f(x)$,存在常数 β。

(1)如果 $f(\beta x)=\beta f(x)$,其中 $\beta>0$,则称生产函数为常规模报酬。投入增加,产出同比例增长。

(2)如果 $f(\beta x)>\beta f(x)$,其中 $\beta>1$,则称生产函数为规模报酬递增。投入增加,产出增长更多。

(3)如果 $f(\beta x)<\beta f(x)$,其中 $\beta>1$,则称生产函数为规模报酬递减。投入增加,产出增长相对更少。

(三)一个例子

一个典型的生产者仅使用一种生产要素劳动力进行生产,其对劳动力(工人)的需求为:

$$l=F+cq$$

式中,l 是对劳动力的需求量,$F>0$ 为固定成本,q 为产量,c 为边际成本,cq 为可变成本。两边同除以产量 q 得:

$$\frac{l}{q}=\frac{F}{q}+c$$

显然随着产量 q 的增加,$\frac{l}{q}$ 在不断减少,这就是规模报酬递增。那么,该企业的利润函数为：
$$\pi = pq - wl = pq - w(F+cq)$$
由于企业可以自由进出市场，因此显然 $\pi=0$。

二、替代弹性与价格指数

(一)定义替代弹性

1. 一般实值函数

已知实值函数 $f(x_1,x_2,\cdots,x_n)$，定义 x_i 和 x_j 的替代弹性(Elasticity of Substitution)为 $\dfrac{x_j}{x_i}$ 的相对变化对 $\dfrac{\partial f/\partial x_i}{\partial f/\partial x_j}$ 的相对变化之比，即：

$$\sigma_{ij} = \frac{\Delta\left(\dfrac{x_j}{x_i}\right)\Big/\dfrac{x_j}{x_i}}{\Delta\left(\dfrac{\partial f/\partial x_i}{\partial f/\partial x_j}\right)\Big/\dfrac{\partial f/\partial x_i}{\partial f/\partial x_j}} = \frac{\Delta\left(\dfrac{x_j}{x_i}\right)}{\Delta\left(\dfrac{\partial f/\partial x_i}{\partial f/\partial x_j}\right)} \times \frac{\dfrac{\partial f/\partial x_i}{\partial f/\partial x_j}}{\dfrac{x_j}{x_i}}$$

通常也写作

$$\sigma_{ij} = \frac{\mathrm{d}\left(\dfrac{x_j}{x_i}\right)}{\mathrm{d}\left(\dfrac{\partial f/\partial x_i}{\partial f/\partial x_j}\right)} \times \frac{\left(\dfrac{\partial f/\partial x_i}{\partial f/\partial x_j}\right)}{\left(\dfrac{x_j}{x_i}\right)}$$

式中，分子 $\dfrac{\partial f}{\partial x_i}$ 为 f 对 x_i 的偏导数，分母 $\dfrac{\partial f}{\partial x_j}$ 为 f 对 x_j 的偏导数。

2. 作为生产函数

已知 $y=f(x_1,x_2,\cdots,x_n)$，y 为产出，$x_1,x_2,\cdots,x_n$ 为投入，$\dfrac{\partial f}{\partial x_j}$ 为 j 的边际产品 MP_j，$\dfrac{\partial f}{\partial x_i}$ 为 i 的边际产品 MP_i，可得：

$$\sigma_{ij}=\frac{\dfrac{\mathrm{d}\left(\dfrac{x_j}{x_i}\right)}{\dfrac{x_j}{x_i}}}{\dfrac{\mathrm{d}\left(\dfrac{MP_i}{MP_j}\right)}{\dfrac{MP_i}{MP_j}}}=\frac{\mathrm{dln}\left(\dfrac{x_j}{x_i}\right)}{\mathrm{dln}MRTS_{ij}}$$

式中,$MRTS_{ij}$ 称为两种产品的边际技术替代率。

在一定的技术条件下,边际产品为该投入要素的价格,即 $MP_j=p_j$,$MP_i=p_i$。

因此,替代弹性可以变形为 $\sigma_{ij}=\dfrac{\dfrac{\mathrm{d}\left(\dfrac{x_j}{x_i}\right)}{\dfrac{x_j}{x_i}}}{\dfrac{\mathrm{d}\left(\dfrac{P_i}{P_j}\right)}{\dfrac{P_j}{P_i}}}$,由此可以立马知道替代弹性的含义:在保持产量不变的条件下(在同一条等产量线上),i 和 j 两种要素的价格相对变化导致的要素投入的相对变化。比如一家企业有两种生产要素——资本和劳动,如果劳动成本增加,就少用劳动多用资本,替代弹性刻画了这种变化。

3. 作为效用函数

已知 $U=U(x_1,x_2,\cdots,x_n)$,U 为效用,$x_1,x_2,\cdots,x_n$ 为消费的物品,$\dfrac{\partial U}{\partial x_j}$ 为 j 的边际效用 MU_j,$\dfrac{\partial U}{\partial x_i}$ 为 i 的边际效用 MU_i,可得:

$$\sigma_{ij}=\frac{\dfrac{\mathrm{d}\left(\dfrac{x_j}{x_i}\right)}{\dfrac{x_j}{x_i}}}{\dfrac{\mathrm{d}\left(\dfrac{MU_i}{MU_j}\right)}{\dfrac{MU_i}{MU_j}}}=\frac{\mathrm{dln}\left(\dfrac{x_j}{x_i}\right)}{\mathrm{dln}MRS_{ij}}$$

式中,MRS_{ij} 称为边际替代率,而 $MRS_{ij}=\dfrac{\dfrac{\partial U}{\partial x_i}}{\dfrac{\partial U}{\partial x_j}}=\dfrac{p_i}{p_j}$,两个物品的边际效用之比等于

它们的价格之比。此时替代弹性可以变形为 $\sigma_{ij}=\dfrac{\mathrm{d}\left(\dfrac{x_j}{x_i}\right)/\dfrac{x_j}{x_i}}{\mathrm{d}\left(\dfrac{P_i}{P_j}\right)/\dfrac{P_i}{P_j}}$，含义非常明确：在保持效用不变的情况下，两种物品的相对价格变化导致的两种物品消费量的变化。比如学校的食堂仅供应馒头和米饭两种食物，馒头价格上涨，我们就多吃米饭。替代弹性则测度了馒头价格相对于米饭价格上涨导致我们少吃了几个馒头多吃了几碗米饭。

(二) 常替代弹性函数

替代弹性为常数的函数为常替代弹性函数（Constant Elasticity of Substitution, CES）。以效用函数 $U=(x_1^\rho+x_2^\rho+\cdots+x_N^\rho)^{\frac{1}{\rho}}$ 为例，求其替代弹性 σ_{ij}。

计算过程如下：

$$\sigma_{ij}=\frac{\mathrm{d}\ln\left(\dfrac{x_j}{x_i}\right)}{\mathrm{d}\ln MRS_{ij}}=\frac{\mathrm{d}\ln\left(\dfrac{x_j}{x_i}\right)}{\mathrm{d}\ln\left(\dfrac{\partial U/\partial x_i}{\partial U/\partial x_j}\right)}=\frac{\mathrm{d}\ln\left(\dfrac{x_j}{x_i}\right)}{\mathrm{d}\ln\left\{\dfrac{\frac{1}{\rho}(x_1^\rho+x_2^\rho+\cdots+x_N^\rho)^{\frac{1}{\rho}-1}\rho x_i^{\rho-1}}{\frac{1}{\rho}(x_1^\rho+x_2^\rho+\cdots+x_N^\rho)^{\frac{1}{\rho}-1}\rho x_j^{\rho-1}}\right\}}=\frac{\mathrm{d}\ln\left(\dfrac{x_j}{x_i}\right)}{\mathrm{d}\ln\left(\dfrac{x_i}{x_j}\right)^{\rho-1}}$$

$$=\frac{1}{1-\rho}$$

令 $\sigma\equiv\dfrac{1}{1-\rho}=$ 常数，$\sigma>1,0<\rho<1$，因此这个函数为常替代弹性函数。

替代弹性有三种基本类型，见图 4.1。

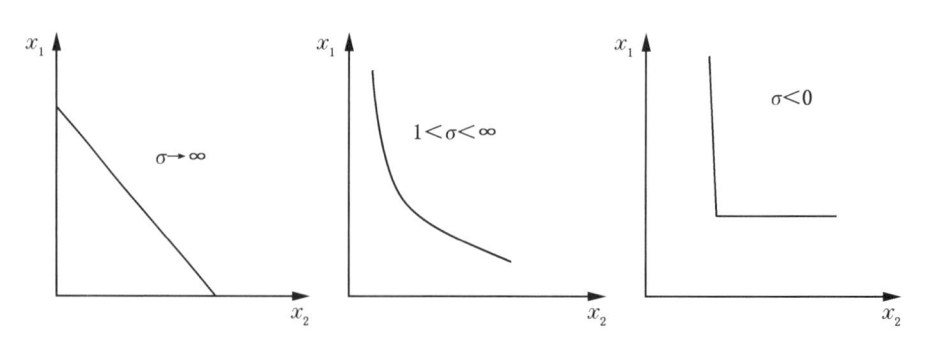

图 4.1 替代弹性的三种类型

(1) 当 $\sigma\to\infty$，即 $\rho\to 1$ 时，两种产品之间完全替代，$M=\sum x=x_1+\cdots+x_N$，消费者消费 N 种工业品和消费 N 倍工业品没有差异。

(2)当 1＜σ＜∞，即 0＜ρ＜1 时，两种商品之间有一定的替代性，各商品之间彼此是替代品，这是新经济地理学等模型对替代弹性的基本假设。

(3)当 σ→0，即 ρ→∞时，两种商品之间无替代性。

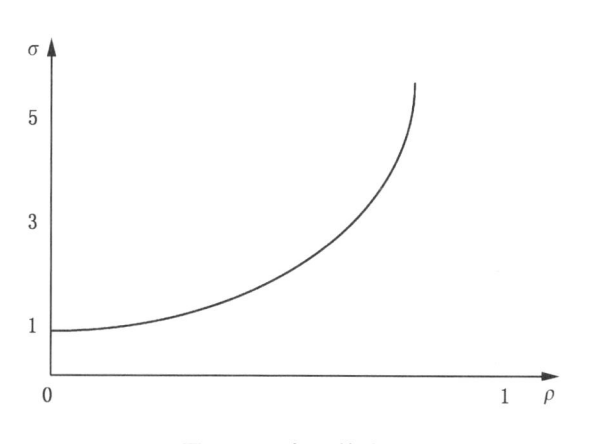

ρ 与 σ 的关系如图 4.2 所示，当 ρ＝0 时，σ＝1；随着 ρ 的数值增加，σ 也增加，σ＞1。

图 4.2 ρ 与 σ 的关系

三、城市体系及城市间的相互作用

图 4.3 的左边是 1992 年长三角夜间灯光图，右边是 2013 年该地区的夜间灯光图。1992 年最大的一片夜间灯光区域是上海，其次是南京，再次是杭州、苏州、无锡、常州，而其他地区则寥落晨星；2013 年的夜间灯光图中上海、苏州、无锡、常州已经连成一片分不清城市的界限，南京与镇江还没有连在一起，而南京与马鞍山、芜湖连在一起，杭州的夜间灯光面积大幅度扩展已经与绍兴、宁波等连成一片。

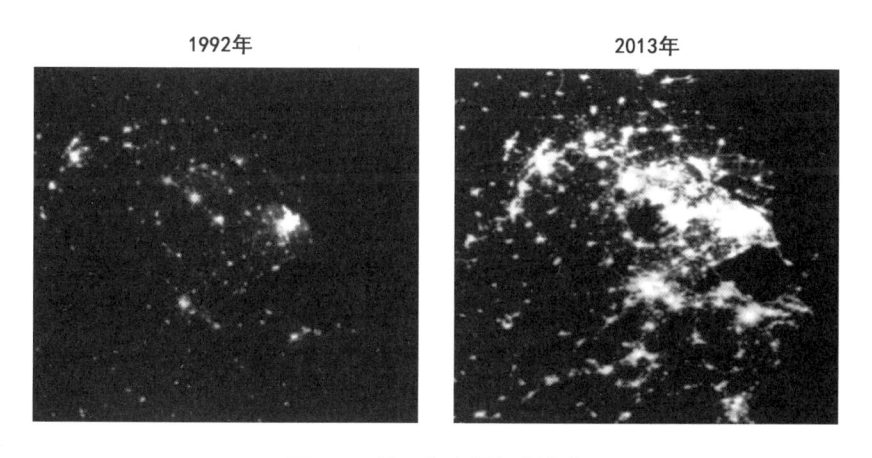

图 4.3 长三角夜间灯光演变

根据2015年长三角高新技术企业跨区域投资、2016年各城市联合申请专利情况（见图4.4），我们发现跨区域投资最主要发生在上海、南京、杭州、苏州、合肥等城市，而2016年联合申请专利最多的城市对是上海与南京，其次为上海与苏州、上海与常州，第三档为上海与杭州、上海与宁波、上海与合肥。

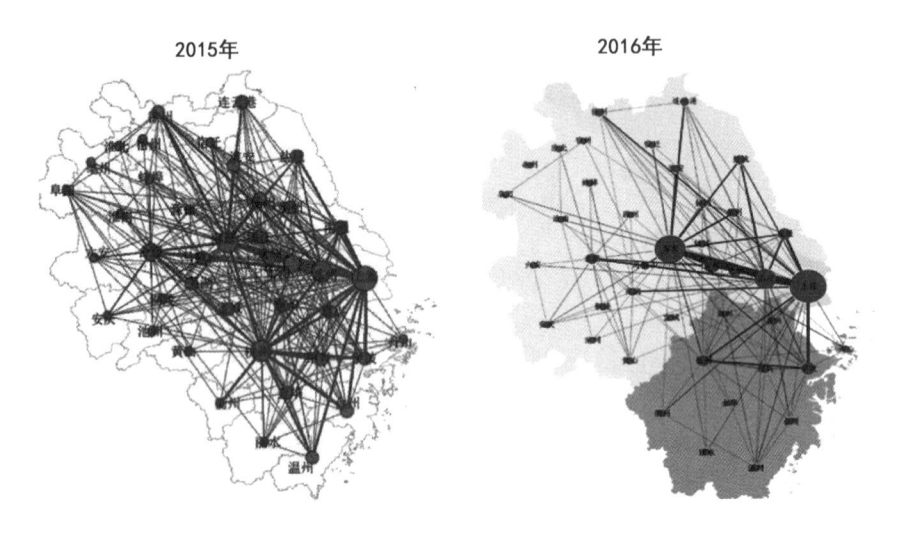

图4.4　2015年长三角高新企业的跨区域投资和2016年各城市联合申请专利简图

第二节　Zipf模型：最优的城市体系分布

城市体系的研究最早可以追溯到德国学者克里斯泰勒（Christaller, 1933）。他提出了城市体系研究的几个问题：第一，城市体系中大中小城市的数量关系；第二，城市体系中大中小城市之间的产业关系；第三，城市体系中大中小城市的空间分布格局。Zipf模型探讨了城市体系中大中小城市的数量关系，Henderson(1974)进一步研究了最优城市规模问题，Duranton 和 Puga(2001)探讨了城市体系中大中小城市之间的产业关系，而Rosen-Roback模型则是阐述了城市人口、住房、品质等的关系。

一、帕累托分布

一个城市体系中的城市规模分布不属于正态分布（不是中等规模的城市多，大城市和小城市就数量少），而是属于帕累托分布（大城市的数量小，小城市的数量多）。Zipf法则的定义为：如果城市规模 $Size$ 是一个随机变量，那么大于某一城市规模 S 的概率与其规模的倒数成比例。

$$P(Size>S)=\frac{\infty}{S^\beta} \tag{4.1}$$

式中$\xi \approx 1$,其形状如图4.5所示。

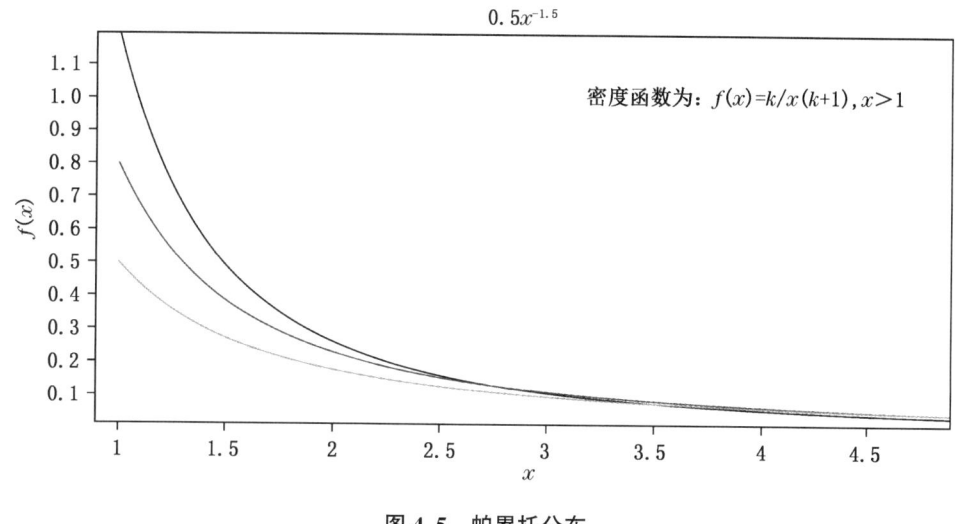

图 4.5 帕累托分布

我们可以将Zipf法则简单地以下式表示:

$$\ln(\text{rank}) = \ln A - \alpha \ln(s) \tag{4.2}$$

式中,s为城市规模,rank为该城市的位序,α被称为帕累托系数,理论值为1。$\alpha>1$,城市的分布更加集中;$\alpha<1$,城市的分布更加分散。

图4.6显示了2020年中国各城市和县城的常住人口核密度,可见这种分布不是正态分布,而是近似呈帕累托分布。

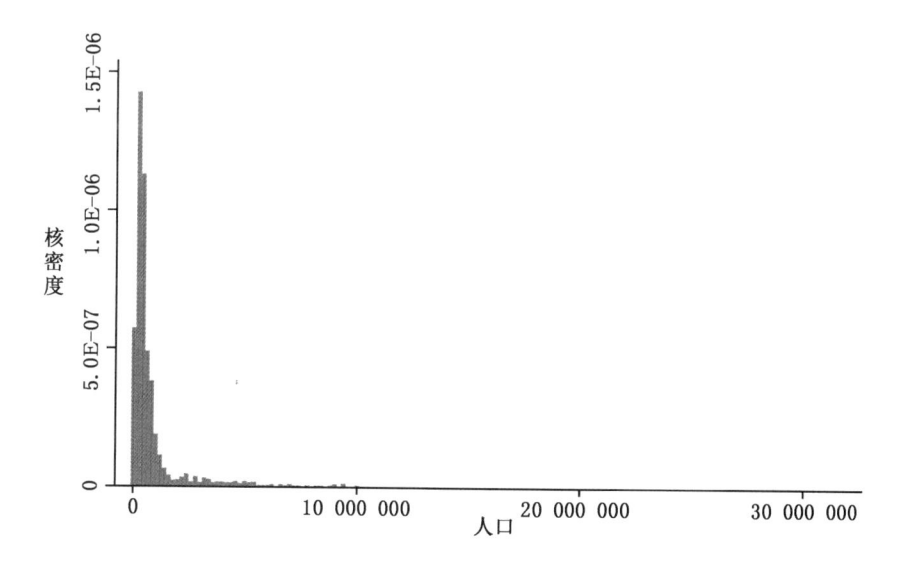

资料来源:2020年"七普"数据。

图 4.6 中国城市和县城的分布

相应的位序规模分布如图 4.7 所示，帕累托系数为 0.729 6，城市的分布呈分散化特征。

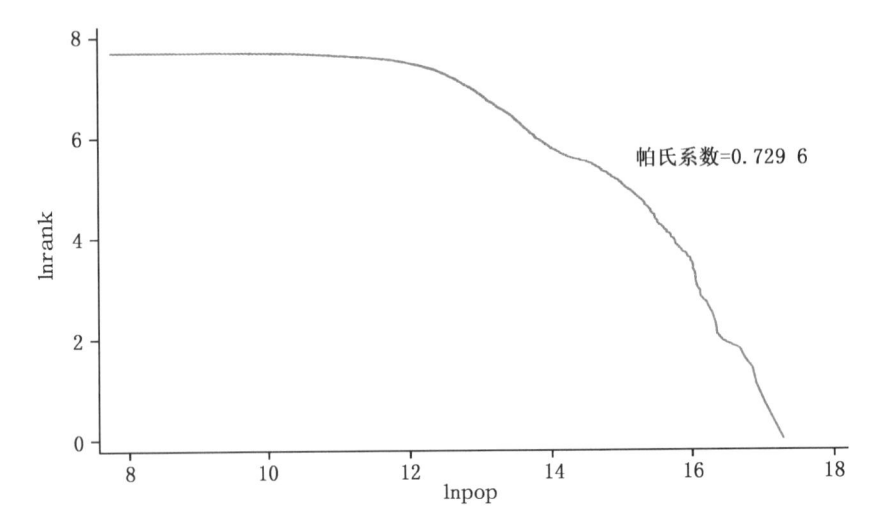

资料来源：2020 年"七普"数据。

图 4.7　lnrank-lnpop（含县）

我们剔除县，仅计算城市（城区人口）的核密度分布，我们发现中国的城市分布不是正态分布，而是呈帕累托分布，与理论假设相符合，见图 4.8。

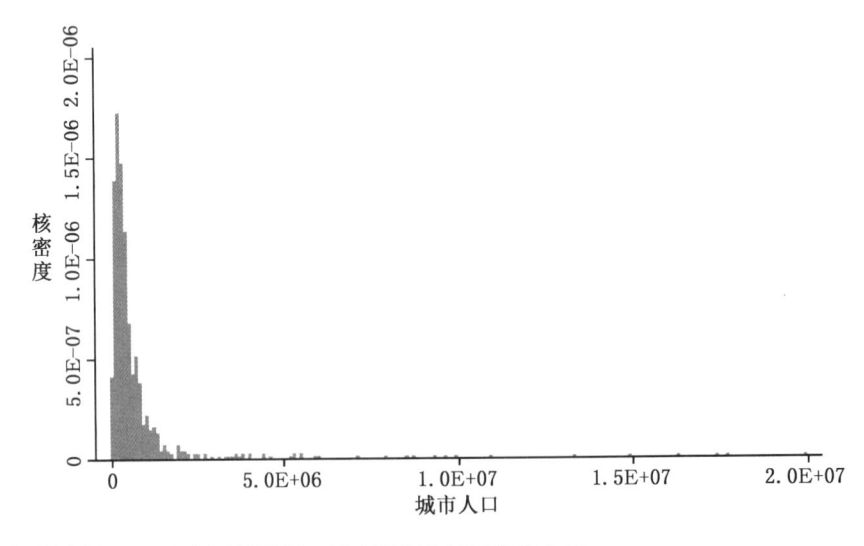

资料来源：2020 年"七普"数据。城市数据为城区常住人口。

图 4.8　中国城市的规模分布

相应的位序规模分布如图 4.9 所示，帕累托系数为 0.797 0，城市的分布为分散化特征,与带县的特征基本一样。

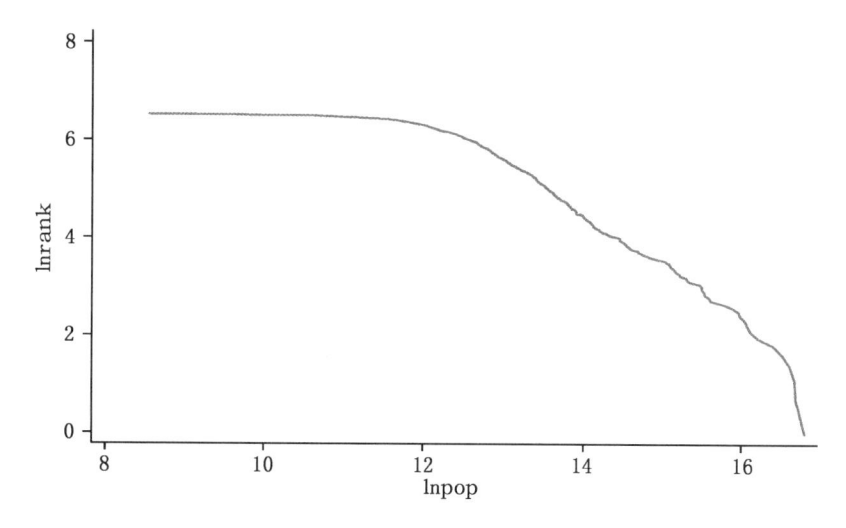

资料来源:为2020年"七普"数据。

图 4.9　lnrank-lnpop(剔除县)

二、简要证明

Gabaix(1999)、Gabaix 和 Ioannides(2004)对 Zipf 法则给出了一个统计学上的解释。假设总人口和城市数量不变,则城市规模的增长为:

$$N_{it}=(1+g_{it})N_{it-1} \tag{4.3}$$

式中,g 为增长率,而且对于所有城市来说独立同分布,概率密度为 $f(g)$,则 T 时期城市的规模为:

$$logN_{iT}=logN_{i0}+\sum_{t=1}^{t=T}log(1+g_{it})\approx logN_{i0}+\sum_{t=1}^{t=T}log(g_{it}) \tag{4.4}$$

令 $S_t(N)$ 表示城市规模为 N 的城市的比例,即占总城市人口的比例,那么最低人口规模的城市 $\dfrac{S}{g}$ 的增长为:

$$S_t(N)=\int_0^\infty S_{t-1}\left(\frac{N}{g}\right)gf(g)\,\mathrm{d}g \tag{4.5}$$

在稳定状态下,

$$S(N)=\int_0^\infty S\left(\frac{N}{g}\right)gf(g)\,\mathrm{d}g \tag{4.6}$$

又

$$\int_0^\infty gf(g)\,\mathrm{d}g=1 \tag{4.7}$$

可得:

$$G(S) = \frac{\infty}{S} \tag{4.8}$$

第三节 Henderson(1974)模型:最优城市规模

Henderson(1974)是城市体系的最为经典的模型之一,它的一个特点是探讨城市体系中的最优城市规模,低于最优规模为规模偏小,高于最优规模则为规模偏大。Helpman(1980)、Eeckhout 和 Guner(2017)、Albouy 等(2017)也都利用相似的思路来研究最优城市规模问题。

本节将利用一个中间投入品模型来阐述 Henderson(1974)城市体系模型,因为中间投入品共享是城市集聚的一个重要原因。

一、建模环境

假设城市是线形城市(见图 4.10),城市的所有生产都集中在 CBD,市场是垄断竞争结构,典型企业使用唯一的生产要素劳动力 l,$l = F + cq$,其中 F 为企业的固定成本,c 为企业的边际成本,每个企业只生产一种产品。城市居民数量为 N,N 也是劳动力数量,均匀分布在线形城市上,而且他们有相同的偏好,住宅也是同质的。每位居民占用一单位的土地和提供一单位的时间,往返 CBD 的单位通勤成本为 4τ,4τ 可以看成是花费在通勤上的时间,在距离 x 千米处的土地租金为 $R(x)$。这里用 4τ 完全是出于计算简便。

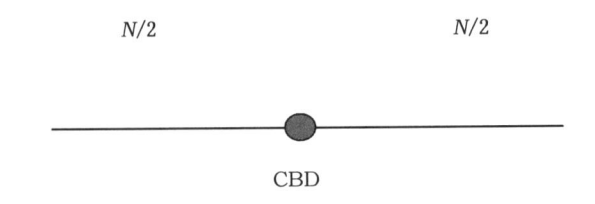

图 4.10 线形城市

二、生产者行为

(一)典型企业

一个典型企业的生产要素劳动力 $l = F + cq$,劳动力的工资为 w,则该典型企业的利润函数为:

$$\pi = pq - wl = pq - w(F + cq) \tag{4.9}$$

利润最大化之一阶条件为：

$$\frac{\partial \pi}{\partial q} = p + \frac{\mathrm{d}p}{\mathrm{d}q}q - wc = p\left(1 + \frac{\mathrm{d}p}{\mathrm{d}q} \cdot \frac{q}{p}\right) - wc = p\left(1 - \frac{1}{\varepsilon}\right) - wc = 0 \tag{4.10}$$

式中，$\varepsilon = -\frac{\mathrm{d}q}{\mathrm{d}p} \cdot \frac{p}{q}$ 为产品的价格弹性，当产品的数量很多时，产品的价格弹性等于替代弹性，即 $\varepsilon = \sigma$，从而

$$p = \frac{wc}{1 - \frac{1}{\sigma}} = \frac{\sigma}{\sigma - 1}wc = \frac{w}{\rho}c \tag{4.11}$$

由于厂商自由进入与退出，均衡时每个厂商的经济利润为 0，即：

$$\pi = \frac{\sigma}{\sigma - 1}wcq - w(F + cq) = 0 \tag{4.12}$$

整理可以得出企业的产量：

$$q = \frac{(\sigma - 1)F}{c} \tag{4.13}$$

产量与固定成本、边际成本和产品的替代弹性有关，不管厂商的数量多少，厂商的规模都相等。

(二) 加总

厂商雇佣的相应劳动力的数量为：$l = F + cq = F + c\frac{(\sigma - 1)F}{c} = F\sigma$，劳动力的数量与固定成本和产品的替代性有关。由于城市劳动力总量为 N，因此，城市的厂商数量为：

$$n = \frac{N}{l} = \frac{N}{F\sigma} \tag{4.14}$$

城市的总产出 Q 是由 n 个企业完成的，每个企业的产出为 q，采取 CES 形式：

$$Q = (q_1^\rho + q_2^\rho + \cdots + q_n^\rho)^{\frac{1}{\rho}} = (q^\rho + q^\rho + \cdots + q^\rho)^{\frac{1}{\rho}} = n^{\frac{1}{\rho}}q = \left(\frac{N}{F\sigma}\right)^{\frac{1}{\rho}}\frac{(\sigma - 1)F}{c}$$

$$= N^{\frac{1}{\rho}}\left(\frac{1}{F\sigma}\right)^{\frac{1}{\rho}}\frac{(\sigma - 1)F}{c} \tag{4.15}$$

上述推导过程我们在第六章新经济地理学中还会遇到。

三、消费者行为

我们考虑的是线形城市，城市的中心是 CBD，CBD 两边各有 $\frac{N}{2}$ 劳动力均匀分布，每位劳动者的通勤成本为 $4\tau x$，这是浪费在路上的劳动。所以城市的净劳动力供给

如下:

$$L = 2 \times \left[\int_0^{\frac{N}{2}} dx - \int_0^{\frac{N}{2}} 4\tau x \, dx \right] = 2\left(\frac{N}{2} - 4\tau \times \frac{1}{2}\left(\frac{N}{2}\right)^2 \right) = N(1-\tau N) \quad (4.16)$$

四、最优城市规模

(一)人均净产出

将上述劳动力净供给 L 代入总产出 Q,得出城市的净产出为:

$$Q_{net} = (N(1-\tau N))^{\frac{1}{\rho}} \left(\frac{1}{F\sigma}\right)^{\frac{1}{\rho}} \frac{(\sigma-1)F}{c} \quad (4.17)$$

因此,城市人均净产出为:

$$\frac{Q_{net}}{N} = N^{\frac{1}{\rho}-1}(1-\tau N)^{\frac{1}{\rho}} \left(\frac{1}{F\sigma}\right)^{\frac{1}{\rho}} \frac{(\sigma-1)F}{c} \quad (4.18)$$

(二)参数校准

我们发现人均净产出的后两项有 F、c、σ、ρ 四个变量。

令

$$\left(\frac{1}{F\sigma}\right)^{\frac{1}{\rho}} \frac{(\sigma-1)F}{c} = 1 \quad (4.19)$$

那么,

$$\frac{Q_{net}}{N} = N^{\frac{1}{\rho}-1}(1-\tau N)^{\frac{1}{\rho}}$$

对上式 N 求偏导数,可以得出最优城市人口数量 N^*:

$$N^* = \frac{1-\rho}{(2-\rho)\tau} \quad (4.20)$$

显然,$\frac{\partial N^*}{\partial \rho} < 0$,$N$ 是 ρ 的减函数,即替代弹性越大,城市的最优规模越小。一个极端的例子是替代弹性无穷大,各个产品之间完全替代,这时候城市的最优规模趋于最小。比如在城市的 A 处生产馒头,在 B 处生产花卷,馒头与花卷完全替代,大家吃馒头与吃花卷无差异,那么最优的办法是可以只生产馒头而不生产花卷,这样两个工厂就变成了一个工厂。$\frac{\partial N^*}{\partial \tau} < 0$,$N$ 是 τ 的减函数,单位运输成本越大,城市的最优规模越小。这点容易理解,运输成本是城市集聚的扩散因素,当成本大至不能由工资弥补的时候,人们将离开该城市到其他城市工作。最优城市规模见图 4.11。

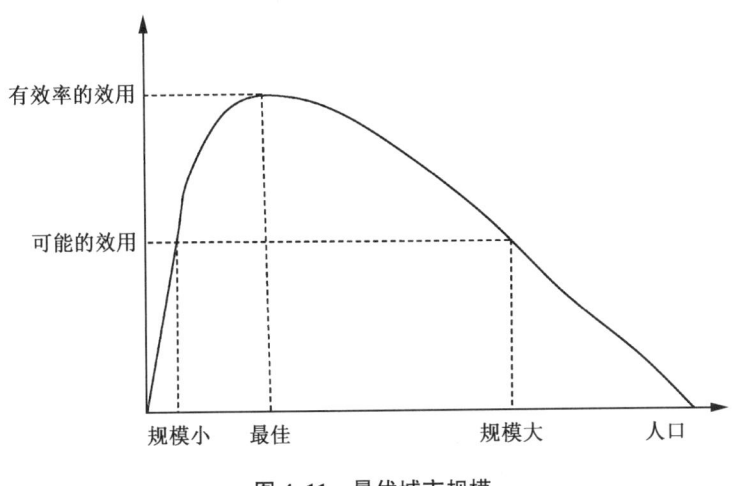

图 4.11 最优城市规模

第四节 Rosen-Roback 模型：城市间人口、房价、工资与品质关系

一、消费城市

大学毕业面临就业，到哪里工作成为大家需要思考的首要问题。到大城市工作，工资高，有咖啡馆、影剧院和地铁，但房价也高，怕买不起房；到小城市工作，房价低，但工资也低，一个城市没有几家咖啡馆，也没有地铁，而且孩子上学考上清北的可能性也相对较低。所以，当我们做城市选择决策时，首先想到的是工资、房价、城市品质，可能还有自己的其他小偏好。城市就像一个打包的商品，我们该"消费"哪个城市呢？这需要考虑三个主要的变量规则：

$$收入（Wage）-房价（Rent）+地方品质（Amenities）$$

通过比较各个城市之间的这三个变量，最后选择到哪个城市工作。

本节提及的"Amenities"，这个词可以翻译为城市品质、地方品质或宜居性。我们常说一方水土养一方人，Amenities 的意思近似"水土"。在模型中我们一般用 B 代表城市品质，不用 A 的原因可能是因为 A 常常用来作为生产率的冲击变量，特别是在宏观经济学中，这点在看文献时特别需要注意，当然这不是绝对的。城市品质是个综合性或者说集成性的概念，是指为城市居民提供服务的城市特性，是供城市居民消费的城市公共物品。城市品质包括两个方面：一是自然品质，如气候；二是人文社会品质，如医院、学校、图书馆、博物馆、道路等。每个城市的品质是不同的,一般认为城市品质不是正态分布,不是高品质的城市少,低品质的城市也少,而是服从 Fréchet 分布,高品质的城市少,低品质的城市则很多。城市品质概念是城市体系理论中的最核心的概念之一,这一概念逐渐渗透到区域、城市与空间经济学的其他领域。

图 4.12 是中国城市品质的核密度图,与标准的 Fréchet 分布近似,右侧具有很长的尾巴,即高品质的城市所占比重较小。

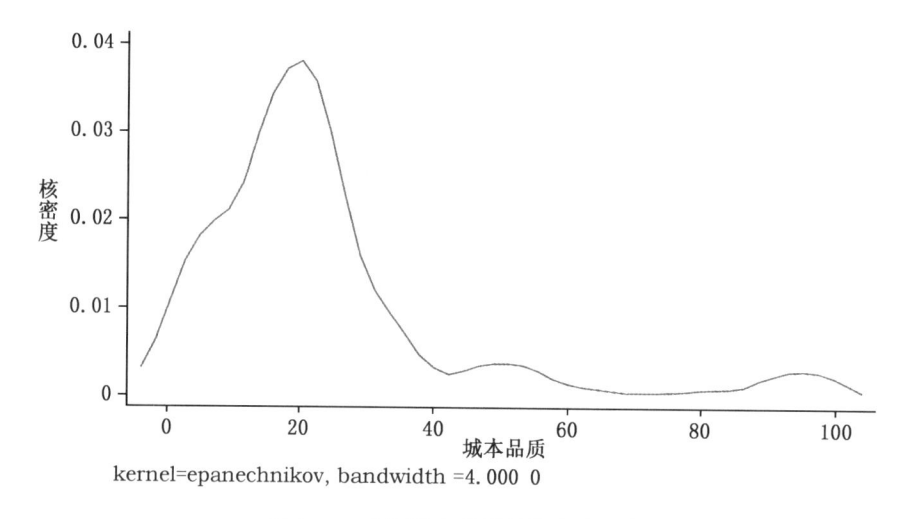

图 4.12 中国城市品质的核密度分布

二、Rosen-Roback 模型

Rosen(1979)和 Roback(1982)最早对上述问题进行了研究,Glaeser(2009)在他们的理论基础上建立起城市体系一般均衡 Rosen-Roback 模型,从理论上阐述了城市之间的人口、房价、工资与地方品质的关系,这一模型也成为城市体系的标杆模型,甚至是经典城市经济学中的特征定价(Hedonic Pricing)方法的理论基础。我们这里的介绍主要参考 Glaeser(2008)。

(一)建模环境

一个经济体有众多的城市,每个城市都有自己的特性即城市品质,经济体有三个主体:消费者、生产者和开发商。消费者自由流动选择自己居住的城市,自由迁移意味着均衡时他们住在哪个城市其效用都是相同的。代表性消费者的收入为 w,他需要消费住房 H 和非住房商品 Z;代表性生产者(厂商)自由进出每个城市,均衡时在各个城市的利润都相同;代表性开发商自由进出每个城市,均衡时在各个城市的利润都相同。

(二)消费者行为

一个代表性消费者的收入为 w,消费住房为 H,其他非住房商品为 Z,其效用函数为:

$$U = BZ^{1-\alpha}H^{\alpha} \tag{4.21}$$

式中,B 为一个城市的品质,α 为常数。

消费者面临的约束条件为:

$$Z + r_H H = w \tag{4.22}$$

式中,Z 的价格已经单位化为 1,r_H 为住房的价格,w 为消费者的工资收入。

为求解消费者的效用最大化,构建拉格朗日方程:

$$L = BZ^{1-\alpha}H^{\alpha} + \lambda(w - Z - r_H H) \tag{4.23}$$

其一阶条件为:

$$\frac{\partial L}{\partial Z} = 0 \tag{4.24}$$

$$\frac{\partial L}{\partial H} = 0 \tag{4.25}$$

可以求出消费者的需求:

$$Z^* = (1-\alpha)w \tag{4.26}$$

$$H^* = \frac{\alpha w}{r_H} \tag{4.27}$$

(三)生产者行为

一个代表性厂商的生产函数为:

$$f(N, K) = AN^{\beta}K^{\gamma}S^{\zeta} \tag{4.28}$$

式中,A 为一个城市特定的生产率,N 为劳动力数量,K 为投入的资本,S 为一个城市的基础设施水平,β、γ 为常数。

厂商的成本函数为 $C = wN - p_K K - p_S S$,厂商的利润函数为 $AN^{\beta}K^{\gamma}S^{\zeta} - wN - p_K K - p_S S$。

利润最大化的一阶条件为:

$$\frac{\partial L}{\partial N} = A\beta N^{\beta-1}K^{\gamma}S^{\zeta} - w = 0 \tag{4.29}$$

$$\frac{\partial L}{\partial K} = A\gamma N^{\beta}K^{\gamma-1}S^{\zeta} - p_K = 0 \tag{4.30}$$

$$\frac{\partial L}{\partial S} = A\zeta N^{\beta}K^{\gamma}S^{\zeta-1} - p_S = 0 \tag{4.31}$$

由此可得:

$$\frac{\beta K}{\gamma N}=\frac{w}{p_K} \tag{4.32}$$

$$\frac{\gamma S}{\zeta K}=\frac{p_K}{p_S} \tag{4.33}$$

进一步可以求出：

$$w=\beta\left[A\left(\frac{\gamma}{p_H}\right)^{\gamma}\left(\frac{S}{N}\right)^{\zeta}\right]^{\frac{1}{1-\gamma}} \tag{4.34}$$

（四）开发商行为

房屋开发商开发住房数量为 H，$H=hL$。其中，h 为住房密度，L 为土地面积，一个城市的土地面积为 $\bar{L}$，开发 hL 的成本为 $c_0 h^{\delta} L$，其中 c_0、δ 为常数，$\delta>1$，土地价格为 p_L，则开发商利润表达式为：

$$\pi=p_H h - c_0 h^{\delta} \tag{4.35}$$

开发商求其利润最大化，可得：

$$h^*=\left(\frac{p_H}{\delta c_0}\right)^{\frac{1}{\delta-1}} \tag{4.36}$$

（五）空间一般均衡

1. 住房市场均衡

住房的需求为：

$$H=H^* N=\frac{\alpha w}{r_H}N=\frac{\alpha w}{\mu p_H}N \tag{4.37}$$

住房的供给为：

$$H=\left(\frac{p_H}{\delta c_0}\right)^{\frac{1}{\delta-1}}\bar{L} \tag{4.38}$$

供给等于需求时，

$$\frac{\alpha w}{\mu p_H}N=\left(\frac{p_H}{\delta c_0}\right)^{\frac{1}{\delta-1}}\bar{L} \tag{4.39}$$

$$\frac{\alpha w N}{\mu \bar{L}}(\delta c_0)^{\frac{1}{\delta-1}}=p_H^{\frac{1}{\delta-1}+1} \tag{4.40}$$

由此整理可得：

$$p_H=\left(\frac{\alpha w N}{\mu \bar{L}}(\delta c_0)^{\frac{1}{\delta-1}}\right)^{\frac{\delta-1}{\delta}} \tag{4.41}$$

2. 空间均衡

劳动者自由流动，保留效用为 $\bar{U}$。

$$V = BZ^{*1-\alpha}H^{*\alpha} = B((1-\alpha)w)^{1-\alpha}\left(\frac{\alpha w}{r_H}\right)^{\alpha} = \bar{U} \tag{4.42}$$

劳动者的收入方程为：

$$w = \beta\left[A\left(\frac{\gamma}{p_H}\right)^{\gamma}\left(\frac{S}{N}\right)^{\zeta}\right]^{\frac{1}{1-\gamma}} \tag{4.43}$$

住房市场出清条件：

$$\frac{\alpha w}{\mu p_H}N = \left(\frac{p_H}{\delta c_0}\right)^{\frac{1}{\delta-1}}\bar{L} \tag{4.44}$$

上述三式两边均取对数，整理可得：

$$\ln(N) = K_N + \frac{(\delta+\alpha-\alpha\delta)\ln(A)+(1-\gamma)(\gamma\ln(B)+\alpha(\delta-1)\ln(\bar{L})}{\delta\zeta+\alpha\beta(\delta-1)} \tag{4.45}$$

$$\ln(w) = K_w + \frac{(\delta-1)\alpha(A)-\zeta(\delta\ln(B)+\alpha(\delta-1)ln(\bar{L})}{\delta\zeta+\alpha\beta(\delta-1)} \tag{4.46}$$

$$\ln(p_H) = K_p + \frac{(\delta-1)(\ln(A)+\beta\ln(B)-\zeta\ln(\bar{L})}{\delta\zeta+\alpha\beta(\delta-1)} \tag{4.47}$$

城市劳动力 N、工资收入、城市的住房价格内生决定，取决于城市生产率 A 和品质 B、城市面积 $\bar{L}$ 以及其他系数的大小。

第五节 孵化城市模型：城市间产业关系

德国地理学家瓦尔特·克里斯塔勒(Walter Christaller)于 1933 年提出中心地理论。该理论指出，大城市提供的商品与服务的(最大的)半径大，而小城市提供的商品与服务的半径小，因此大城市是高档百货、珠宝等高端消费品的集聚之地，而小城市则多是小百货、副食品等低端消费品的集聚之地。Duranton 和 Puga(2001,2004)提出了孵化城市(Nursery Cites)理论，发展了 Christaller(1933)的观点。孵化城市理论提出，大城市具有产业孵化功能，负责孵化产业和不确定性的产业创新，而小城市则主要是产业成长功能，负责确定性的产业成长。根据此理论，我们可以进行推理：一个城市体系内大城市是生产性服务业集聚之地，而小城市多集聚成熟的制造业。

下面我们先定义两个概念，然后再具体介绍该理论。

一、专业化与多样化城市

城市结构有两种类型：一种是专业化城市(Specialized Cities)，另一种是多样化城市(Diversified Cities)。专业化城市(完全专业化城市)是指所有工人具有同样的技能,所有当地企业皆用同种技能进行生产的城市;多样化城市(完全多样化城市)是指具有 m 种技能而每种技能的人口占城市总人口的 $1/m$,当地企业利用同比例的技能人口进行生产的城市。

Duranton 和 Puga(2001)总结了城市体系的专业化与多样化的几个事实:①专业化与多样化城市共存;②大城市更多样化,中小城市更专业化;③大多数创新发生在特定多样化城市,大多数新工厂在这些城市建立起来。大多数工厂的迁移方向是从多样化城市到专业化城市。在现实生活中,几乎没有一个城市是完全专业化的,有些资源型城市如石油城可能近似完全专业化,但"人吃马喂"也必须有非石油开采行业的存在;而多样化城市,特别是对于大城市来说就更为常见。

下面来介绍 Duranton-Puga 孵化城市模型,这里的阐述已经进行了大幅度简化,但这种简化不影响呈现该模型的精髓。

二、建模环境

假设有 N 个城市,工人数量为 L,工人有 m 种技能,l_i^j 表示 i 城市具有 j 技能的工人。生产者生产两种产品:一种是中间产品,另一种是最终产品。中间产品是非贸易品,在城市之间的贸易成本无穷大;最终产品是贸易品,城市之间的贸易成本为 0。专业化城市中所有工人都有同样的技能 j,所有企业都用同样的技术 j。多样化城市中 $\frac{1}{m}$ 部分的工人具有技能 j。$j=1,\cdots,m$;$\frac{1}{m}$ 部分的企业使用技能 j,$j=1,\cdots,m$。

三、生产者行为

(一)品种 h 的生产

一个典型厂商的投入要素仅为劳动力,与第六章的新经济地理学模型类似。

$$l_i^j(\omega) = c x_i^j(\omega) + F \tag{4.48}$$

上式为 i 城市 j 部门生产 ω 种类的产品的需求函数。

该厂商的利润函数为:

$$\pi_i^j(\omega) = p_i^j(\omega) q_i^j(\omega) - w_i^j(\omega) l_i^j(\omega) = p_i^j(\omega) q_i^j(\omega) - w_i^j(\omega)(c x_i^j(\omega) + F) \tag{4.49}$$

求解利润最大化,可以得出品种 h 的价格函数:

$$p_i^j(\omega) = \frac{c}{\rho} w_i^j(\omega) \tag{4.50}$$

(二)部门

部门的产出为 CES 生产函数形式:

$$y_i^j = \left\{\int_0^m \left[x_i^j(\omega)\right]^\rho d\omega\right\}^{\frac{1}{\rho}} \tag{4.51}$$

i 城市 j 部门的价格指数为：

$$P_i^j = \left\{\int \left[p_i^j(\omega)\right]^{1-\sigma} d\omega\right\}^{\frac{1}{1-\sigma}} = \left\{\int \left[\frac{c}{\rho}w_i^j(\omega)\right]^{1-\sigma} d\omega\right\}^{\frac{1}{1-\sigma}} \tag{4.52}$$

经整理可得：

$$P_i^j = w_i^j (l_i^j)^{\frac{1}{1-\sigma}} \tag{4.53}$$

j 部门的价格与其工资水平和雇佣人数有关。j 包括两种类型：一种是原创型 (Prototypes)，另一种是大众型 (Mass-produced)。如果最终产品是原创型产品，则其成本为 $C_{si}^j = P_i^j x_i^j = w_i^j (l_i^j)^{\frac{1}{1-\sigma}} x_i^j$；如果最终产品是大众型产品，则其成本为 $C_{di}^j(\omega) = \mu P_i^j x_i^j = \mu w_i^j (l_i^j)^{\frac{1}{1-\sigma}} x_i^j$，其中 $\mu \in (0,1)$，即大规模生产的成本优势。这时候 j 部门的价格如下：

$$p_{pi}^j = \frac{P_i^j}{\rho} \tag{4.54}$$

$$p_{oi}^j = \frac{\mu P_i^j}{\rho} \tag{4.55}$$

四、城市结构

孵化城市模型的城市空间结构采取的是标准的线性城市经济学模型，CBD 位于城市的中心，城市居民围绕 CBD 居住，每个居民占一单位的土地。工作地点集中在 CBD，工人每天往返 CBD 工作，单位成本为 4τ。这均与第二章的简化的单中心城市模型相同。

由 Henderson(1974) 模型可知：

$$N = 2 \times \left[\int_0^{\frac{L}{2}} dx - \int_0^{\frac{L}{2}} 4\tau x \, dx\right] = L(1-\tau L) \tag{4.56}$$

这是城市净劳动力供给，即劳动力供给减去通勤浪费的劳动力资源。

五、空间均衡与孵化城市特征

(1) 多样化城市与专业化城市单位生产成本之比为 $m^{\frac{1}{\sigma-1}}$。

在专业化城市生产的单位成本为：

$$C_S = [L^*(1-\tau)L^*]^{\frac{-1}{\sigma-1}} w_S \tag{4.57}$$

在多样化城市生产的单位成本为：

$$C_D = \left[\frac{L}{m}^* (1-\tau)L^*\right]^{\frac{-1}{\sigma-1}} w_D \tag{4.58}$$

式中，w_S、w_D 分别为在专业化城市和多样化城市的工资，空间均衡条件为 $w_S = w_D$。所以，

$$\frac{C_D}{C_s} = m^{\frac{1}{\sigma-1}} \tag{4.59}$$

（2）创新产品和大众生产者产量之比为：

$$\Omega = \frac{\delta(m+1)-1+(1-\delta)^{m-1}(1-2\delta)}{(1-\delta)^2 [1-(1-\delta)^{m-2}(1-2\delta)]} \tag{4.60}$$

式中，δ 为企业破产率。

（3）企业创新产品，满足下面条件时会迁移到专业化城市进行大规模生产。

$$m \geqslant \frac{1}{1-\delta} \tag{4.61}$$

六、进一步思考

城市的专业化与多样化论题的本质是城市的产业分工问题。Duranton-Puga 模型试图从理论上阐述产业在大城市的孵化（创立新企业、技术创新、设计、融资等）与在小城市的生产（制造、组装等）之间的关系，大城市的多样性承担更多的不确定性，小城市的专业化承担更多的确定性，大中小城市共同形成城市体系产业循环。

参考文献

[1] Au C-C, Henderson J V. Are Chinese Cities Too Small? [J]. *Review of Economic Studies*, 2006, 73(3).

[2] Albouy D, Graf W, Kellogg R, et al. Climate Amenities, Climate Change, and American Quality of Life [J]. *Journal of the Association of Environmental and Resource Economists*, 2016, 3(1).

[3] Duranton G, Puga D. Urban Land Us[A]//Gilles Duraton, Vernon Henderson, and William Strange. Strange*Handbook of Regional and Urban Economics*: Vol. 5. Amsterdam: North-Holland, 2015.

[4] Duranton G. Urban Evolutions: The Fast, the Slow, and the Still [J]. *American Economic Review*, 2007, 97(1).

[5] Duranton G and Puga D. Nursery Cities: Urban Diversity, Process Innovation, and the Life Cycle of Products[J]. *American Economic Review*, 2001, 91(5).

[6] Glaeser E L, Gottlieb J D. The Wealth of Cities: Agglomeration Economies and Spatial Equilibrium in the United States [J]. *Journal of Economic Literature*, 2009, 47(4).

[7] Glaeser E. *Cities Agglomeration, and Spatial Equilibrium* [M]. New York: Oxford University Press, 2008.

[8] Glaeser E L, Kolko J, Saiz A. Consumer City [J]. *Journal of Economic Geography*, 2001, 1(1).

[9] Gabaix X. Zipf's Law for Cities: An Explanation [J]. *Quarterly Journal of Economics*, 1999, 114(3).

[10] Henderson J V. The Sizes and Types of Cities [J]. *American Economic Review*, 1974, 64(4).

[11] Michaels G, Rauch F, Redding S J. Urbanization and Structural Transformation [J]. *The Quarterly Journal of Economics*, 2012, 127(2).

[12] Rosen S. Wages-based Indexes of Urban Quality of Life [A] // Mieszkowski P, Straszheim M. *Current Issues in Urban Economics*. Baltimore and London: Johns Hopkins University Press, 1979.

[13] Roback J Wages, Rents and the Quality of Life [J]. *The Journal of Political Economy*, 1982, 90(6).

[14] Baum-Snow N, Pavan R. Understanding the City Size Wage Gap [J]. *The Review of Economic Studies*, 2012, 79(1).

[15] Albouy D. What Are Cities Worth? Land Rents, Local Productivity, and the Total Value of Amenities [J]. *The Review of Economics and Statistics*, 2016, 98(3).

[16] Glaeser E. Urban Colossus: Why Is New York America's Largest City? [J]. *Economic Policy Review*, 2005(11).

[17] Ciccone A, Hall R E. Productivity and the Density of Economic Activity [J]. *American Economic Review*, 1996, 86(1).

[18] Pierre-Philippe C, Duranton G, Gobillon L, et al. The Productivity Advantages of Large Cities: Distinguishing Agglomeration from Firm Selection [J]. *Econometrica*, 2012, 80(6).

[19] Rappaport J. Moving to Nice Weather [J]. *Regional Science and Urban Economics*, 2007, 37(3).

[20] Christaller W. *Die zentralen Orte in Suddeutschland* [M]. Jena: Gustav Fischer, 1933.

[21] Diamond Rebecca. The Determinants and Welfare Implications of US Workers' Diverging Location Choices by Skill: 1980—2000 [J]. *American Economic Review*, 2016, 106(3).

[22] Duranton Gilles and Diego Puga. Micro-foundations of Urban Agglomeration Economies [A] // Vernon Henderson and Jacques Francois Thisse. *Handbook of Regional and Urban Economics*, Volume 4. Amsterdam: Elsevier, 2004.

[23] Duranton Gilles and Matthew A Turner. Urban Form and Driving: Evidence from US Cities [J]. *Journal of Urban Economics*, 2018, 108(1).

[24] Gabaix Xavier and Ioannides Yannis, The Evolution of City Size Distributions [A] // Henderson J V and Thisse J F. *Handbook of Regional and Urban Economics*, volume 4. Amsterdam, 2004.

[25] Puga Diego. The Magnitude and Causes of Agglomeration Economies[J]. *Journal of Regional Science*, 2010, 50(1).

思考与练习

1. 判断下列生产函数是规模报酬不变、递增还是递减？是齐次生产函数吗？
①$Q=3K+5L$；②$Q=0.7KL$；③$Q=0.2K^{0.4}L^{0.6}$；④$Q=(5K^{0.2}+6L^{0.2})^5$。

2. 已知生产函数 $f(L_1,L_2)=(L_1^\rho+L_2^\rho)^{\frac{\gamma}{\rho}}$，$\rho<1$ 且 $\rho\neq 0$，$\gamma>0$。请证明：①$\gamma>1$，此生产函数为规模报酬递增；②$\gamma<1$，此生产函数为规模报酬递减；③$\gamma=1$，此生产函数为 CES。

3. 分别求下列生产函数的替代弹性 σ_{ij}：
①$y=min\{\alpha x_1,\beta x_2\}$，$\alpha>0,\beta>0$；
②$y=Ax_1^\alpha x_2^\beta$，$A>0,\alpha>0,\beta>0$；
③$y=A(\sum_{i=1}^N \alpha_i x_i^\rho)^{\frac{\beta}{\rho}}$，$A>0,\alpha_i>0,\rho<1$ 且 $\rho\neq 0,\beta>0$；
④$y=A\sum_{i=1}^N (x_i^{\gamma_i})$，$A>0$ 且 $0<\gamma_i<1$（注意：γ_i 值随 i 而变）。

4. 效用函数为 $U=U(x_1,x_2,\cdots,x_n)$，若其替代弹性 $\sigma_{ij}=4$，请问其含义是什么？

5. 一个典型的生产函数 $f(k,n)=Ak^\gamma n^\beta$，其中 $\gamma+\beta<1$，$A>0$，k 为资本，n 为劳动力。①请画出该生产函数的图形；②参数校准，如果 $A=1,r=0.3,\beta=0.6$，请画出该生产函数的图形，并解释 A,γ,β 的具体含义。

6. 已知函数 $f(x)=Tx^{-\alpha-1}e^{-Tx^{-\alpha}}$，$T>0,\alpha>0$，请在同一坐标系下分别绘出：①$T=1$，$\alpha=1,2,3$ 时的图形；②$\alpha=1,T=1,0.7,0.3$ 时的图形。

7. 专业化与多样性、生产性服务业与消费性服务业、创新城市与大规模制造城市等概念既有联系又有区别，请查阅资料理解这些概念。

8. 利用 Henderson(1974)的方法，说明最优城市规模的影响因素。

9. 城市的所有生产都集中在 CBD，城市居民围绕 CBD 居住，每位居民占用一单位的土地，往返 CBD 的单位距离成本为 τ。城市的半径为 u，一个典型居民的空间成本为 $R(u)+\tau u$，其中 $R(u)$ 为土地租金成本，τu 为通勤成本。在城市的边缘 u_1，$R(u_1)=0$，则 $R(u)=\tau(u_1-u)$。注意到城市的总人口为 n_1，则 $n_1=\pi u_1^2$。请证明：①城市的总通勤成本为 $\int_0^{u_1} 2\pi u(\tau u)\,du=\frac{2}{3}\pi^{\frac{-1}{2}}\tau n_1^{\frac{3}{2}}$；②城市的总地租为 $\int_0^{u_1} 2\pi u R(u)\,du=\frac{1}{3}\pi^{\frac{-1}{2}}\tau n_1^{\frac{3}{2}}$。

10. 推导 Rosen-Roback 模型，思考城市体系中工资、人口、房价的内生性。

11. 在 Rosen-Robak 模型中，如果城市的品质服从 Fréchet 分布，求均衡时城市的人口、工资与住房价格。

12. 查阅中国各城市的工资，并回答：①各城市的名义工资相同吗？②各城市的实际工资相同吗？③为什么？

13. Rosen-Roback 模型涉及描述一个区域特征的两个关键变量：生产率(A)和地区品质(B)。

请进一步查阅资料，更深入地了解这两个变量，并研究中国各地区这两个变量的演变。

14. 1月平均气温是城市品质中自然品质的重要变量，实证研究各地级市人口与一月平均气温的关系：①建立模型 $\ln N_i = \beta_0 + \beta_1 temprature_i + \varepsilon_i$，其中，$N_i$ 为 i 城市人口，$temperature_i$ 为 i 城市1月平均气温，人口数据来自"七普"数据。②建立模型 $\ln \frac{N_{i2020}}{N_{i2010}} = \beta_0 + \beta_1 temprature_i + \varepsilon_i$，其中，$N_{i2020}$ 为 i 城市 2020 年人口，N_{i2010} 为 i 城市 2010 年数据，人口数量分别来自"七普"和"五普"数据。③显然上述一元回归遗漏了变量，请问可能遗漏了哪些重要变量？④寻找1月平均气温 $temprature$ 的工具变量。

15. 我们以肯德基门店的数量作为一个城市人口数量的替代变量，进行城市体系的研究，并绘制下图：

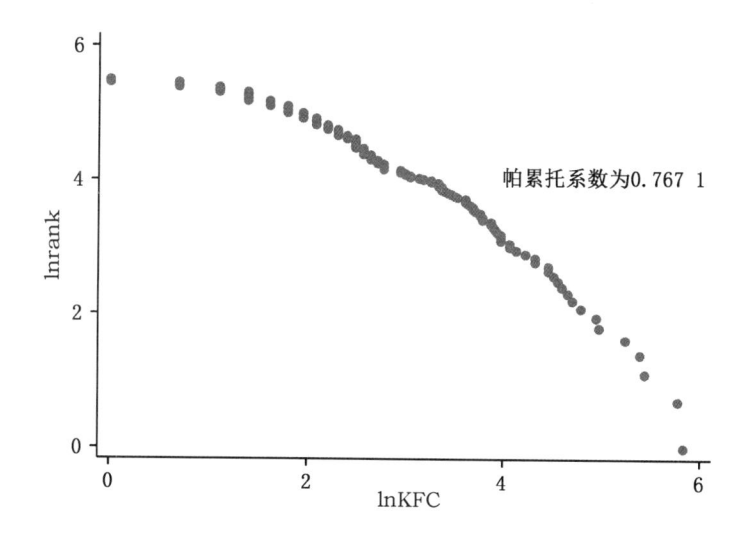

这种方法得出的结论与使用城市人口方法得出的结论基本一致，为什么？

16. 利用"五普""六普""七普"数据分析中国城市规模分布，回答中国城市分布是更加集聚还是更加分散？

17. Duranton 和 Puga 的孵化城市模型没有考虑到全球价值链与价值链区位的影响，请尝试将全球价值链概念纳入孵化城市模型。

18. 请建立京津冀、长三角、大湾区各城市相关变量的交互作用的矩阵。

①各城市间的年通勤人口数量、快件数量如下所示：

城市	北京	天津	石家庄	……
北京				
天津				
石家庄				
……				

②各城市之间学者共同发表论文数量、联合申请专利数量如下所示：

城市	上海	南京	杭州	……
上海				
南京				
杭州				
……				

19. 下面两幅图是上海、南通、苏州、嘉兴、宁波5个城市的第二产业和第三产业演变情况。

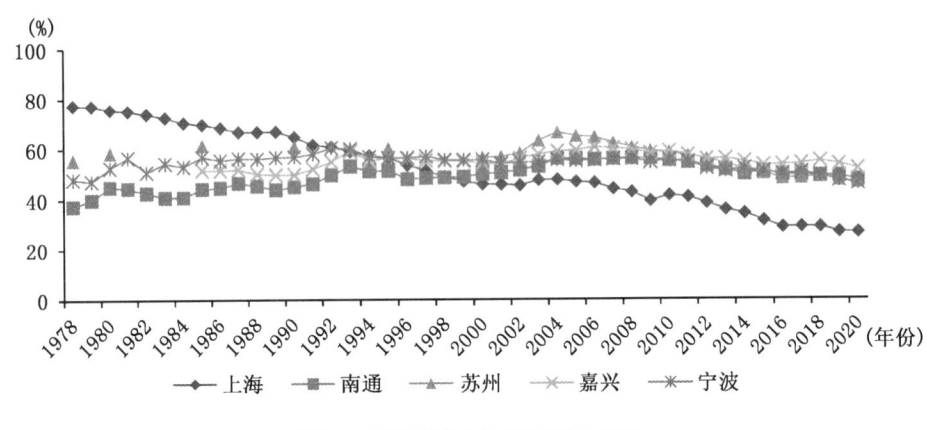

上海及其周边城市的第二产业演变

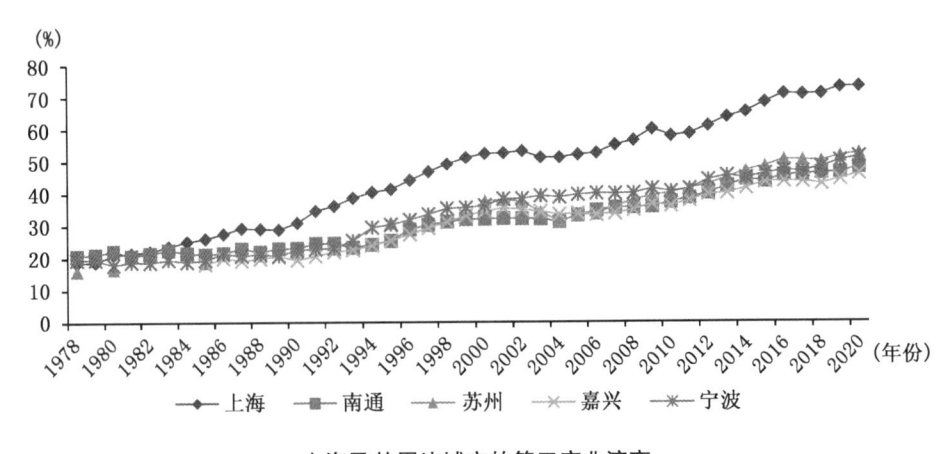

上海及其周边城市的第三产业演变

请根据这两幅图回答：①这5个城市产业演变的特征是什么？②为什么上海的第二产业从1978年的77%降低到2020年的27%左右，而其他4个城市均在50%左右？③为什么上海的第三产业比重高于其他4个城市？④是否可以用孵化城市理论解释上述现象？

第五章 城市交通拥挤与空间筛选

第一节 预备知识

一、概率分布

(一)概率分布函数

概率是可能性的另一种翻译方法,概率的本意就是可能性,两者译自同一个英语单词。煮熟的鸭子会飞的可能性为0,在清水池塘里游泳的鸭子会飞的可能性几乎为1,即使是家鸭子也会飞几米距离;而在水温处于池塘清水和沸水之间的大锅里,随着温度的不断升高,鸭子会飞的可能性会越来越低。我们把这种可能性的分布称之为可能性分布函数或者称为概率分布函数。常见的概率分布有正态分布、均匀分布、帕累托分布、指数分布、Fréchet分布等。

(二)肥尾与瘦尾

肥尾又称为厚尾(Fat-Tail Distribution),是具有较大偏度或峰度的概率分布,一般是相对正态分布而言。

瘦尾又称为细尾(Thin-Tail Distribution),是具有较小偏度或较大的峰度的概率分布。

偏度(Skewness)是用来测度随机变量概率分布对称性的指标,偏度的取值范围为$(-\infty,+\infty)$。偏度值等于0,则概率密度曲线平均分布在均值附近;偏度值小于0,则为左偏;偏度值大于0,则为右偏。偏度值越大,概率密度曲线偏得越厉害。偏度的计算公式为:

$$skew(x)=E\left[\left(\frac{x-\mu}{\sigma}\right)^3\right]=\frac{\frac{\sum(x-\mu)^3}{n}}{\left[\frac{\sum(x-\mu)^3}{n}\right]^{\frac{3}{2}}} \tag{5.1}$$

峰度(Kurtosis)是用来测度随机变量概率分布陡峭程度的指标,峰度值的取值范围为$[1,\infty]$。峰度值越大,则概率分布的图形越尖;峰度值越小,则图形越"胖"。峰度的计算公式为:

$$kurt(x)=E\left[\left(\frac{x-\mu}{\sigma}\right)^4\right]=\frac{\dfrac{\sum(x-\mu)^4}{n}}{\left[\dfrac{\sum(x-\mu)^2}{n}\right]^2} \tag{5.2}$$

对于标准正态分布而言,其偏度值为 0,峰度值为 3;对于概率密度函数为 $f(x)=\lambda e^{-\lambda x}(x\geqslant 0)$ 的指数分布而言,其偏度值为 2,峰度值为 9。

二、嵌套型函数

(一)从常规到嵌套函数

常见的 CES 效用函数为:

$$U=(x_1^\rho+x_2^\rho)^{\frac{1}{\rho}} \tag{5.3}$$

假设

$$x_1=(m_1^\rho+m_2^\rho)^{\frac{1}{\rho}} \tag{5.4}$$

代入式(5.3)中,可得:

$$U=((m_1^\rho+m_2^\rho)^{\frac{1}{\rho}}+x_2^\rho)^{\frac{1}{\rho}} \tag{5.5}$$

我们把这种结构的 CES 函数称为嵌套型 CES。上述过程可以简单地以图 5.1 表示。

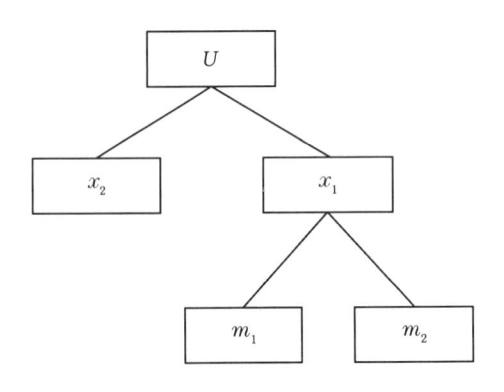

图 5.1 函数的嵌套

对于效用函数,x_1 可以作为集合商品看待,这种商品由 m_1 和 m_2 两种商品组合而成,就像现在卖的袋装坚果小零食,袋子里面的坚果由核桃、花生、碧根果等按一定的比例构成。如果将效用函数看成生产函数,则可将 x_1 看作中间投入,这种中间投入也需要由两种生产要素(m_1 和 m_2)构成。

(二)嵌套函数的互补与替代

一个嵌套生产函数为:

$$F = (m_2^\gamma y_2 + (m_1^\gamma y_1 + m_3^\gamma y_3)^\lambda)^\beta, 0 \leqslant \gamma \leqslant 1, \beta > 0 \tag{5.6}$$

式中,m 为工人数量,y 为工人的技能,y_1 为低级技能,y_2 为中级技能,y_3 为高级技能。那么,可以证明:

$\lambda > 1$,技能 1 和技能 3 是相对互补的;

$\lambda < 1$,技能 1 和技能 3 是相对替代的。

对于如下嵌套型生产函数:

$$F = (m_1^\gamma y_2 + (m_2^\gamma y_1 + m_3^\gamma y_3)^\lambda)^\beta, 0 \leqslant \gamma \leqslant 1, \beta > 0 \tag{5.7}$$

可以证明:

$\lambda > 1$,技能 2 和技能 3 是相对互补的;

$\lambda < 1$,技能 2 和技能 3 是相对替代的。

三、相关实例

(一)交通拥挤

交通拥挤是经典城市经济学研究的重要内容,也是城市发展中时常会遇到的实际问题。表 5.1 是 2021 年度中国城市通勤高峰拥堵榜单排名前 10 位的城市。

表 5.1　　　　　　　　　　城市通勤高峰拥堵榜

城市	通勤高峰拥堵指数	通勤高峰实际速度(千米/小时)	汽车保有量(万辆)
北京	2.048	25.84	>300
重庆	2.006	25.27	>300
长春	1.956	25.99	200～300
贵阳	1.935	26.42	100～200
上海	1.877	25.90	>300
广州	1.776	30.94	>300
武汉	1.772	27.64	>300
哈尔滨	1.741	27.26	200～300
昆明	1.741	30.25	200～300
西安	1.736	29.29	200～300

资料来源:根据 2021 年度中国城市通勤高峰拥堵榜单整理。

(二)中国城市的平均教育年限比较

我们将中国城市分成三组:第一组 edu_1 是人口为 50 万人以下的小城市,第二组 edu_2 是人口为 50 万~100 万人的中等城市,第三组 edu_3 是人口为 100 万人以上的大城市,见图 5.2。就平均教育年限最大值而言,大城市为 9.85 年,其次是中等城市的 9.11 年,再次为小城市的 9.06 年;就平均教育年限最小值而言,大城市为 8.35 年,中等城市为 7.43 年,小城市为 4.81 年。中等城市的峰度最大,其次为小城市,而大城市的峰度最小;小城市的左拖尾最长,其次是中等城市。以上说明中国大城市的教育年限更长,普遍的劳动技能更高,而中小城市的教育年限低于大城市,劳动者的技术水平较低。

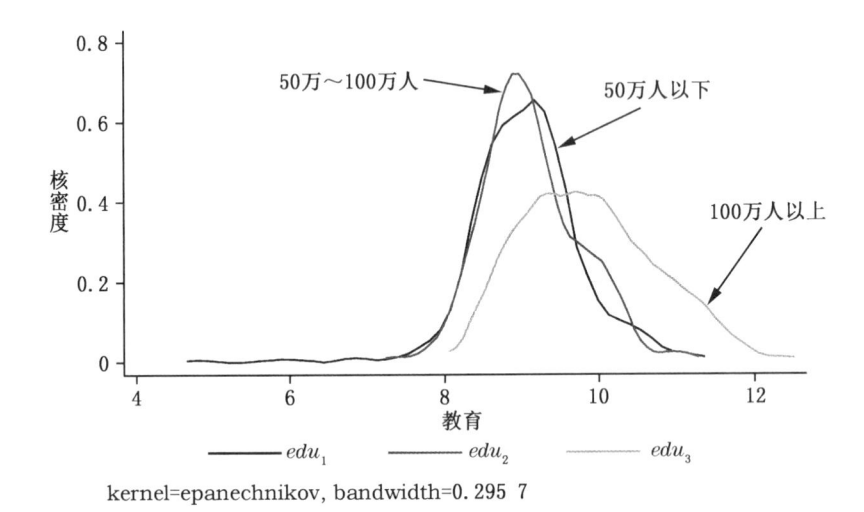

注:人口为城区人口。

资料来源:2020 年"七普"数据。

图 5.2 中国城市平均教育年限核密度估算

第二节 交通拥挤模型

一、静态模型

交通拥挤是城市发展需要解决的课题。Walters(1961)提出了一个简单的交通拥挤静态模型(Walters Static Model),试图说明交通拥挤税问题。该模型如下:假设单位出行成本为 c,道路上的交通流量为 q,则出行成本与 q 的关系为:

$$c=c(q) \tag{5.8}$$

总的出行成本为：
$$Tc = q \times f(q) \tag{5.9}$$

对上式求 q 的导数,可得：
$$\frac{\mathrm{d}Tc}{\mathrm{d}q} = C(q) + q\frac{\mathrm{d}f(q)}{\mathrm{d}q} \tag{5.10}$$

式中,$c(q)$ 为边际私人成本,$q\dfrac{\mathrm{d}C(q)}{\mathrm{d}q}$ 为拥挤成本。

那么,政府每单位交通量应该征收的拥挤税为 $q\dfrac{\mathrm{d}C(q)}{\mathrm{d}q}$,即庇古税。庇古(Pigou, 1920)提出庇古税以解决相应的问题。

二、瓶颈模型

维克里(Vickrey,1969)提出了第一个瓶颈拥挤模型(Bottleneck Congestion Model),它是一个动态的交通拥挤模型(Time-Dependent Model),该模型成为动态交通拥挤模型的标杆模型。顺便提一句,维克里也是次高价拍卖机制的提出者,他于1996 年获得诺贝尔经济学奖。交通瓶颈模型在沉寂了 20 多年后重新获得学术界的青睐,比如 Small(1982)、Arnott 等(1993)的研究。Small(2015)对交通瓶颈模型研究进展做了比较全面的评价。本节内容主要来自 Arnott-Palma-Lindsey(1990,1993)对该模型的重新描述。

(一)建模环境

每天清晨,有 N 个同质的工人开车于同一条道路从居住地到 CBD 上班,每辆车只有 1 个通勤者,显然车辆数量等于 N,而且只有一条通往 CBD 的道路,所以大家都得走这条路。所有通勤者都被要求准时到达工作地点。早到或迟到均会带来成本。道路有处瓶颈路段,瓶颈路段的通过能力为 s,超过这个限度则会发生拥挤。我们定义：

t 为离家出发时刻；

$\hat{t}$ 为最近出发不需要排队的时刻；

t^* 为希望到达的时刻；

t_0 为最早出发时间；

t_e 为最晚出发时间；

t^{on} 为准时到达的出行者时间。

(二)通勤行为(消费者行为)

工人的通勤时间为：

$$T(t) = T^f + T^v(t) \tag{5.11}$$

式中,T^f是固定运行时间。$T^v(t)$是可变运行时间,即出行者排队等候时间。不失一般性,令$T^f=0$,这种假设抓住了主要矛盾。t为离家出发时刻。

令$D(t)$为排队长度(在出发时间t的排队车辆),则出行者的排队等候时间为:

$$T^v(t) = \frac{D(t)}{S} \tag{5.12}$$

这个式子很容易理解。

$\hat{t}$为最近出发不需要排队的时刻。比如说要求9点到达工作地点,7点出发没有拥挤、不用排队,7点多出发就需要排队,不到7点出发不需要排队、没有拥挤但有早到的成本,那么7点就是最近出发不需要排队的时刻。t时刻($t>\hat{t}$)出发,那么出发时的排队长度为:

$$D(t) = \int_{\hat{t}}^{t} r(u)\,\mathrm{d}u - S(t-\hat{t}) \tag{5.13}$$

式中,$r(t)$为出发率函数。显然$\int_{\hat{t}}^{t} r(u)\,\mathrm{d}u$为$(t-\hat{t})$该时间段出发人数(车辆数)。

由此可得:

$$\frac{\mathrm{d}D(t)}{\mathrm{d}t} = r(t) - S \tag{5.14}$$

出行者的成本或出行价格为:

$$C(t) = p(t) = \alpha \times T^v(t) + \beta \times T_E + \gamma \times T_L + Toll_t \tag{5.15}$$

式中,$T^v(t)$为交通成本,$\beta \times T_E$为早到成本,$\gamma \times T_L$为迟到成本。α为出行时间的成本,β为早到的单位时间成本,γ为迟到的单位时间成本,$\gamma > \alpha > \beta$。$Toll_t$为道路通行费,比如高速收费。

如果希望到达的时刻为t^*,$t+T^v(t)$为通勤总时间,$t^{on}=t^*-T^v(t)$为准时到达时间,那么早到时间和晚到时间分别为:

$$T_E = \max[0, t^*-t-T^v(t)] = \max[0, t^{on}-t] \tag{5.16}$$

$$T_L = \max[0, t+T^v(t)-t^*] = \max[0, t-t^{on}] \tag{5.17}$$

(三)均衡

出行需要考虑出行时间、可能的延误等情况。出行者的均衡是一个纯策略纳什均衡,即在其他出行者的时间一定的条件下,他不能通过改变出行时间来改变出行成本。显然,对于所有出行者来说,均衡时的出行成本是相同的。

我们先考虑道路不征收拥挤费的情形下的均衡:

令t_0为最早出发时间,t_e为最晚出发时间,t^{on}为准时到达的出行者的时间,$t^{on}=$

$t^* - T^v(t)$。最早出发者不会排队,最晚出发者也不需要排队,在$[t_e, t_0]$之间者才会排队,则:

$$t_e - t_0 = \frac{N}{S} \tag{5.18}$$

最早出行者的成本为:

$$C(t_0) = \beta(t^* - t_0) \tag{5.19}$$

最晚出行者的成本为:

$$C(t_e) = \gamma(t_e - t^*) \tag{5.20}$$

达到均衡时,所有出行者的成本相等,即 $C(t_e) = C(t_0) = C$,可以求出:

$$t_0 = t^* - \left(\frac{\gamma}{\beta+\gamma}\right)\frac{N}{S} \tag{5.21}$$

$$t_e = t^* + \left(\frac{\gamma}{\beta+\gamma}\right)\frac{N}{S} \tag{5.22}$$

$$t^{on} = t^* - \left(\frac{\beta}{\alpha}\right)\left(\frac{\gamma}{\beta+\gamma}\right)\frac{N}{S} \tag{5.23}$$

经过适当的变换,我们可以以 t 时刻的出发率得出:

$$r(t) = \begin{cases} \dfrac{\alpha S}{\alpha-\beta}, & t \in [t_0, t^{on}) \\ \dfrac{\alpha S}{\alpha+\gamma}, & t \in (t^{on}, t_e] \end{cases} \tag{5.24}$$

可以证明,在对出行者征收通行费的情况下能够达到社会最优:在 $t \in [t_0, t^*]$ 时,征收 $\delta\left(\frac{N}{S}\right) - \beta(t^* - t)$ 的通行费;在 $t \in [t^*, t_e]$ 时,征收 $\delta\left(\frac{N}{S}\right) - \gamma(t - t^*)$ 的通行费,其中 $\delta = \frac{\beta\gamma}{\beta+\gamma}$。

三、交通政策

交通政策包括交通需求管理政策和交通供给管理政策。交通需求管理是世界各国普遍采用的治理交通拥挤的政策,收税和收费是基础性政策,除此以外,世界各国还有各自的特点,如美国、芬兰采取减少公务车数量政策,日本东京采用停车收费政策,荷兰优先发展公共交通并推行自行车政策,丹麦则实行拥挤收税政策(拥有车辆的税款大概是购车费用的3倍)。

早期的交通供给政策是拓宽旧道路和修建新道路,后来人们发现这种做法可以短时间解决拥挤问题,但是长时间后拥挤又会出现。Downs(1962)提出道路的增加会带来相应比例的交通的增加,因此靠增加新道路来改变交通拥挤是不可能的。供给政策的另一条策略是发展公共交通,尤其是建立城市的轨道交通来服务城市发展和改善交通拥挤状况。

第三节 自选择与空间筛选

一、自选择

Roy(1951)注意到收入差距不仅受外在因素影响,而且是个人有目的地选择职业的结果,个人根据自身的技能选择适合自己的职业,这种选择造成了地区之间的收入差距,一般将这种个人选择过程称为自选择(Self-Selection)。Borjas(1987)拓展了Roy(1951)模型,将之发展成为一个人口迁移的自选择模型,此后很多学者对人口迁徙自选择进行实证研究,丰富了相关文献。由于 Roy 和 Borjas 的贡献,这个自选择模型被称为 Roy 模型或 Roy-Borjas 模型。下面是 Borjas 对自选择模型的阐述,这个模型告诉人们迁移的条件与其选择的职业有关。

假设有两个国家(或地区):一个是移出国(地区),另一个是移入国(地区)。个体 i 在移出国的收入方程为:

$$\ln w_0 = \mu_0 + \varepsilon_0 \tag{5.25}$$

个体 i 在移入国的收入方程为:

$$\ln w_1 = \mu_1 + \varepsilon_1 \tag{5.26}$$

式中,μ_0、μ_1 为两个国家收入的可观察到的部分,可以认为是平均收入,而 ε_0、ε_1 是不可观察到的部分。

设 ρ_{01} 为 ε_0、ε_1 的相关系数,代表了一个人在移出国与移入国的生产能力的相关性,则:

$$\rho_{01} = \frac{cov(\varepsilon_0, \varepsilon_1)}{\sigma_0 \sigma_1} = \frac{\sigma_{0,1}}{\sigma_0 \sigma_1} \tag{5.27}$$

设 C 为从移出国到移入国的成本:$C = \pi w_0$,是在移出国收入的 π 倍。个人进行迁移与否的决策取决于以下方程:

$$I = \ln\left(\frac{w_1}{w_0 + C}\right) = \ln(w_1) - \ln(w_0(1+\pi)) \approx (\mu_1 - \mu_0 - \pi) + (\varepsilon_1 - \varepsilon_0) \tag{5.28}$$

如果 $I > 0$,则迁移可能发生。这时候迁移概率 P 为:

$$P = Pr[(\varepsilon_1 - \varepsilon_0) > -(\mu_1 - \mu_0 - \pi)] = Pr[v > -(\mu_1 - \mu_0 - \pi)] \tag{5.29}$$

式中,$v = \varepsilon_1 - \varepsilon_0$。

设 $z=\dfrac{\mu_0-\mu_1+\pi}{\sigma_v}$,上式变形为:

$$P=Pr[\dfrac{v}{\sigma_v}>\dfrac{\mu_0-\mu_1+\pi}{\sigma_v}]=1-\phi\left(\dfrac{\mu_0-\mu_1+\pi}{\sigma_v}\right)=1-\phi(z) \quad (5.30)$$

$\phi(z)$ 为 z 的标准正态分布的累积分布函数。显然,$\dfrac{\partial P}{\partial \mu_1}>0$,移入国的收入增加,则移入率增加;$\dfrac{\partial P}{\partial \mu_0}<0$,移出国的收入增加,则移出率下降;$\dfrac{\partial P}{\partial \pi}<0$,移出成本增加,则移出率降低。

移民的收入是不确定的,因此,需要求解并比较其期望收入,即:

$$\mathrm{E}(\ln w_0 | I>0)=\mathrm{E}\left(\mu_0+\varepsilon_0 | \dfrac{v}{\sigma_v}>z\right)=\mu_0+\mathrm{E}\left(\varepsilon_0 | \dfrac{v}{\sigma_v}>z\right)=\mu_0+\mathrm{E}\left(\dfrac{\varepsilon_0}{\sigma_0} | \dfrac{v}{\sigma_v}>z\right) \quad (5.31)$$

又因为 $\mathrm{E}\left(\dfrac{\varepsilon_0}{\sigma_0} | \dfrac{v}{\sigma_v}>z\right)=\rho_{0,v}\dfrac{v}{\sigma_v}$,所以

$$\begin{aligned}\mathrm{E}(\ln w_0 | I>0)&=\mu_0+\sigma_0\rho_{0,v}\mathrm{E}\left(\dfrac{v}{\sigma_v} | \dfrac{v}{\sigma_v}>z\right)=\mu_0+\sigma_0\rho_{0,v}\left(\dfrac{\phi(z)}{1-\phi(z)}\right)\\ &=\mu_0+\dfrac{\sigma_0\sigma_1}{\sigma_V}\left(\rho_{0,1}-\dfrac{\sigma_0}{\sigma_1}\right)\left(\dfrac{\phi(z)}{1-\phi(z)}\right)\end{aligned} \quad (5.32)$$

如果令

$$Q_0\equiv\mathrm{E}(\varepsilon_0|I>0)=\dfrac{\sigma_0\sigma_1}{\sigma_V}\left(\rho_{0,1}-\dfrac{\sigma_0}{\sigma_1}\right)\left(\dfrac{\phi(z)}{1-\phi(z)}\right)$$

则同理:

$$Q_1\equiv\mathrm{E}(\varepsilon_1|I>0)=\dfrac{\sigma_0\sigma_1}{\sigma_V}\left(\dfrac{\sigma_1}{\sigma_0}-\rho_{0,1}\right)\left(\dfrac{\phi(z)}{1-\phi(z)}\right) \quad (5.33)$$

这时候可能存在三种自选择:

(1)正向选择:$Q_0>0$,而且 $Q_1>0$,当且仅当 $\rho_{0,1}>\dfrac{\sigma_0}{\sigma_1}$。这就要求移出国与移入国的个体技术价值有高度的相关性,而且移入国的收入分配更分散,欧洲的高技术人员移民到美国基本属于这种情况。

(2)逆向选择:$Q_0<0$,而且 $Q_1<0$,当且仅当 $\rho_{0,1}>\dfrac{\sigma_0}{\sigma_1}$。这就要求移出国与移入国的个体技术价值有高度的相关性,而且移入国的收入分配更不分散,墨西哥等南美的移民到美国大致属于这种情况。

(3)难民选择:$Q_0<0$,而且 $Q_1>0$,当且仅当 $\rho_{0,1}<\min(\dfrac{\sigma_0}{\sigma_1},\dfrac{\sigma_1}{\sigma_0})$。这种情况属于难民的选择,如中东难民移入德国等欧洲国家。

二、空间筛选

筛,本意是通过用竹制的有孔器具将细小的东西漏下去,粗的东西留在上面。筛选(Sorting)是利用一定的标准进行选择的意思。空间筛选是通过一定的标准进行空间上的选择,这种标准对于个体来说可以是房价、户口、学历、税负、环境、民族乃至出身等。空间筛选模型是由 Tiebout(1956)、Combes 等(2008)、Behrens 等(2014)、Moretti(2013)、Baum-Snow 和 Pavan(2013)、Helsley 和 Strange(2004)、Diamond(2016)、De la Roca 和 Puga(2017)发展的模型。这里我们介绍的是 Eeckhout-Pinheiro-Schmidheiny(2014)的劳动力技能筛选模型(简称 EPS 模型)。

(一)建模环境

一个经济体有 j 个城市,$j=1,2,3,\cdots,J$,每个城市的土地为 H_j,每个城市的生产率为 Λ_j,该经济体不仅需要考虑消费者行为、生产者行为,还需要考虑土地(住房)市场行为。

消费者在城市之间是自由流动的,因此均衡时消费者在每个城市的效用都是相同的。消费者的技能类型为 i,$i=1,2,3,\cdots,I$,该技能的产出为 y_i,假设 $i=1$ 为最低技能消费者,$i=I$ 为最高技能消费者,$y_1<y_2<\cdots<y_I$。w_{ij} 为消费者的工资,即 j 城市技能为 i 的消费者的工资。消费者的效用函数为 $U(c,h)$,即消费者不仅消费普通商品 c,还需要消费住房 h。

城市 j 的代表性生产者的生产函数为 $\Lambda_j F_j$,Λ_j 代表了 j 城市生产率的异质性特征,每个城市的生产率皆不相同。F_j 代表了 j 城市的企业特征,企业雇佣不同生产技能的工人,m_i 为工人数量,y_i 为工人技能,$m_i y_i$ 则为产出。

(二)消费者行为

消费者的效用函数为:

$$U(c_{ij},h_{ij})=c_{ij}^{1-\alpha}h_{ij}^{\alpha} \tag{5.34}$$

式中,c_{ij} 为 j 城市 i 类型的人的消费,h_{ij} 为 j 城市 i 类型的人的住房,α 为参数,$0\leqslant\alpha\leqslant1$。

消费者的约束条件为:

$$c_{ij}+p_j h_{ij}=w_{ij} \tag{5.35}$$

求解消费者效用最大化。由一阶条件可得:

$$c_{ij}^{*}=(1-\alpha)w_{ij} \tag{5.36}$$

$$h_{ij}^{*}=\alpha\frac{w_{ij}}{p_j} \tag{5.37}$$

这时候消费者的间接效用函数为:

$$V_{ij}=\alpha^{\alpha}(1-\alpha)^{1-\alpha}\frac{w_{ij}}{p_j^{\alpha}}=\bar{U} \qquad (5.38)$$

均衡时消费者在任何城市的效用皆相同。$j=1,2$ 时,则:

$$V_{i1}=\alpha^{\alpha}(1-\alpha)^{1-\alpha}\frac{w_{i1}}{p_1^{\alpha}} \qquad (5.39)$$

$$V_{i2}=\alpha^{\alpha}(1-\alpha)^{1-\alpha}\frac{w_{i2}}{p_2^{\alpha}} \qquad (5.40)$$

所以,

$$\frac{w_{i1}}{w_{i2}}=\frac{p_1^{\alpha}}{p_2^{\alpha}} \qquad (5.41)$$

上式的意思是消费者的工资之比等于其所在城市住房价格之比,高工资用于弥补其高房价。

(三)生产者行为

城市 j 的代表性企业的生产函数为 $\Lambda_j\sum_{i=1}^{I}m_{ij}^{\gamma_i}y_i^{\beta}$。其中,$y_i$ 为 i 技能工人的产出,m_{ij} 为 j 城市 i 技能的工人数量,$0 \leqslant r_i \leqslant 1$,这是一个可变弹性生产函数(Varying Elasticity of Substitution)。

企业的利润函数为:

$$\pi_j=\Lambda_j\sum_{i=1}^{I}m_{ij}^{\gamma_i}y_i^{\beta}-\sum_{i=1}^{I}w_{ij}m_{ij}-kp_j \qquad (5.42)$$

假设厂商仅雇佣三类工人:低、中、高技能者。令 $\beta=1$,这样可以减少模型处理的工作量,则利润函数变为:

$$\pi_j=\Lambda_j(m_{2j}^{\gamma}y_2+(m_{1j}^{\gamma}y_1+m_{3j}^{\gamma}y_3)^{\lambda})-(w_{1j}m_{1j}+w_{2j}m_{2j}+w_{3j}m_{3j})-kp_j \qquad (5.43)$$

对上述式子分别求关于 m_{1j}、m_{2j} 和 m_{3j} 的偏导数,并令其等于 0,可得:

$$\lambda\Lambda_j(m_{1j}^{\gamma}y_1+m_{3j}^{\gamma}y_3)^{\lambda-1}\gamma m_{1j}^{\gamma-1}y_1-w_{1j}=0 \qquad (5.44)$$

$$\Lambda_j\gamma m_{2j}^{\gamma-1}y_2-w_{2j}=0 \qquad (5.45)$$

$$\lambda\Lambda_j(m_{1j}^{\gamma}y_1+m_{3j}^{\gamma}y_3)^{\lambda-1}\gamma m_{3j}^{\gamma-1}y_3-w_{3j}=0 \qquad (5.46)$$

(四)土地市场行为

土地市场上存在三个等式。

(1) j 城市住房总量等于每个企业工人的住房量加总。

$$N_j\left(\sum_{i=1}^{I}h_{ij}m_{ij}\right)=H_j \qquad (5.47)$$

式中,N_j 为 j 城市企业数量,H_j 为 j 城市住房数量,h_{ij} 为 j 城市 i 类型的住房。

(2) j 城市的人口 S_j 为：

$$S_j = \sum_{i=1}^{I} N_j m_{ij} \tag{5.48}$$

(3) 每种类型的工人数量总和等于总工人数。

$$\sum_{j=1}^{J} N_j m_{ij} = M_i \tag{5.49}$$

（五）空间均衡

由消费者行为可得：

$$\frac{w_{i1}}{w_{i2}} = \frac{p_1^\alpha}{p_2^\alpha} \tag{5.50}$$

由生产者行为可得：

$$\lambda \Lambda_j (m_{1j}^\gamma y_1 + m_{3j}^\gamma y_3)^{\lambda-1} \gamma m_{1j}^{\gamma-1} y_1 - w_{1j} = 0 \tag{5.51}$$

$$\Lambda_j \gamma m_{2j}^{\gamma-1} y_2 - w_{2j} = 0 \tag{5.52}$$

$$\lambda \Lambda_j (m_{1j}^\gamma y_1 + m_{3j}^\gamma y_3)^{\lambda-1} \gamma m_{3j}^{\gamma-1} y_3 - w_{3j} = 0 \tag{5.53}$$

由住房市场出清的条件可得：

$$\sum_{j=1}^{J} N_j m_{ij} = M_i \tag{5.54}$$

假设只存在两个城市，令 $j=1,2$，可以解出：

$$m_{11} = \frac{\dfrac{M_1}{N_2} \left[\left(\dfrac{p_1}{p_2}\right)^\alpha \dfrac{\Lambda_2}{\Lambda_1} \right]^{\frac{1}{\gamma\lambda-1}}}{1 + \dfrac{N_1}{N_2} \left[\left(\dfrac{p_1}{p_2}\right)^\alpha \dfrac{\Lambda_2}{\Lambda_1} \right]^{\frac{1}{\gamma\lambda-1}}} \tag{5.55}$$

$$m_{21} = \frac{\dfrac{M_2}{N_2} \left[\left(\dfrac{p_1}{p_2}\right)^\alpha \dfrac{\Lambda_2}{\Lambda_1} \right]^{\frac{1}{\gamma-1}}}{1 + \dfrac{N_1}{N_2} \left[\left(\dfrac{p_1}{p_2}\right)^\alpha \dfrac{\Lambda_2}{\Lambda_1} \right]^{\frac{1}{\gamma-1}}} \tag{5.56}$$

$$m_{31} = \frac{\dfrac{M_3}{N_2} \left[\left(\dfrac{p_1}{p_2}\right)^\alpha \dfrac{\Lambda_2}{\Lambda_1} \right]^{\frac{1}{\gamma\lambda-1}}}{1 + \dfrac{N_1}{N_2} \left[\left(\dfrac{p_1}{p_2}\right)^\alpha \dfrac{\Lambda_2}{\Lambda_1} \right]^{\frac{1}{\gamma\lambda-1}}} \tag{5.57}$$

因此，存在以下关系：

$$\text{城市 1 的人口} S_1 = \sum_{i=1}^{I} N_1 m_{i1} = N_1 m_{11} + N_1 m_{21} + N_1 m_{31} \tag{5.58}$$

$$\text{城市 2 的人口} S_2 = \sum_{i=1}^{I} N_2 m_{i2} = N_2 m_{12} + N_2 m_{22} + N_2 m_{32} \tag{5.59}$$

(六) 相关命题

综上所述,可以得出以下几个命题:

命题1:效率高的城市规模更大,若 $\Lambda_1 > \Lambda_2$, $\gamma\lambda < 1$, $\gamma < 1$,则 $S_1 > S_2$。

命题2:如果生产函数为CES,即 $\lambda = 1$ 且 $\gamma < 1$,那么大中小城市具有同样的劳动力技能分布。

命题3:如果 $\Lambda_1 > \Lambda_2$, $\gamma\lambda < 1$ 且 $\lambda > 1$,那么更大的城市其技能分布有更厚的尾巴。简单来讲,大城市相对于中小城市,劳动力技能分布存在更高的厚尾现象,即大城市更需要高技能劳动力。

命题4:如果 $\Lambda_1 > \Lambda_2$, $\gamma\lambda < 1$ 且 $\lambda < 1$,大城市相对于中小城市,其劳动力技能分布存在更高的瘦尾现象。

命题5:如果 $\Lambda_1 > \Lambda_2$, $\gamma\lambda < 1$ 且 $\lambda > 1$,那么更大的城市存在一阶随机占优(First-Order Stochastic Dominance),也就是说高技能劳动力更偏爱大城市,更喜欢往大城市跑,这意味着大城市具有更高比例的高技能劳动力。

参考文献

[1] Arnott R, De Palma A, Lindsey R. A Structural Model of Peak-Period Congestion: Atraffic Bottleneck With Elastic Demand [J]. *American Economic Review*, 1993, 83(1).

[2] Behrens K, Duranton G, Frédéric Robert-Nicoud. Productive Cities: Sorting, Selection, and Agglomeration[J]. *Journal of Political Economy*, 2014, 122(3).

[3] Duranton G, Puga D. Urban Land Use [A]// Duranton G, Henderson J V, Strange W S. *Handbook of Regional and Urban Economics*: Vol. 5. Amsterdam: North-Holland, 2015.

[4] Puga D. Learning by Working in Big Cities[J]. *Review of Economic Studies*, 2017, 84(1).

[5] Eeckhout J, Pinheiro R, Schmidheiny K. Spatial Sorting [J]. *Journal of Political Economy*, 2014, 122 (3).

[6] Glaeser E L. Learning in Cities [J]. *Journal of Urban Economics*, 1999, 46(2).

[7] Glaeser E L, David C M. Cities and Skills [J]. *Journal of Labor Economics*, 2001, 19(2).

[8] Krusell P, Ohanian L E, Rios-Rull J V, et al. Capital-skill Complementarity and Inequality: A Macroeconomic Analysis[J]. *Econometrica*, 2000, 68(5).

[9] Moretti E. *The New Geography of Jobs* [M]. Boston: Houghton Miin Harcourt, 2012.

[10] Monte F, Redding S J, Rossi-Hansberg E. Commuting, Migration, and Local Employment Elasticities[J]. *American Economic Review*, 2018, 108 (12).

[11] Venables A. Productivity in Cities: Self-Selection and Sorting[J]. *Journal of Economic Geography*, 2011, 11(2).

[12] Vickrey W S. Congestion Theory and Transport Investment [J]. *American Economic Review, Papers and Proceedings*, 1969, 59(2).

[13]Chetty R, Hendren N, Kline P, et al. Where Is The Land of Opportunity: The Geography of Intergenerational Mobility in the United States[J]. *Quarterly Journal of Economics*, 2014, 129(4).

[14]Moretti F. *Distant Reading*[M]. London and New Tork: Verso, 2013.

[15]Borjas George. Self-selection and the earnings of immigrants[J]. *American Economic Review*, 1987, 77(4).

[16]Baum-Snow Nathaniel and Ronni Pavan. Inequality and City Size[J]. *Review of Economics and Statistics*, 2013, 95(5).

[17]Combes Pierre-Philippe, Gilles Duranton, and Laurent Gobillon. Spatial Wage Disparities: Sorting Matters[J]. *Journal of Urban Economics*, 2008, 63(2).

[18]De La Roca Jorge and Diego Puga. Learning by Working in Big Cities[J]. *Review of Economic Studies*, 2017, 84(1).

[19]Downs A. The Law of Peak-Hour Expressway Congestion[J]. *Traffic Quarterly*, 1962, 16(3).

[20]Helsley Robert W and William C Strange. Knowledge Barter in Cities[J]. *Journal of Urban Economics*, 2004, 56(2).

[21]Moretti E. Real Wage Inequality[J]. *American Economic Journal: Applied Economics*, 2013, 5.

[22]Moretti, E. Human Capital Externalities in Cities[A]// *Handbook of Regional and Urban Economics*, Vol. 4. J Vernon Henderson and Jacques-Francois Thisse. Amsterdam: Elsevier, 2004.

[23]Roy Andrew, Some Thoughts on the Distribution of Earnings[J]. *Oxford Economic Papers*, 1951, 3(2).

[24]Walters A A. The Theory and Measurement of Private and Social Cost of Highway Congestion[J]. *Econometrica*, 1961, 29.

思考与练习

1. 请解释概率分布、偏度、峰度、肥尾、瘦尾。
2. 请说明交通瓶颈模型中 α、β、γ 的含义。
3. 请证明式(5.24)中的出发率并说明其含义：

$$r(t)=\begin{cases}\dfrac{\alpha S}{\alpha-\beta}, t\in[t_0,t^{on})\\ \dfrac{\alpha S}{\alpha+\gamma}, t\in(t^{on},t_e]\end{cases}$$

4. 比较本章第二节交通瓶颈模型中的不收费均衡和收费均衡。
5. 经典的交通瓶颈模型如 Vickrey(1968)等，其中一个假设为工人(通勤者)是同质的，只有一条道路一个瓶颈问题。请回答：①如果工人是异质的，模型将如何扩展？②如果一条道路有两个瓶颈问题，模型将如何扩展？
6. 利用高德地图或百度、谷歌地图提供的中国主要城市拥堵实时数据，回答：①城市规模越大，拥堵程度越高吗？②拥有地铁的城市拥挤程度更低吗？③火车站及其周边地区拥堵程度更高吗？

7. 请估算中国城市交通拥挤的效率损失。

8. 请证明并讨论嵌套型生产函数 $F_j = A_j (m_{2j}^\gamma y_2 + (m_{1j}^\gamma y_1 + m_{3j}^\gamma y_3)^\lambda)^\beta, \gamma \in [0,1], \beta > 0$ 在 $\lambda > 1, \lambda < 1$ 或 $\lambda = 1$ 情形下的性质。这个函数还是 CES 函数吗？

9. 一个典型的嵌套生产函数为：$F = (m_2^\gamma y_2 + (m_1^\gamma y_1 + m_3^\gamma y_3)^\lambda)^\beta, 0 \le \gamma \le 1, \beta > 0$。其中，$m$ 为工人数量，y 为工人的技能，y_1 为低级技能，y_2 为中级技能，y_3 为高级技能。试证明：①$\lambda > 1$，技能1和技能3是相对互补的；②$\lambda < 1$，技能1和技能3是相对替代的。

10. 一个典型厂商使用高技能劳动力 H、低技能劳动力 L 和资本 K 进行生产，其生产函数为：$F = H^{1-\beta} [L^\rho + K^\rho]^{\frac{\beta}{\rho}}, 0 < \beta < 1, 0 < \rho \ne 1$。试求：①$H$ 和 L 的替代弹性；②L 与 K 的替代弹性。

11. 一个典型厂商使用高技能劳动力 H、低技能劳动力 L 和资本 K 进行生产，其生产函数为嵌套型生产函数：$F_1 = [\alpha^{\frac{1}{\rho}} K^{\frac{1-\rho}{\rho}} + (1-\alpha)^{\frac{1}{\rho}} L^{\frac{1-\rho}{\rho}}]^{\frac{\rho}{1-\rho}}, F = [\beta^{\frac{1}{\sigma}} H^{\frac{1-\sigma}{\sigma}} + (1-\beta)^{\frac{1}{\sigma}} F_1^{\frac{1-\sigma}{\sigma}}]^{\frac{\sigma}{1-\sigma}}$。试求：①$K$ 和 L 的替代弹性；②H 和 K 的替代弹性；③资本与技能互补时 ρ, σ 的关系。

12. Stone-Geary 效用函数：$U(x_1, x_2, \cdots, x_n) = \prod_{i=1}^{n} (x_i - \beta_i)^{\alpha_i}$，其中 $\beta_i \ge 0, \alpha_i \ge 0$ 且 $\sum_{i=1}^{n} \alpha_i = 1$。试求：①此函数的边际技术替代率（MRS）；②此函数的替代弹性；③在满足什么条件时，该函数为柯布道格拉斯式函数？

13. 在 EPS(2014)模型中，求解生产者利润最大化时，为什么令 $\beta = 1$？

14. 在 EPS(2014)模型中，证明大城市的房价高于中小城市，若 $\Lambda_1 > \Lambda_2$，则 $p_1 > p_2$。

15. 下表是 2018 年度 985 高校毕业生在高校所在省市就业的情况，请利用空间筛选模型解释该表。雾霾是否改变了大学生就业城市选择？

省份	本地就业比例（%）	省份	本地就业比例（%）
广东	85.5	陕西	35.2
上海	68.5	重庆	32.6
浙江	59.7	甘肃	31.6
江苏	50.6	湖南	30.6
北京	50.5	湖北	27
山东	47.4	安徽	26.5
四川	45.8	吉林	26
福建	36	辽宁	24.5
天津	35.5	黑龙江	9.2

16. 以中国地级市为样本实证分析：①大城市是否有更高的工资？②大城市的房价是否更高？③大城市的生产率是否更高？④大城市的环境污染是否更严重？⑤大城市是否处于产业链的更高端？⑥大城市的科研产出是否更高？⑦大城市交通拥挤是否更严重？⑧大城市的数字经济是否发展更好？⑨大城市还有什么其他特征？

第六章 新经济地理学:核心边缘模型

新经济地理学来自贸易理论,其发展如下:早先由亚当·斯密于1776年在其著作《国民财富的性质与原因的研究》中提出绝对优势理论,然后大卫·李嘉图(1817)提出比较贸易理论,20世纪80年代Krugman(1979,1980)、Ethier(1982)、Helpman和Krugman(1985)等在此基础上提出并发展了垄断竞争条件下的新贸易理论。1991年Krugman(1991)又在新贸易理论的基础上加入空间因素,提出了核心边缘模型(Core-Periphery),被称为新经济地理学。几十年来,新经济地理学发展迅速,现在已经成为区域、城市与空间经济学中最活跃的领域之一。

第一节 预备知识

一、要素的流动性

生产要素包括劳动、资本、土地、思想等,在区域、城市与空间经济的建模中,我们通常假设劳动或资本是自由流动的,自由流动意味着流动无成本、无阻滞,而土地是不可流动的。

在单中心城市模型中,假设消费者是自由流动的。在城市体系模型中,假设消费者在各个城市间是自由迁移的。在本章核心边缘模型中,假设消费者(工人)在各个地区之间是自由流动的。

在现实生活中,资本、劳动或思想通常不是自由流动的,有时候甚至完全不能流动,更多的时候是有成本的流动,如贸易的成本、通勤的费用或迁徙的成本。

二、价格指数

价格指数是几种产品或者几个部门的产品的价格通过某种形式的组合。比如N种产品的价格为:$p_1, p_2, p_3, \cdots, p_N$,那么通常构建价格指数的方法如下:

(1) 求算术平均值 $P = \dfrac{p_1 + p_2 + \cdots + p_N}{N}$；

(2) 求几何平均值 $P = \sqrt[N]{p_1 \times p_2 \times \cdots \times p_N} = (p_1 \times p_2 \times \cdots \times p_N)^{\frac{1}{N}}$；

(3) 求加权平均值 $P = \alpha_1 p_1 + \alpha_2 p_2 + \cdots + \alpha_N p_N$，其中 α_i 为 p_i 某种权重。

此外，还有其他的构建方法：

$$P = (p_1^\rho + p_2^\rho + \cdots + p_N^\rho)^{\frac{1}{\rho}} = \left(\sum_{i=1}^{N} p_i^\rho\right)^{\frac{1}{\rho}}$$

价格指数也可能为：

$$P = \left(\int_0^\infty p(\omega)_i^{1-\sigma} \mathrm{d}\omega\right)^{\frac{1}{1-\sigma}}$$

式中，ω 为产品的种类，$p(\omega)$ 为 ω 的价格。

如果有 M 个企业，则上述价格指数又可以变为：

$$P = \left(\int_0^\infty p(\omega)_i^{1-\sigma} M \mathrm{d}\omega\right)^{\frac{1}{1-\sigma}}$$

如果 M 个企业的生产率不同，生产率 z 遵循 $\mu(z)$ 的概率分布 $z \in (0, \infty)$，则价格指数变为：

$$P = \left(\int_0^\infty p(z)_i^{1-\sigma} M \mu(z) \mathrm{d}z\right)^{\frac{1}{1-\sigma}}$$

新经济地理学模型的价格指数通常指的是作为贸易品的价格指数，而不涉及住房等商品，这与通常的消费物价指数是类似的，因此普通的消费物价指数 CPI 没有将住房价格纳入其中。住房价格是城市经济模型的重要变量，而新经济地理模型则忽略了住房价格。

三、冰山成本

冰山成本来自 Thünen(1826) 和 Samuelson(1948)，是核心边缘模型的关键之一。货物从一个区位运输到另一个区位的时候，有一部分被融化掉了，或者可以说从一个区位的货物运输到另一个区位，其价格增加了运输成本的部分。

对于冰山成本 τ_{ni}，一般假设 $\tau_{ni} \geqslant 1$，且 $\tau_{ni} = \tau_{in}$，在同一个区位内不考虑冰山成本，即 $\tau_{nn} = 1$。一般假设冰山成本相互是对称的，即从区位 n 运输到区位 i 的成本与从区位 i 运输到 n 的成本是相同的。有的文献放弃了这种假设，而改为三角形不等式假设，即对于任何三个区位 n、k、i 而言，$\tau_{ni} \leqslant \tau_{nk} \times \tau_{ki}$。

一般假设在同一个区位内没有运输成本，即 $p_i(\omega) = p_i(\omega)$，而不同区位的价格需要加上冰山成本，即 $p_k(\omega) = \tau_{ik} p_i(\omega)$。

对于同质的产品 ω，消费者会选择最便宜的购买，因为有众多的区位（国家或城

市)提供这种产品,写成数学形式为:

$$p_n(\omega) = \min\{p_{ni}(\omega), i=1,2,3\cdots,N\}$$

加上冰山成本,则变为:

$$p_n(\omega) = \min\{\tau_{ni} p_{ni}(\omega), i=1,2,3\cdots,N\}$$

第二节 Dixit-Stiglitz 框架

一、从张伯伦到迪克西特和斯蒂格利茨

迪克西特和斯蒂格利茨(Dixit-Stiglitz,1977)垄断竞争模型是新贸易理论、新增长理论、新经济地理的基石。理解新经济地理学,首先要理解 Dixit-Stiglitz(1977)模型。最早对垄断竞争进行系统研究的是张伯伦(Chamberlin,1933),张伯伦提出了垄断竞争的四个特点:①拥有大量的企业生产差异化产品;②每个企业都不影响产品价格,企业之间不存在策略相互作用;③企业自由使得企业的利润为零;④每个企业面临一条向下倾斜的需求曲线,因此均衡的价格大于边际成本(Hart,1985)。张伯伦的思想使得垄断竞争得到传播,但一直没有合适的方法将这四个特点纳入一个统一的模型中,直到 Dixit-Stiglitz 模型和 Spence 模型的出现才解决了这个问题,这两个模型合称为 Dixit-Stiglitz-Spence 模型。

Dixit-Stiglitz 模型巧妙地建立了一个产商内部规模经济和消费者多样性偏好的两难冲突模型。一方面,消费者偏好是多样性的,产品的种类越多越好。厂商的少品种生产激励碰到了消费者的多品种消费偏好。另一方面,由于规模报酬递增,产商生产规模越大,成本就越低,这样如果不存在范围经济,则生产的品种少,成本低。

二、消费者多样化偏爱效应

Dixit-Stiglitz 偏好采用常替代弹性效用函数,其中比较简单的形式为:

$$U = \sum_{i=1}^{N} q_i^\rho, 0 < \rho < 1 \tag{6.1}$$

这里我们令 $\sigma \equiv \dfrac{1}{1-\rho}$,$\sigma$ 被称为替代弹性,一般假设 $\sigma > 0$。

假设 $\rho = \dfrac{1}{2}$,当消费者消费一种产品的数量为 9 的时候,消费者的效用为:

$$U = 9^{\frac{1}{2}} = 3$$

如果消费者消费两种产品,一种数量为 4,另一种数量为 5,则消费者的效用为:
$$U=4^{\frac{1}{2}}+5^{\frac{1}{2}}\approx 2+2.236=4.236>3$$
可见,产品种类越多,消费者的效用就越大,即消费者对多种类的偏爱效应。

三、报酬递增

平均成本会随着产量的增加而减少,产商仅需使用一种生产要素(劳动力)进行生产,对劳动力(工人)的需求为:
$$l=F+cq \tag{6.2}$$
式中,l 是劳动力(工人)的需求量,F 为固定成本,q 为产量,c 为边际成本。由于只有一种要素,因此上式也是成本函数。

企业的生产函数为:
$$q=\frac{l}{c}-\frac{F}{c} \tag{6.3}$$

随着产量 q 的增加,l/q 在不断减少,这就是报酬递增,见图 6.1。

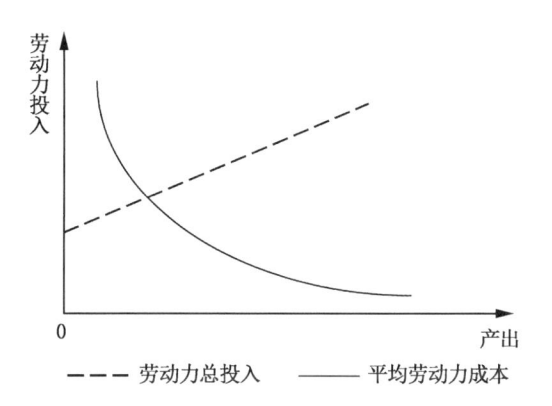

图 6.1 厂商的报酬递增

下文将正式介绍对区域、城市与空间经济学有重要影响的核心边缘模型,模型中的生产者和消费者行为部分皆是 Dixit-Stiglitz 模型的内容。价格指数(尤其是加入冰山成本的价格指数)到后面的数值模拟是 Krugman(1991)的原创内容,从这里也可以看出,所谓创新就是在前人的基础上向前走一小步。

第三节 核心边缘模型

一、建模环境

一个经济体包括两个地区(东部与西部)、一个工业部门。工业部门仅使用一种生产要素(劳动力)进行生产,生产报酬递增。东部地区工业部门劳动力比重为 λ,西部地区工业部门劳动力比重为 $1-\lambda$,两个地区的工人可以跨区域无成本流动。东部地区工业部门的工资为 w_1,西部地区工业部门的工资为 w_2,工人流动取决于两个地区的实际工资的差距,即 w_1-w_2。劳动力的流动方程为:

$$\frac{d\lambda}{dt}=\lambda(1-\lambda)(w_1-w_2) \tag{6.4}$$

当然,要记住劳动者也是消费者,这是几乎所有模型中都隐含的假设。

二、消费者行为

一个典型消费者的效用函数为:

$$U=\left(\sum_{i=1}^{N}q_i^{\frac{\sigma-1}{\sigma}}\right)^{\frac{\sigma}{\sigma-1}} \tag{6.5}$$

式中,$i=1,2,\cdots,N$,是工业品的种类。

约束条件为:

$$\sum_{i=1}^{N}p_iq_i=Y \tag{6.6}$$

构建拉格朗日方程求解这个规划问题,可得:

$$\frac{p_i}{p_j}=\frac{q_i^{\frac{-1}{\sigma}}}{q_j^{\frac{-1}{\sigma}}} \tag{6.7}$$

消费者对两种工业品的消费数量等于其价格之比。

上式可以变形为:

$$q_i=q_j\left(\frac{p_j}{p_i}\right)^{\sigma} \tag{6.8}$$

又因为 $\sum_{i=1}^{N}p_iq_i=Y$,上式可进一步变形为:

$$q_j=p_j^{-\sigma}P^{\sigma-1}Y \tag{6.9}$$

式中,

$$P \equiv (\sum_{i=1}^{N} p_i^{1-\sigma})^{\frac{1}{1-\sigma}} \quad (6.10)$$

这里 P 就是工业品的价格指数。消费第 j 种数量与其价格、工业品价格指数和工业品支出有关。

三、生产者行为

(一)要素投入

消费者是同质的,厂商也是同质的,所有的厂商都有相同的生产技术。产品的生产成本包括固定成本和边际成本两部分,因此平均成本随着产量的增加而减少。厂商仅使用一种生产要素劳动力进行生产,对劳动力(工人)的需求为:

$$l = F + cq \quad (6.11)$$

式中,l 是劳动力(工人)的需求量,F 为固定成本,q 为产量,c 为边际成本。

(二)企业定价

厂商的利润函数为:

$$\pi = pq - lw = pq - wF - wcq \quad (6.12)$$

式中,w 为工资。

利润最大化之一阶条件为:

$$\frac{\partial \pi}{\partial q} = p + \frac{dp}{dq}q - wc = p(1 + \frac{dp}{dq}\frac{q}{p}) - wc = p(1 - \frac{1}{\epsilon}) - wc = 0 \quad (6.13)$$

式中,$\varepsilon = -\frac{dq}{dp} \cdot \frac{p}{q}$ 为产品的价格弹性,当产品的数量很多时,产品的价格弹性等于替代弹性,即 $\varepsilon = \sigma$。因此,可得:

$$p = \frac{wc}{1 - \frac{1}{\sigma}} = \frac{\sigma}{\sigma - 1}wc = \frac{w}{\rho}c \quad (6.14)$$

企业的最优定价策略是成本加成定价,加成系数为 $\frac{\sigma}{\sigma-1}$,即在产品成本之上加上某一系数,而不是在完全竞争条件下等于产品成本,见图 6.2。

(三)厂商自由进出

由于厂商自由进入与退出,均衡时每个厂商的利润为 0,即:

$$\pi = \frac{\sigma}{\sigma - 1}wcq - w(F + cq) = 0 \quad (6.15)$$

整理可以得出企业的产量为:

$$q = \frac{(\sigma - 1)F}{c} \quad (6.16)$$

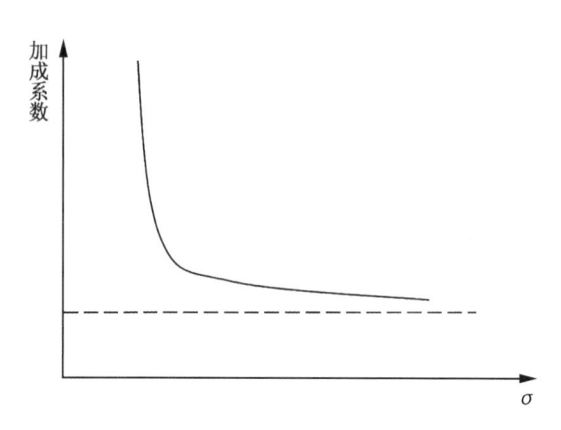

图 6.2 成本加成

产量与固定成本、边际成本和产品的替代弹性有关,不管厂商的数量多少,厂商的规模都相等。

厂商雇用的相应劳动力的数量为:

$$l = F + cq = F + c\frac{(\sigma-1)F}{c} = F\sigma \tag{6.17}$$

劳动力的数量与固定成本和产品的替代性有关。这时候厂商的数量为:

$$n = \frac{L}{l} = \frac{L}{F\sigma} \tag{6.18}$$

式中,L 是总的劳动供给量。厂商的数量与总劳动供给量、固定成本和产品间的替代性有关。劳动力数量多,厂商的数量也多;固定投入小,开办企业的门槛也小,厂商的数量就会增加。当产品之间的替代弹性小时,厂商的数量就会增加,因为消费者需要更多的产商来生产产品。

四、价格指数与对工业品需求

这里我们将进一步求出包括多个地区的价格指数和对工业品的需求,将空间因子加入价格指数中,是新经济地理学建模的一个关键之处。

(一)价格指数

东部地区的消费者消费 N 种产品,其中 n_1 种由东部地区生产,n_2 种为西部地区生产,$N = n_1 + n_2$;东部地区产品价格为 p_1,西部地区产品价格为 p_2。

东部地区的价格指数为:

$$P_1 \equiv \left(\sum_{i=1}^{N} p_i^{1-\sigma}\right)^{\frac{1}{1-\sigma}} = \left(n_1 p_1^{1-\sigma} + n_2 (p_2 \tau_{12})^{1-\sigma}\right)^{\frac{1}{1-\sigma}} \tag{6.19}$$

与之相应,西部地区的价格指数为:

$$P_2 \equiv (\sum_{i=1}^{N} p_i^{1-\sigma})^{\frac{1}{1-\sigma}} = (n_2 p_2^{1-\sigma} + n_1 (p_1 \tau_{21})^{1-\sigma})^{\frac{1}{1-\sigma}} \tag{6.20}$$

（二）对工业品的需求

东部地区的工业品需求来自两个地区的产品：一个是本地生产的产品，另一个是从西部运输而来的产品。

如果在东部地区生产，则 $q_{11} = Y_1 p_1^{-\sigma} P_1^{\sigma-1}$。其中，$q_{11}$ 表示东部生产，东部消费。

如果在西部地区生产，运输到东部，则 $q_{21} = Y_1 (p_2 \tau_{21})^{-\sigma} PG_1^{\sigma-1}$。其中，$q_{21}$ 表示西部地区生产，东部地区消费。

考虑运输因素，则对东部地区工业品的总需求为：$q_1 = \tau_{12} q_{12} + q_{11} = Y_2 (p_1 \tau_{21})^{-\sigma} P_2^{\sigma-1} \tau_{12} + Y_1 p_1^{-\sigma} P_1^{\sigma-1}$。其中，$Y_2 (p_1 \tau_{12})^{-\sigma} P_2^{\sigma-1} \tau_{12}$ 为西部地区的需求，需要从东部地区运输而来；$Y_1 p_1^{-\sigma} P_1^{\sigma-1}$ 为东部地区本身的需求量。

五、空间均衡

（一）定义劳动力流动方程与均衡

工业部门的劳动力由于实际工资水平的差异而流动，劳动力流动带来了企业区位的迁移和产业集聚的变化。

劳动力流动的动力方程为：

$$\frac{d\lambda}{dt} = \lambda (1-\lambda)(w_1 - w_2) \tag{6.21}$$

式中，λ 是东部地区工业企业劳动力比重，$1-\lambda$ 则为西部地区工业企业劳动力比重，w_1 为东部地区的实际工资，w_2 是西部地区的实际工资。东部地区劳动力的变化，其实就是企业区位的变化，取决于两个地区的实际工资水平差异，迁移速度受两地产业分布的初始状态 λ、$1-\lambda$ 的影响，在 $\lambda=0$ 或 1 的情况下就出现了集聚均衡状态。λ 的变化就是产业区位的变化。

劳动力流动方程最主要的变量是真实工资之差，即 $\Delta w = w_1 - w_2 = w_1/P_1 - w_2/P_2$。为求这个真实工资之差，我们需要求出东部和西部的名义工资 w_1、w_2 及其价格指数 P_1、P_2。

（二）工业品需求等于工业品供给

由上面的推导可知对东部地区的工业品需求为：

$$\begin{aligned} q_1 &= Tq_{12} + q_{11} = Y_2 (p_2 \tau_{21})^{-\sigma} G_2^{\sigma-1} \tau_{21} + Y_1 p_1^{-\sigma} P_1^{\sigma-1} \\ &= Y_2 \left(\frac{\sigma}{\sigma-1} w_1 c d_{21}\right)^{-\sigma} \tau_{21} P_2^{\sigma-1} + Y_1 \left(\frac{\sigma}{\sigma-1} w_1 c\right)^{-\sigma} P_1^{\sigma-1} \\ &= \left(\frac{\sigma c}{\sigma-1}\right)^{-\sigma} [w_1^{-\sigma} \tau_{12}^{1-\sigma} P_2^{\sigma-1} Y_2 + w_1^{-\sigma} P_1^{\sigma-1} Y_1] \end{aligned} \tag{6.22}$$

东部地区的工业品供给为：

$$q_1 = \frac{(\sigma-1)F}{c} \tag{6.23}$$

空间均衡的条件为工业品的需求等于其供给，求解东部地区的名义工资：

$$w_1^\sigma = \frac{c}{(\sigma-1)F}\left(\frac{\sigma c}{\sigma-1}\right)^{-\sigma}(Y_2\tau_{21}^{1-\sigma}P_2^{\sigma-1} + Y_1P_1^{\sigma-1}) \tag{6.24}$$

同理，西部地区的名义工资为：

$$w_2^\sigma = \frac{c}{(\sigma-1)F}\left(\frac{\sigma c}{\sigma-1}\right)^{-\sigma}(Y_1\tau_{12}^{1-\sigma}P_1^{\sigma-1} + Y_2P_2^{\sigma-1}) \tag{6.25}$$

两个地区的名义工资与运输成本 T、价格指数 P、地区收入 Y、替代弹性 σ 等有关。

（三）价格指数

我们对上述价格指数进行适当变形，可得：

$$\begin{aligned}
P_1 &= (n_1 p_1^{1-\sigma} + n_2(p_2\tau_{21})^{1-\sigma})^{\frac{1}{1-\sigma}} \\
&= \left[\frac{\lambda}{F\sigma}\left(\frac{\sigma}{\sigma-1}w_1 c\right)^{1-\sigma} + \frac{(1-\lambda)}{F\sigma}\left(\frac{\sigma}{\sigma-1}w_2 c\tau_{21}\right)^{1-\sigma}\right]^{\frac{1}{1-\sigma}} \\
&= \left\{\frac{1}{F\sigma}\left(\frac{\sigma c}{\sigma-1}\right)^{1-\sigma}[\lambda w_1^{1-\sigma} + (1-\lambda)(w_2\tau_{21})^{1-\sigma}]\right\}^{\frac{1}{1-\sigma}} \\
&= \frac{\sigma c}{\sigma-1}\left(\frac{1}{F\sigma}\right)^{\frac{1}{1-\sigma}}[\lambda w_1^{1-\sigma} + (1-\lambda)(w_2\tau_{21})^{1-\sigma}]^{\frac{1}{1-\sigma}} \tag{6.26}
\end{aligned}$$

同理，西部地区的工业品价格指数为：

$$P_2 = \frac{\sigma c}{\sigma-1}\left(\frac{1}{F\sigma}\right)^{\frac{1}{1-\sigma}}[\lambda(w_1\tau_{12})^{1-\sigma} + (1-\lambda)w_2^{1-\sigma}]^{\frac{1}{1-\sigma}} \tag{6.27}$$

价格指数与运输成本 T，两个地区名义工资 w_1 和 w_2，劳动力分布 λ，替代弹性 σ 等有关。

（四）工业品支出

工业品支出等于其收入，即：

$$Y_1 = \lambda w_1 \tag{6.28}$$

$$Y_2 = \lambda w_2 \tag{6.29}$$

（五）真实工资

真实工资等于名义工资除以价格指数：

$$\omega_1 = w_1/P_1 \tag{6.30}$$

$$\omega_2 = w_2/P_2 \tag{6.31}$$

（六）参数校准

相关变量进行标准化处理，可以选择适当的单位，使得：

$$\frac{\sigma-1}{\sigma}=c \tag{6.32}$$

以及

$$F=\frac{\mu}{\sigma} \tag{6.33}$$

两个名义工资方程、两个真实工资方程、两个工业品支出方程组成了一个非线性方程组，很难求得解析解，不过我们可以借助计算机编程技术（如 Python/Matlab 等）画出 λ 和 ω 的摆动图形（Wiggle Diagram）。

在运输成本不同的情况下，产业集聚状态呈现出不同的特点（见图 6.3 至图 6.5）：在 $\tau_{12}=\tau_{21}=1.5$ 时，只有一个点是均衡的（$\lambda=0.5$，也称对称均衡）；在 $\tau_{12}=\tau_{21}=1.7$ 时，也只有一个点是均衡的（$\lambda=0.5$，也称对称均衡）；在 $\tau_{12}=\tau_{21}=1.9$ 时，不仅有对称均衡（$\lambda=0.5$），而且还存在两个均衡状况。

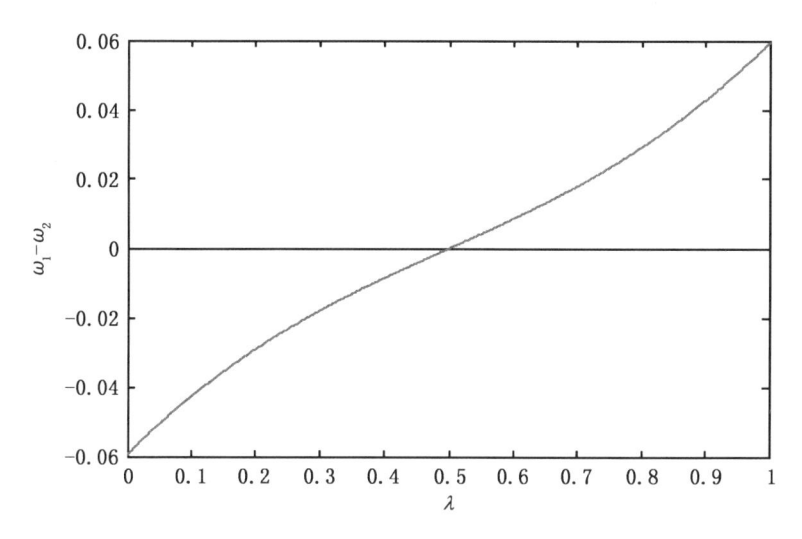

图 6.3 $\tau_{12}=\tau_{21}=1.5$ 时产业集聚状况

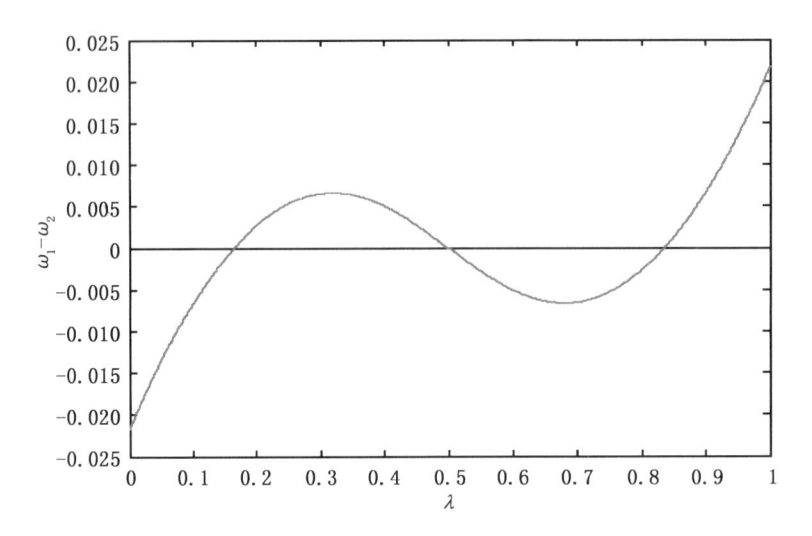

图 6.4　$\tau_{12}=\tau_{21}=1.7$ 时产业集聚状况

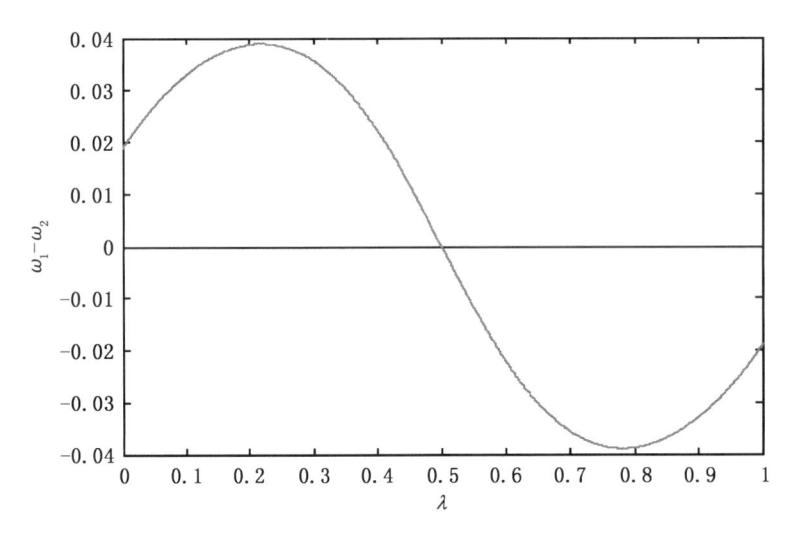

图 6.5　$\tau_{12}=\tau_{21}=1.9$ 时产业集聚状况

第四节　三种效应、两种力和两种均衡

在核心边缘模型中,有三种效应、两种力在控制着均衡状态。三种效应依次为市场接近效应、生活成本效应、市场拥挤效应。两种力为集聚力和扩散力。

一、三种效应

(一)市场接近效应

市场接近效应是说企业区位选择更偏好于市场规模较大的区域,这种效应即需求导向的循环累积效应(Demand-Linked Circular Causality)。假设两地区处于均衡状态,由于工资较高,有工人从西部迁移到东部,东部消费多,需要更多的工业品,西部的企业有向东部迁移的激励,集聚力因而产生。

注意到如果所有产品的价格为 p,则相应函数为:

$$P \equiv \Big(\sum_{i=1}^{N} p_i^{1-\sigma}\Big)^{\frac{1}{1-\sigma}} = p n^{\frac{1}{1-\sigma}} \tag{6.34}$$

图 6.6 是产品种类与价格指数的关系,由于 $\sigma>1$,价格指数 P 是产品种类 n 的减函数,随着产品种类增加,工业品价格指数下降,种类越多,工业品价格越低。消费者偏好更多种类的工业品。当然随着工业品数量的增加,工厂数量也相应增加,因为一个厂商只生产一个种类工业品。

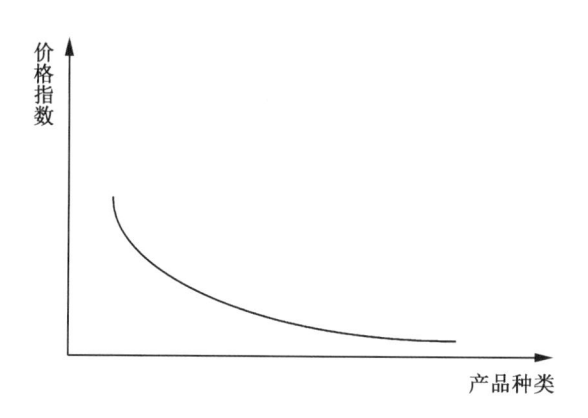

图 6.6 产品种类与价格指数关系

(二)生活成本效应

生活成本效应又称为成本导向的循环累积(Cost-Linked Circular Causality),由于大量的企业迁移到东部,东部的企业增加导致了其生产的产品数量和种类增加,东部居民的生活成本指数下降,于是西部的工人向东部迁移。这也是一种向东部转移的集聚力。

如果东部地区的厂商数目大于西部地区,即 $n_1>n_2$,产品的出厂价格相同,即 $p_1=p_2=p$,则容易证明:

$$P_1<P_2 \tag{6.35}$$

这就是所谓的价格指数效应,也叫生活成本效应。

(三) 市场拥挤效应

市场拥挤效应又称为市场拥挤扩散力(Market-Crowding Dispersion Force),由于东部的企业增加会逐渐增加企业间的竞争,导致企业获利减少,从而工人工资降低。这是一种扩散力。

二、两种力

三种效应构成了两种性质的作用力,即集聚力与扩散力。当集聚力大于扩散力时,企业向东部地区迁移的动力会一直进行下去,直到全部集中于东部地区,这是个正反馈过程。当集聚力小于扩散力时,企业向东部集聚会受到抑制,并回到最初的均衡状态,这是个负反馈过程。

集聚与扩散因素(见表6.1),包括产业关联、劳动力共享、外部溢出和低成本的生活效应,即向心力,导致了集聚;而不可移动要素的拥挤、土地租金的上涨、企业间竞争激烈等,是集聚的反向作用力,即离心力,导致了扩散。

表 6.1　　　　　　　　　　　　集聚与扩散因素

作用力	集聚	扩散
向心力	市场接近效应(产业关联、劳动力共享、外部溢出效应) 生活成本效应(生活成本低)	—
离心力	—	市场拥挤效应(不可移动要素的拥挤、土地租金的上涨、企业间竞争激烈)

资料来源:Fujita 和 Krugman(2004)。

三、对称均衡与集聚均衡

存在两种类型的空间均衡:一是内点均衡;二是核心边缘均衡。

内点均衡(Interior Equilibria)为:$\Delta w = w_1 - w_2 = 0$。这时可以是对称均衡($\lambda = 1/2$)或者非对称均衡($0 < \lambda < 1, \lambda \neq 1/2$)。

核心边缘均衡或集聚均衡(Core-Periphery Equilibria)是指厂商全部集聚于东部地区或全部集聚于西部地区的状态。

集聚于东部,$\lambda = 1$,如果 $w_1 \geqslant w_2$。

集聚于西部,$\lambda = 0$,如果 $w_1 \leqslant w_2$。

集聚均衡或对称均衡是稳定的,就是说产业要么全部集中于东部,要么全部集中于西部,要么一半集中于东部一半集中于西部,这种状态是稳定的均衡;而虚线部分则是不稳定均衡,产业可能向集聚均衡或对称均衡转变,见图6.7。

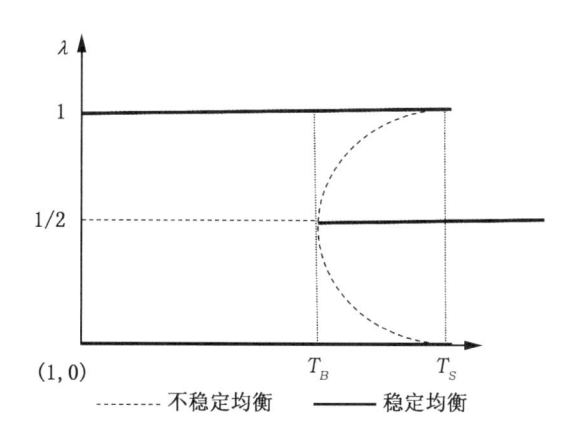

图 6.7 稳定均衡与不稳定均衡

有两个特别重要的临界点：一个是维持点（Sustain Point），另一个是突破点（Break Point）。如图 6.7 所示，T_S 是维持点，所谓维持点就是维持核心边缘结构（集聚均衡）的最低运输成本点，低于此点，核心边缘的结构将不能维持下去，核心区的要素会向边缘区移动，直到恢复对称均衡。T_B 是突破点，突破点就是突破对称均衡的最低运输成本点，低于此点，对称均衡将不存在，两个地区的要素会发生迁移。如果东部地区的集聚力大于扩散力，则向东部的集聚将发生并持续下去；如果西部地区的集聚力大于扩散力，则向西部的集聚将发生并持续下去。因此，突破点就是集聚力与扩散力发生作用的临界点。

参考文献

[1] Baldwin R, Forslid P, Martin G, et al. *Economic Geography and Public Policy* [M]. New Jersey: Princeton University Press, 2005.

[2] Chamberlin E H. Monopolistic or Imperfect Competition? [J]. *The Quarterly Journal of Economics*, 1937, 51(4).

[3] Dixit A K, Stiglitz J E. Monopolistic Competition and Optimum Product Diversity [J]. *American Economic Review*, 1977, 67(3).

[4] Krugman P. Scale Economies, Product Differentiation, and the Pattern of Trade [J]. *American Economic Review*, 1980, 70(5).

[5] Krugman P. Increasing Returns and Economic Geography [J]. *Journal of Political Economy*, 1991, 99(3).

[6] Fujita M, Krugman P, Venables A. *The Spatial Economy: Cities, Regions and International Trade* [M]. Cambridge: MIT Press, 1999.

[7] Helpman E. *The size of regions* [A]// David P, Sadka E, Zilcha I. *Topics in Public Economics: Theoretical and Applied Analysis*. Cambridge: Cambridge University Press, 1998.

[8] Fujita M, Thisse J-F. *Economics of Agglomeration*[M]. Cambridge: Cambridge University Press, 2002.

[9] Allyn Y. Increasing Returns and Economic Progress[J]. *The Economic Journal*, 1928, 38(152).

[10] Davis D R, Weinstein D E. Bones, Bombs, and Break Points: The Geography of Economic Activity[J]. *American Economic Review*, 2002, 92(5).

[11] Chamberlin E H. The Theory of Monopolistic Competition[M]. Cambridge, MA: Harvard University Press, London: Oxford University Press, 1933.

[12] Chaney Thomas. Distorted Gravity: The Intensive and Extensive Margins of International Trade[J]. *American Economic Review*, 2008, 98(4).

[13] Ethier W J. Decreasing Costs in International Trade and Frank Graham's Argument for Protection[J]. *Econometrica*, 1982, 50(5).

[14] Krugman P. Increasing Returns, Monopolistic Competition, and International Trade[M]. *Journal of International Economics*, 1979, 9.

[15] Hart O. *Imperfect Competition in General Equilibrium: An Overview of Recent Work in Frontiers of Economics*[M]. Oxford: Basil Blackwell, 1985.

[16] Helpman E and Krugman P. *Market Structure and Foreign Trade: Increasing Returns, Imperfect Competition, and The International Economy*[M]. MIT Press, Cambridge, MA, 1985.

[17] Hopenhayn Hugo. Entry, Exit, and Firm Dynamics in Long Run Equilibrium[J]. *Econometrica*, 1992, 60(5).

[18] Melitz M J. The Impact Of Trade On Intra-Industry Reallocation And Aggregate Industry Productivity[J]. *Econometrica*, 2003, 71(6).

[19] Melitz Marc and Ottaviano Gianmarco. Market Size, Trade, and Productivity[J]. *The Review of Economic Studies*, 2008, 75(1).

[20] Samuelson P A. International Trade and the Equalisation of Factor Prices[J]. *The Economic Journal*, 1948, 58(230).

[21] Thünen von J H. *Der Isolierte Staat in Beziehung auf Landschaft und Nationalökonomie Und Landwirtschaft*[M]. *Gustav Fischer, Stuttgart*, 1826.

思考与练习

1. 名词解释：垄断竞争与完全竞争。

2. 一个典型消费者的效用函数为 $U = (\sum_{i=1}^{N} q_i^{\frac{\sigma-1}{\sigma}})^{\frac{\sigma}{\sigma-1}}$，分别求在 $\sigma \to 1$ 或 $\sigma \to \infty$ 时该消费者的效用函数。

3. 如果消费者的效用函数换成 $U = (\sum_{i=1}^{N} q_i^{\rho})^{\frac{1}{\rho}}$ 或者连续性商品形式 $U = (\int_{\omega \in \Omega} q_i(\omega)^{\rho} d\omega)^{\frac{1}{\rho}}$，其中 ω 为商品的种类，Ω 为商品种类的集合。请验证在这两种效用函数下，消费者是否同样存在多样化偏好。

4. 一个代表性消费者的效用函数为 $U = \left[\int_{\omega \in \Omega} q(\omega)^{\frac{\sigma-1}{\sigma}} d\omega\right]^{\frac{\sigma}{\sigma-1}}$，约束条件为 $\int_{\omega \in \Omega} p(\omega) q(\omega) d\omega = Y$，求解这个最优规划问题，证明价格指数 P 满足：$P^{1-\sigma} = \int_{\omega \in \Omega} p(\omega)^{1-\sigma} d\omega$。

5. 为什么假设替代弹性 $\sigma > 0$？如果 $\sigma < 0$ 会如何？

6. Dixit-Stiglitz 偏好的 CES 效用函数为 $U = \left(\int_0^N q(\omega)^\rho d\omega\right)^{\frac{1}{\rho}}$。如果每种商品的价格都为 p，则请证明 $U = N^{\frac{1}{1-\sigma}} \frac{Y}{p}$，并通过上式解释消费者的多样化偏好。

7. 核心边缘模型中市场结构为垄断竞争，而在自由进入的均衡中（Free Entry Equilibrium）厂商的利润为什么是 0？

8. 在核心边缘模型里定义 $\varphi \equiv \tau^{1-\sigma}$，请解释 φ 的含义。

9. A 地区一个典型消费者的效用函数为 CES 形式：$U(x_1, x_2) = (x_1^\rho + x_2^\rho)^{\frac{1}{\rho}}$。其中，$\rho < 1$ 且 $\rho \neq 0$；消费者的约束条件为 $p_1 x_1 + p_2 x_2 = y$。① 试证明 $\frac{x_1}{x_2} = \left(\frac{p_1}{p_2}\right)^{-\sigma}$，并说出该式的含义。② 如果定义消费者消费商品 1 的比重为 $\pi_1 = \frac{p_1 x_1}{p_1 x_1 + p_2 x_2}$，试证明 $\pi_1 = \frac{p_1^{1-\sigma}}{p_1^{1-\sigma} + p_2^{1-\sigma}}$，并说明该式的含义。

10. 一个典型消费者的效用函数为 $C = \left(\int_{i=1}^N c_i^{\frac{\sigma-1}{\sigma}}\right)^{\frac{\sigma}{\sigma-1}}$，第 i 种商品的价格为 p_i，消费者最小化自己的消费支出为 $\min \int_{i=1}^N p_i c_i$。试证明：$c_j = \left(\frac{p_j}{P}\right)^{-\sigma} C$，其中 P 为价格指数，$P = \left(\int_{i=1}^N p_i^{1-\sigma}\right)^{\frac{1}{1-\sigma}}$。

11. 冰山成本不仅指两地之间的距离或者运输成本，而且共同的语言、共同的货币区、制度的相似性甚至是殖民地的联系与否也可以作为冰山成本的代理变量。请再举几例。

12. 利用 Python/Matlab 编写代码，求解 $T = 1.2, 1.6, 2.0$ 时的产业集聚状况，并画图分析。

13. 定义维持点为：$T_S \equiv \{T \in [1, \infty) : \lambda = 1 \& V_1 \geqslant V_2\}$。请证明：① 在维持点 $\frac{V_2}{V_1} = (\frac{\mu+1}{2} T^{-\mu\sigma+(1-\sigma)} + \frac{1-\mu}{2} T^{-\mu\sigma+(\sigma-1)})^{\frac{1}{\sigma}}$，因为 $\rho = \frac{\sigma-1}{\sigma}$，所以 $f(T) = \frac{\mu+1}{2} T^{-\sigma(\mu+\rho)} + \frac{1-\mu}{2} T^{-\sigma(\mu-\rho)}$，这里 $f(T)^{\frac{1}{\sigma}} = \frac{\psi_2}{\psi_1}$；② 如果 $\rho < \mu$，那么 $\frac{df}{dT} < 0$，此时存在集聚黑洞；③ 如果 $\rho > \mu$，那么总存在 T_S，使得 $f(T_S) = \frac{\mu+1}{2} T_S^{-\sigma(\mu+\rho)} + \frac{1-\mu}{2} T_S^{-\sigma(\mu-\rho)} = 1$ 成立。

14. 一个经济体由 N 个区位构成（$i = 1, \cdots, N$），每个区位只生产一种产品。区位 j 的典型消费者的效用函数为 $U_j = \left(\sum_{i=1}^N c_{ij}^{\frac{\sigma-1}{\sigma}}\right)^{\frac{\sigma}{\sigma-1}}$。其中，$c_{ij}$ 为区位 j 的消费者消费来自区位 i 的工业品数量，该工业品在区域 i 售价为 p_i，到区位 j 的售价则为 $p_{ij} = p_i \tau_{ij}$，τ_{ij} 是区位 i 到区位 j 的冰山成本，区位 j 的消费者的收入为 w_j，该消费者的预算约束为 $\sum_{i=1}^N p_{ij} c_{ij} = w_j$。① 请阐述消费者的预算约束方程的含义；② 如果区位 j 的人口为 L_j，请证明区位 j 的总支出为 $X_{ij} = p_{ij}^{1-\sigma} P_j^{1-\sigma} w_j L_j$；③ 定义 $\lambda_{ij} = \frac{p_{ij} c_{ij}}{\sum_{i=1}^N p_{ij} c_{ij}}$，请阐述该式的含义；④ 试证明 $\lambda_{ij} = \frac{p_{ii}^{1-\sigma} \tau_{ij}^{1-\sigma}}{\sum_{i=1}^N p_{ii}^{1-\sigma} \tau_{ij}^{1-\sigma}}$。

15. 一个经济体由 N 个区位构成($i = 1, \cdots, N$),每个区位只生产一种产品。区位 j 的典型消费者的效用函数为 $U_j = \left(\sum_{i=1}^{N} c_{ij}^{\frac{\sigma-1}{\sigma}}\right)^{\frac{\sigma}{\sigma-1}}$。其中,$c_{ij}$ 为区位的 j 消费者消费来自区位 i 的工业品数量,该工业品在区域 i 的售价为 p_i,到区位 j 的售价则为 $p_{ij} = p_i \tau_{ij}$,τ_{ij} 是区位 i 到区位 j 的冰山成本,区位 j 的一个典型消费者的预算约束为 $\sum_{i=1}^{N} p_{ij} c_{ij} = y_j$。试证明:① 区位 j 的价格指数为 $P_j = \left[\sum_{i=1}^{N} (p_i \tau_{ij})^{1-\sigma}\right]^{\frac{1}{1-\sigma}}$;② 消费者消费支出为 $X_{ij} = p_{ij} c_{ij} = \left(\frac{p_i \tau_{ij}}{P_j}\right)^{1-\sigma} y_j$;③ 区位 i 与区域 j 收入的关系为 $y_i = p_i^{1-\sigma} \sum_{j}^{N} \left(\frac{\tau_{ij}}{P_j}\right)^{1-\sigma} y_j$。

16. 尝试分别建立 1992 年、1998 年、2002 年、2012 年、2020 年京津冀、长三角和珠三角(大湾区)地级市间铁路通勤的时间矩阵,如下所示:

	北京	天津	……
北京			
天津			
……			

17. 进一步熟悉中国工业企业数据库和中国海关数据库,并利用 Stata 或者 Python 将这两个数据库进行匹配。

18. 下图是利用 LP 方法计算的 2010 年和 2020 年中国 A 股上市公司的 TFP 分布:

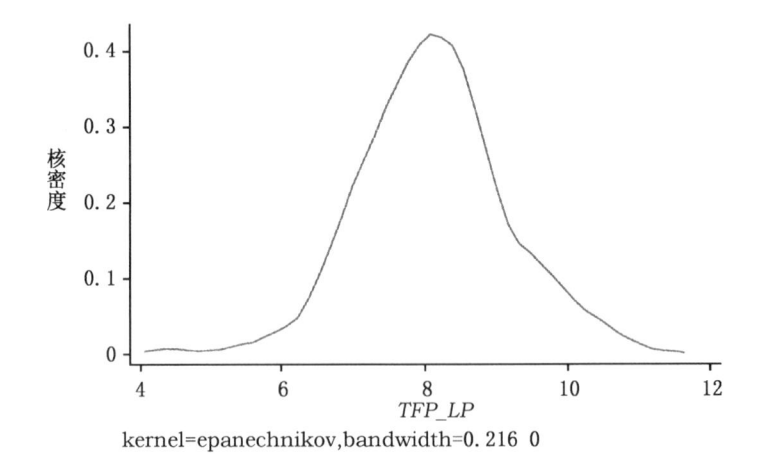

kernel=epanechnikov,bandwidth=0.216 0

2010 年上市公司要素生产率核密度估计

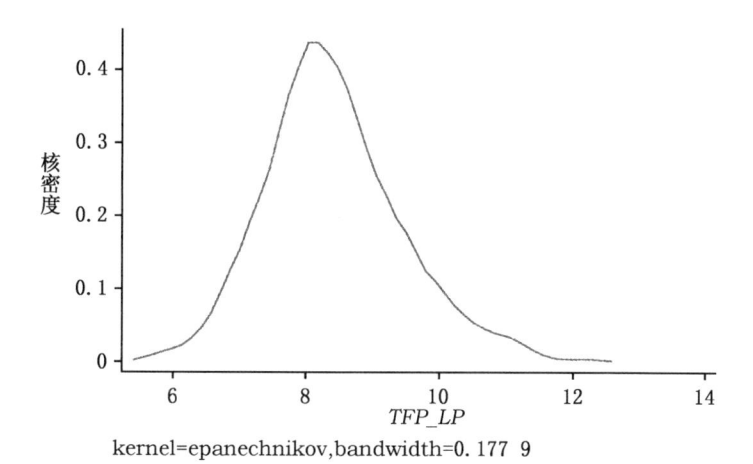

2020年上市公司要素生产率核密度估计

请回答下列问题：

①中国上市公司生产率存在差异（异质性）吗？

②如果存在差异，那么是近似正态分布，还是帕累托分布？这是什么原因？

③各企业存在生产率的差异，但新经济地理学假设各企业生产率都是相同的。从这点上来说，应如何拓展新经济地理学？

19. 利用引力方程，基于国别数据实证分析地理因素对中国进出口的影响。

20. 尝试利用 GIS 绘制 1840 年、1890 年、1912 年、1937 年、1949 年、1978 年、2001 年、2012 年、2020 年的中国交通运输网络图（包括铁路、高铁、公路、高速公路、民航等）。

第七章 新经济地理学:模型扩展

第一节 预备知识

一、异质性

异质性就是不同点或者说差异。世界上没有两片相同的树叶,即使同卵双胞胎也存在细微的差异,所以我们说异质性是绝对的。

为什么早期的模型都是同质的?一个重要的原因是容易构建。物理学便是如此,研究一片树叶随风飘落比较复杂,所以要从匀速直线运动开始研究。区域与城市经济学中的不确定性也是如此。当然,另一个重要原因是前人已经将容易的搞完,剩下的研究只能在前人的肩膀上进行。异质性的研究使得研究更加符合事实,因为数据的来源越来越广。

通过什么变量来刻画一个地区呢?我们谈到江南地区,可能冒出来的想法是富裕、状元多、"小桥流水人家",可能还有美女较多;我们谈到东北,可能想到天气寒冷、老工业基地、"二人转"很流行,还有海南有很多东北人。经济富裕或老工业基地指的是地区经济及其生产率问题,而寒冷、"小桥流水人家"则是一方水土养一方人,涉及风土问题,在区域与城市经济学上可称之为地方品质或城市品质,其他方面可以归为交流成本或摩擦,这个本身就代表了异质性。因此,生产者和消费者都是异质性的,当然政府也是异质性的。区域与城市经济学主要涉及的异质性处理方法一般是生产者的异质性通过加入生产率而解决,消费者的异质性则是通过加入地方品质而解决。

二、概率分布

区域、城市与空间经济学理论模型最常用的概率分布是正态分布、帕累托分布和Fréchet分布。关于生产率的概率分布,则常用帕累托分布和Fréchet分布。Melitz(2003)假设的是生产率服从帕累托分布,而Eaton-Kortum(2002)模型则假设生产率服从 Fréchet 分布。

对于帕累托分布,其累积分布函数(CDF)为:

$$F(x)=1-\left(\frac{k}{x}\right)^{\alpha}, x\geqslant k \tag{7.1}$$

式中,k 为尺度参数,α 为形状参数(Shape Parameter)。相应的概率密度函数(PDF)为:

$$p(x)=\frac{\alpha k^{\alpha}}{x^{\alpha+1}}, x\geqslant k \tag{7.2}$$

帕累托分布的累积分布函数图形如图 7.1 所示。

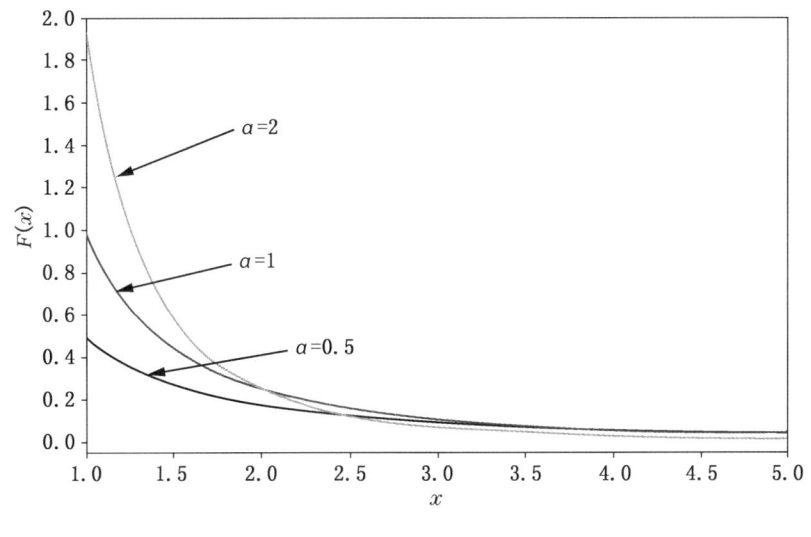

图 7.1 帕累托分布($k=1$)

帕累托分布更通俗的表述方式为二八定律,比如人们的收入分布情况是 20% 的人口占有 80% 的财富。

第二节 NEG 扩展的方向

经济学研究恰似建设一座大厦,需要在前人的基础上添砖加瓦。核心边缘模型主要扩展方向有四个:一是对生产函数进行变换;二是对消费者的效用函数进行变换;三是利用投入-产出联系建模;四是对市场结构进行变换。

对生产函数进行变换主要包括两种方法(见图 7.2):一是变换固定成本 F,比如将固定成本 F 看成每个企业必须使用的一个单位资本 K,或者看成每个企业必须使用一个单位的企业家;二是变换边际成本 c,在核心边缘模型中每个企业的 c 都是一样的,对 c 的变换思路是 c 不再是固定的,而是服从于某一个概率分布,我们把前者称为同质的企业假设,而把后者称为异质性企业假设,以 Melitz(2003)为这方面的代表。

$$l=F+cq$$

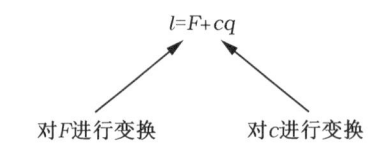

对 F 进行变换　　对 c 进行变换

图 7.2　对生产函数进行变换

对消费者效用函数进行变换主要是改变效用函数的形式,在 CES 效用函数下,我们发现核心边缘模型没有解析解,必须用模拟方法进行处理。改变 CES 效用函数形式可能克服这一不足。Ottaviano 等(2002)是相关代表性论文之一。

第三种模式是利用投入-产出联系建模,使用劳动力和中间产品进行生产,而且劳动力不能跨区域流动,这时候不再是劳动力的收益决定企业的区位,而是通过中间产品的联系决定产业区位。这类模型以 Krugman-Venable(1995)模型为代表。

转换市场结构是第四种方法。核心边缘模型是基于垄断竞争的市场机制,而 Eaton-Kotum(2002)则在完全竞争的市场结构下研究贸易与产业集聚问题,他们的成果直接促使了量化空间经济模型的产生和发展。

创新没止境,新的理论仍在出现。比如与生产者一样,消费者也具有异质性,这方面的理论研究仍需要深化。本章主要介绍 Martin 和 Rogers(1995)的资本流动模型和关于异质性企业理论的 Melitz(2003)模型。

第三节　资本流动模型

一、建模环境

Martin 和 Rogers(1995)提出了一个资本流动的模型,这个模型与核心边缘模型相似,被称为资本流动模型(Footloose Capital Model)。厂商仅使用一种生产要素劳动力,报酬递增,以 Dixit-Stiglitz 垄断竞争为特征。产品不同质,两个地区的产品种类存在差别,由于报酬递增,每家厂商仅仅生产一种产品,产品种类等于厂商个数。两个地区间的贸易成本采用冰山成本,每个企业必须且仅使用一单位的 K 进行生产,企业的生产函数为 $\pi+cq$。劳动力不能跨地区流动,而资本可以流动。

资本流动的方向由资本的名义收益率决定。资本流动的动力方程为：

$$\dot{\lambda} = (\pi - \pi^*)\lambda(1-\lambda) \tag{7.3}$$

式中，$\lambda = \dfrac{n_1}{N}$ 为东部地区的企业份额，相应的 $1-\lambda$ 为西部地区的企业份额。

二、消费者与生产者行为

（一）消费者行为

与 Krugman(1991)一样，通过求解消费者的效用最大化行为可得：

$$q_j = p_j^{-\sigma} P^{\sigma-1} Y = p_j^{-\sigma} P^{\sigma-1} Y \tag{7.4}$$

式中，P 为价格指数。

（二）生产者行为

从上一章我们知道，Krugman(1991)的新经济地理学对典型厂商的生产函数的设定为：

$$l = F + cq \tag{7.5}$$

式中，F 为固定资本，c 边际成本，q 为产量。

采用 Martin 和 Rogers(1995)模型，将上述生产函数变为：

$$l = \pi + cq \tag{7.6}$$

式中，π 为资本的名义收益率。

通过建立生产者利润方程，求解利润最大化，最后可以求得：

$$\pi = \frac{px}{\sigma} \tag{7.7}$$

这与 Krugman(1991)的结果一样。

三、价格指数与利润

这里我们将进一步求出包括多个地区的价格指数和利润方程式。

（一）价格指数

东部地区的价格指数为：

$$P_1^{\sigma-1} = n_1 p^{1-\sigma} + n_2 (\tau \times p)^{1-\sigma} = p^{1-\sigma} \left[\frac{Nn_1}{N} + \tau^{1-\sigma} \frac{Nn_2}{N} \right] = Np^{1-\sigma}[\lambda + \tau^{1-\sigma}(1-\lambda)] \tag{7.8}$$

同理，西部地区的价格指数为：

$$P_2^{\sigma-1} = Np^{1-\sigma}[\tau^{1-\sigma}\lambda + (1-\lambda)] \tag{7.9}$$

（二）资本收益

东部地区的厂商资本收益为：

$$\pi_1 = \frac{pq}{\sigma} = \frac{p(q_1+q_2)}{\sigma} = \frac{p[p^{-\sigma}P_1^{\sigma-1}Y_1 + (p\tau)^{-\sigma}P_2^{\sigma-1}Y_2]}{\sigma}$$

$$= \frac{p^{1-\sigma}[P_1^{\sigma-1}Y_1 + \tau^{1-\sigma}P_2^{\sigma-1}Y_2]}{\sigma} \tag{7.10}$$

式中，pq 是销售量，利润等于销售量乘以系数 $\frac{1}{\sigma}$。将东部地区的销售价格 p 标准化为 1，则：

$$\pi_1 = \frac{P_1^{\sigma-1}Y_1 + \tau^{1-\sigma}P_2^{\sigma-1}Y_2}{\sigma} \tag{7.11}$$

同理，西部的厂商资本收益为：

$$\pi_2 = \frac{\tau^{1-\sigma}P_1^{\sigma-1}Y_1 + P_2^{\sigma-1}Y_2}{\sigma} \tag{7.12}$$

四、空间均衡

空间均衡的条件是资本自由流动下东西部的资本停止流动，这时候有三种情况：第一，东西部的资本收益率相等；第二，东部资本收益高，资本已经全部集聚到东部；第三，西部资本收益高，资本已经全部集聚到西部。第一种情况为内点均衡，第二、第三种情况为集聚均衡。在集聚均衡时，$\lambda=1$ 或 $\lambda=0$；在内点均衡时，$\pi_1=\pi_2$，$0<\lambda<1$，这时，

$$\pi_1 = \frac{P_1^{\sigma-1}Y_1 + \tau^{1-\sigma}P_2^{\sigma-1}Y_2}{\sigma} = \frac{\tau^{1-\sigma}P_1^{\sigma-1}Y_1 + P_2^{\sigma-1}Y_2}{\sigma} = \pi_2$$

$$P_1^{\sigma-1}Y_1 = P_2^{\sigma-1}Y_2$$

$$[\lambda + \tau^{1-\sigma}(1-\lambda)]\frac{Y_1}{Y} = [\tau^{1-\sigma}\lambda + (1-\lambda)]\frac{Y_2}{Y} \tag{7.13}$$

$$[\lambda + \tau^{1-\sigma}(1-\lambda)]k_1 = [\tau^{1-\sigma}\lambda + (1-\lambda)](1-k_1)$$

式中，$k_1 = \frac{Y_1}{Y}$，$k_2 = \frac{Y_2}{Y}$，$k_2 = 1-k_1$。整理可得：

$$\lambda = \frac{1}{2} + \left(\frac{1+\tau^{1-\sigma}}{1-\tau^{1-\sigma}}\right)\left(k_1 - \frac{1}{2}\right) \tag{7.14}$$

贸易成本和市场规模（k_1）共同决定企业的空间分布（λ）。λ 对 k_1 求导：

$$\frac{\partial \lambda}{\partial k_1} = \frac{1+\tau^{1-\sigma}}{1-\tau^{1-\sigma}} > 1 \tag{7.15}$$

一个地区的市场规模越大，该地区集聚的企业就越多，这是内部市场效应。

第四节 异质性企业理论

异质性企业理论模型的代表是 Melitz(2003),该模型将核心边缘模型同质性企业的假设变成生产率不同的异质性企业理论。该模型告诉我们,生产率低于某一门槛(见图 7.3),企业若不能弥补其运营的费用,则企业退出市场;生产率若超越这一门槛,则企业能够正常经营,在国内进行生产与销售;生产率更高的企业,不仅可以在国内生产和销售,还可以将产品出口国外。Melitz(2003)主要在 Krugman(1980,1991)和 Hopenhayn(1992)模型的基础上发展起来,前者主要涉及报酬递增与垄断竞争,而后者则论述了企业在自由基础市场条件下的均衡条件。Melitz(2003)模型后,出现了大量对该模型的扩展文献,如 Chaney(2008)、Arkolakis(2022)、Melitz 和 Ottaviano(2008)、Helpman 等(2010)。本节只简单地介绍模型的基本内容,并未给出模型的完整的空间均衡求解,详细的推导过程可见 Melitz(2003)。

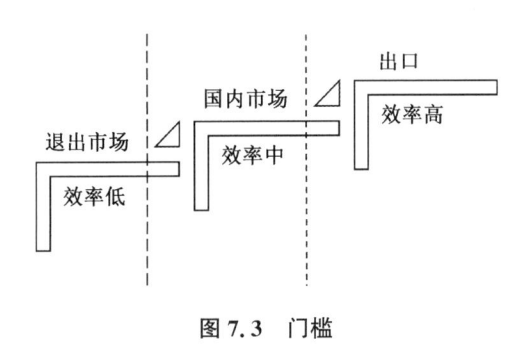

图 7.3 门槛

一、建模环境

Melitz(2003)异质性体现在企业的效率上,企业效率 φ 有大有小,一般假设 φ 服从帕累托分布,其分布的概率密度和累积概率密度见式(7.1)和式(7.2)。其他假设与核心边缘模型一致。

二、消费者行为

一个代表性消费者的效用函数为:

$$U = \left[\int_{\omega \in \Omega} q(\omega)^{\frac{\sigma-1}{\sigma}} \mathrm{d}\omega \right]^{\frac{\sigma}{\sigma-1}} \quad (7.16)$$

约束条件为：

$$\int_{\omega\in\Omega}p(\omega)q(\omega)\mathrm{d}\omega=Y \tag{7.17}$$

式(7.16)是式(7.17)的 CES 函数的连续形式，Y 为产品的总支出。消费者的效用来自消费多样性的工业品，Ω 是多样性工业品组成的集合，有时候假设为$(0,\infty)$，有时候假设为$(0,1)$。

求解这个最优规划问题，建立拉格朗日方程：

$$L=\left[\int_{\omega\in\Omega}q(\omega)^{\frac{\sigma-1}{\sigma}}\mathrm{d}\omega\right]^{\frac{\sigma}{\sigma-1}}+\lambda\left[Y-\int_{\omega\in\Omega}p(\omega)q(\omega)\mathrm{d}\omega\right] \tag{7.18}$$

一阶条件为：

$$\frac{\partial L}{\partial q(\omega)}=q(\omega)^{\frac{-1}{\sigma}}\left[\int_{\omega\in\Omega}q(\omega)^{\frac{\sigma-1}{\sigma}}\mathrm{d}\omega\right]^{\frac{1}{\sigma-1}}-\lambda p(\omega)=0 \tag{7.19}$$

$$q(\omega)^{\frac{-1}{\sigma}}U^{\frac{1}{\sigma}}=\lambda p(\omega) \tag{7.20}$$

$$p(\omega)q(\omega)=U\lambda^{-\sigma}p(\omega)^{1-\sigma} \tag{7.21}$$

我们分别将上式及其 $q(\omega)$ 的表达式带进约束方程和效用函数，就可以得到以下数据。

价格指数为：

$$P=\left[\int_{\omega\in\Omega}p(\omega)^{1-\sigma}\mathrm{d}\omega\right]^{\frac{1}{\sigma-1}} \tag{7.22}$$

工业产品 ω 的消费量为：

$$q(\omega)=\frac{Y}{P}\left[\frac{p(\omega)}{P}\right]^{-\sigma} \tag{7.23}$$

消费者在工业产品 ω 上的支出为：

$$r(\omega)=p(\omega)q(\omega)=Y\times\left[\frac{p(\omega)}{P}\right]^{1-\sigma} \tag{7.24}$$

三、生产者行为

(一)封闭经济：仅有一个区位

企业仅使用一种生产要素(劳动力)进行生产，劳动力的工资单位化为 1，要素投入为：

$$l=F+\frac{q}{z} \tag{7.25}$$

这与核心边缘基本类似，q 的系数由原来的边际成本 c 变成了 $\frac{c}{z}$，只是这里假设 $c=1$，z 被称为企业的生产率。

企业的利润函数为：

$$\pi(z)=r(z)-l(z)=p(z)q(z)-F-\frac{q}{z}=Y(P\rho z)^{\sigma-1}-F-\frac{q}{z} \tag{7.26}$$

根据上式，求出均衡价格：

$$p(z)=\frac{1}{\rho z} \tag{7.27}$$

可见，企业的生产率 z 越高，该企业的产品价格 p 越低。这时，

$$q(z)=\frac{Y}{P}\left[\frac{p(z)}{P}\right]^{-\sigma}=\frac{Y}{P}\left(\frac{1}{P\rho z}\right)^{-\sigma}=YP^{\sigma-1}(\rho z)^{\sigma} \tag{7.28}$$

$$r(z)=p(z)q(z)=Y\left[\frac{p(z)}{P}\right]^{1-\sigma}=YP^{\sigma-1}(\rho z)^{\sigma-1} \tag{7.29}$$

$$\pi(z)=r(z)-l(z)=\frac{r(z)}{\sigma}-F \tag{7.30}$$

由此可得：

$$\frac{r(z_1)}{r(z_2)}=\left(\frac{z_1}{z_2}\right)^{\sigma-1} \tag{7.31}$$

由于 $\sigma>1$，两个企业的收入之比与它们的生产率之比正相关，高生产率的企业收入更高。

(二) 开放经济：多个区位

根据上式，企业产品价格为 $p(z)=\frac{1}{\rho z}$。如果产品出口到其他国家或地区，则产品价格为：

$$p_x(z)=\frac{\tau}{\rho z} \tag{7.32}$$

式中，τ 为冰川成本。

在没有出口的情况下，企业的收入为：

$$r(z)=p(z)q(z)=YP^{\sigma-1}(\rho z)^{\sigma-1} \tag{7.33}$$

在有出口的情况下，企业的收入为：

$$r_x(z)=p_x(z)q(z)=\tau^{1-\sigma}r(z) \tag{7.34}$$

企业的总收入可以分成两种情况。一种情况是不出口，总收入为：

$$R(z)=r(z) \tag{7.35}$$

另一种情况为出口，总收入为：

$$R(z)=r(z)+nr_x(z) \tag{7.36}$$

企业的利润函数为：

$$\pi(z) = r(z) - l(z) = \frac{r(z)}{\sigma} - F \tag{7.37}$$

在出口的情况下,企业的利润函数为:

$$\pi_x(z) = \frac{r_x(z)}{\sigma} - F_x \tag{7.38}$$

企业的总利润为:

$$\Pi(z) = \pi(z) + \max(0, n\pi_x(z)) \tag{7.39}$$

四、零利润与自由进出条件

(一)零利润条件

企业进入市场前并不知道自己的生产力水平,进入市场后才了解自己的生产力情况。进入市场后,由于各种原因破产清算的企业总是存在,企业的死亡概率为 δ,生存概率为 $1-\delta$。一个企业的预期现值为:

$$NPV(z) = \max\left\{0, \sum_{t=0}^{\infty}(1-\delta)^t \pi(z)\right\} = \max\left\{0, \frac{\pi(z)}{\delta}\right\} \tag{7.40}$$

企业可能生存多期,企业的死亡率为 δ,生存率为 $1-\delta$,企业每年利润为 π,则企业的价值为每年利润的折现再乘以其生存率,这里的企业生存率相当于折现率。

令 π 等于 0,即:

$$\pi(z) = r(z) - l(z) = \frac{r(z)}{\sigma} - F = 0 \tag{7.41}$$

可以得出:

$$\pi(z^*) = 0 \text{ 或者 } r(z^*) = F\sigma \tag{7.42}$$

这是生产率最低企业的条件,低于这个生产率 z^*,企业就没法弥补开办费用 F,只有在此生产率之上,才可能进行正常生产。因此,z^* 被称为零利润生产率条件。

(二)自由进出条件

成功进入的企业为 $1-\xi(z^*)$,进入企业的净现值为:

$$\text{NPV} = [1-\xi(z^*)]\sum_{t=0}^{\infty}(1-\delta)^t \bar{\pi} - F = [1-\xi(z^*)]\frac{\bar{\pi}}{\delta} - F \tag{7.43}$$

若净现值 NPV≥0,则可以得出企业自由进入的条件为:

$$\bar{\pi} = \frac{\delta F}{1-\xi(z^*)} \tag{7.44}$$

上述两个条件都是企业在一国或一地区之内的临界条件。开放经济条件下即考虑产品出口情况下的两个条件的推导过程更为复杂,参见 Melitz(2003),本节不再赘述。

参考文献

[1] Allen T, Arkolakis C. The Welfare Effects of Transportation Infrastructure Improvements [J]. *The Review of Economic Studies*, 2022, 89(6).

[2] Baldwin R, Okubo T. Heterogeneous Firms, Agglomeration and Economic Geography: Spatial Selection and Sorting [J]. *Journal of Economic Geography*, 2006(6).

[3] Baldwin R, Forslid R, Martin P, et al. *Economic Geography and Public Policy* [M]. New Jersey: Princeton University Press, 2005.

[4] Bernard A B, Eaton J, Jensen J B, et al. Plants and Productivity in International Trade [J]. *American Economic Review*, 2003, 93(4).

[5] Chaney T. Distorted Gravity: The Intensive and Extensive Margins of International Trade [J]. *American Economic Review*, 2008, 98(4).

[6] Dornbusch R, Fisher S, Samuelson P. Comparative Advantage, Trade, and Payments in a Ricardian Model with a Continuum of Goods [J]. *American Economic Review*, 1977, 67(4).

[7] Krugman P, Venables A J. Globalization and the Inequality of Nations [J]. *Quarterly Journal of Economics*, 1995, 110(4).

[8] Melitz M. The Impact of Trade on Aggregate Industry Productivity and Intraindustry Reallocations [J]. *Econometrica*, 2003, 71(6).

[9] Martin P, Rogers C A. Industrial Location and Public Infrastructure [J]. *Journal of International Economics*, 1995, 39(3—4).

[10] Ottaviano G, Tabuchi T, Thisse J-F. Agglomeration and Trade Revisited [J]. *International Economic Review*, 2002, 43(2).

[11] Donaldson D. Railroads of the Raj: Estimating the Impact of Transportation Infrastructure [J]. *American Economic Review*, 2018, 108(4—5).

[12] Helpman E, Itskhoki O, Redding S. Inequality and Unemployment in a Global Economy [J]. *Econometrica*, 2010, 78(4).

[13] Eaton Jonathan and Samuel Kortum. Technology, Geography, and Trade [J]. *Econometrica*, 2002, 70(5).

思考与练习

1. 如果帕累托分布的概率密度函数（PDF）为 $p(x)=\dfrac{ak^a}{x^{a+1}}, x \geqslant k$。试证明：①期望 $E(x)=\dfrac{ak}{k-1}$；②方差 $Var(x)=\dfrac{ka^2}{(k-1)^2(k-2)}$。

2. 下图是区位 A 到区位 D 的路径图，从 A 到 B 需要经过 B_1 或 B_2，然后到 C_1 或 C_2 或 C_3，AB_1 的冰山成本为 2，AB_2 的冰山成本为 3，其他区位之间的冰山成本均已标示于图上。试求 A 到

D 的最小冰山成本。

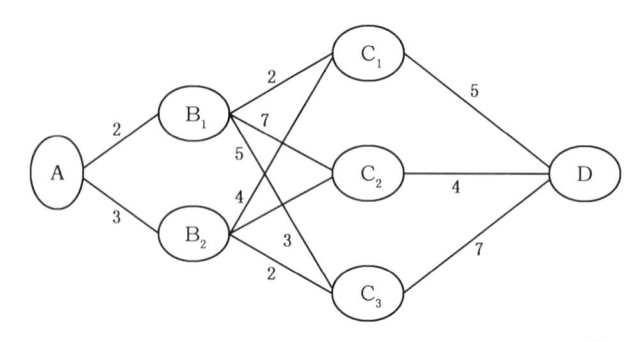

3. 定义一个生存年限为无限期的企业的价值函数为 $v(z) = \max\left\{0, \sum_{t=0}^{\infty}(1-\delta)^t \pi(z)\right\}$，其中，$z$ 为企业的生产率，t 为时间，δ 为每期退出市场的概率，$\pi(z)$ 为企业每期的利润。试证明 $v(z) = \max\left\{0, \dfrac{\pi(z)}{\delta}\right\}$。

4. 企业生产率为 z，z 服从概率密度为 $\mu(z)$ 的 $(0, \infty)$ 的概率分布，请阐述以下两式含义：①$\bar{z} = \int_0^{\infty} \mu(z) \mathrm{d}z$；②$\bar{z} = \left[\int_0^{\infty} z^{\sigma-1} \mu(z) \mathrm{d}z\right]^{\frac{1}{\sigma-1}}$。

5. Melitz(2003)模型假设厂商行为中 $l = F + \dfrac{q}{z}$，如果 z 服从帕累托分布，则其累积分布密度为 $F(z) = 1 - \left(\dfrac{1}{z}\right)^{\alpha}$，$x \geqslant 1$。在单一区位(封闭经济)下，完成下列练习：①写出厂商的利润方程式；②求出均衡价格。

6. 在垄断竞争的市场结构下，一典型企业使用两种生产要素进行生产：一种是劳动力 L，一种是中间产品 K。生产函数为 $F + cq = L^{1-\delta} K^{\delta}$，其中，$F$ 为固定成本，q 为产量，c 为边际成本。相应的成本函数为 $C(q) = w^{1-\delta} G^{\delta}(F + cq)$，其中，价格为劳动与中间投入品的加权 $w^{1-\delta} G^{\delta}$。试证明：① $p = \dfrac{\sigma c}{\sigma - 1} w^{1-\delta} G^{\delta}$；② $q = \dfrac{(\sigma - 1)F}{c}$。

7. 在地区 i 的生产厂商的生产要素为劳动，生产产品 j 的函数为 $l_i(j) = F + \dfrac{x_i(j)}{A_i}$，企业自由进入进出市场。试证明 $x_i(j) = A_i(\sigma - 1)F$。

8. 接第六章第8题，消费者的效用函数与约束条件均不变，j 区位厂商的价格为 $p_{ij} = \dfrac{w_i}{A_i} \tau_{ij}$。①证明区位 j 的总支出为 $E_{ij} = \tau_{ij}^{1-\sigma} \left(\dfrac{w_i}{A_i}\right)^{1-\sigma} P_j^{1-\sigma} w_j L_j$。②上式的右边可以分为三项：$\tau_{ij}^{1-\sigma}$、$\left(\dfrac{w_i}{A_i}\right)^{1-\sigma}$ 和 $P_j^{1-\sigma} w_j L_j$，分别解释这三项的含义。③根据上式做实证研究，将第一项看作距离，第二项看成区位 i 的固定效应，第三项看成区位 j 的固定效应，上述做法是否有道理？

9. 生产者生产两种产品：一种是中间产品，另一种是最终产品。中间产品是非贸易品，在城市之间的贸易成本无穷大；最终产品是贸易品，城市之间的贸易成本为零。对于中间产品，m 个中间产品部门雇佣部门专用性人力资本，部门的产出为 CES 生产函数形式：$y_i^j = $

$$\left\{\int_0^n \left[x_i^j(\omega)\right]^{\frac{1}{1+\varepsilon}} dh\right\}^{1+\varepsilon}$$。

中间产品的生产是垄断竞争、报酬递增、厂商自由进入。每个中间部门的生产函数为 $l_i^j(\omega) = \beta x_i^j(\omega) + \alpha$，意思是 i 城市 j 部门生产 ω 种类的产品的需求函数。请证明：① 在均衡时候每个种类的销售价格为 $p_i^j(\omega) = (1+\varepsilon)\beta w_i^j(\omega)$；② i 城市 j 部门的中间产品的价格指数为 $P_i^j = \{\int [p_i^j(\omega)]^{-\frac{1}{\varepsilon}} d\omega\}^{-\varepsilon}$；③ j 部门的价格与其工资水平和雇佣人数有关，即 $P_i^j = w_i^j(l_i^j)^{-\varepsilon}$。

10. 一个经济体由 N 个区位构成 ($i = 1, \cdots, N$)，各区位之间的贸易运输成本为 0，每个区位的消费者都是同质的，消费者消费 j ($k = 1, 2, 3, \cdots, K$) 部门的 ω ($\omega = 1, 2, 3, \cdots, \Theta$) 种类产品。消费者的效用函数为 $U_i = \sum_{j=1}^{J} \{\int_{\omega=1}^{\Omega} [x_i^j(\omega)]^{1-\frac{1}{\sigma_j}} d\omega\}^{\frac{1}{1-\frac{1}{\sigma_j}}}$，其中，$x_i^k(\omega)$ 为 i 区位消费 k 部门 ω 种类的工业品。$p_i^j(\omega)$ 为这种工业品的相应价格，消费者的支出为 $E_i = \sum_{j=1}^{J} \{\int_{\omega=1}^{\Omega} p_i^j(\omega) x_i^j(\omega) d\omega\} \equiv \sum_{j=1}^{J} E_j$。试证明：① 区位 i 部门 j 价格指数可以表示为 $P_i^j = \{\int_{\omega=1}^{\Omega} [p_i^j(\omega)]^{1-\sigma_j} d\omega\}^{\frac{1}{1-\sigma_j}}$；② 区位 i 消费者消费 j 部门 ω 工业品为 $x_i^j(\omega) = \left[\frac{p_i^j(\omega)}{P_i^j}\right]^{-\sigma_j} \frac{E_i^j}{P_i^j}$。

11. Combes 等 (2006) 利用工人工资与生活成本的权衡来说明城市规模问题。随着城市规模的增加，工人名义工资增加，这种现象称为"工资溢价"，同时城市规模中大城市的生活成本也会增加，最主要的方面是住房成本的增加。当城市规模达到 N_B 时，工人的净工资收益即保留效益最大，这是社会最优的城市规模，当城市规模达到 N^*，劳动力供给曲线与净工资曲线相交，这时候城市规模达到最大。请以下图说明之。

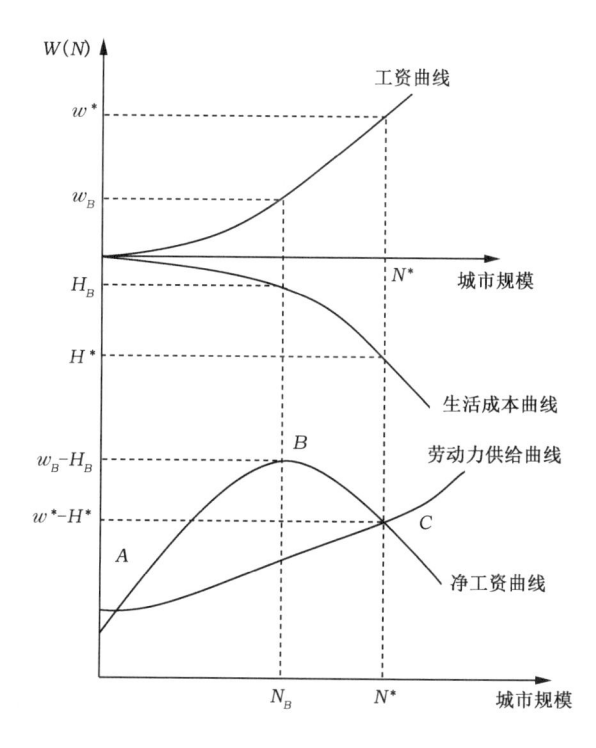

12. 熟悉中国工业企业数据库,利用 Brandt(2012)的方法或其他方法,将中国工业企业数据库变换成面板数据,并将工业企业数据库与海关数据库匹配成一个数据库。

13. 利用上题的中国工业企业数据库,运用 Olley-Pakes(1996)方法估算中国工业企业的全要素生产率(TFP)。

14. 利用上题的中国工业企业数据库与海关数据库匹配而成的新数据库,实证分析中国进出口的影响,验证引力方程。

15. 利用上题的微观数据实证分析:①影响中国出口产品质量的因素是什么?②进口对中国环境质量有什么影响?③测算中国参与 GVC 的程度。

16. 产业内贸易是一个区位(国家或地区)与另一个区位(国家或地区)同一个产业内部的贸易。Grubel 和 Lloyd(1971)提出了产业内贸易指数,被称为 Grubel-Lloyd Index。$GL_i = 1 - \frac{|X_i - M_i|}{X_i + M_i}$,其中,$X_i$ 为某产品的出口,M_i 为某产品的进口,$0 \leqslant GL \leqslant 1$。如果 $GL=1$,那么只有产业内贸易,而没有产业之间的贸易;如果 $GL=0$,则没有产业内贸易,只有产业之间的贸易。请计算:①中国与德国之间的 GL 指数;②广东省与江苏省的 GL 指数。

17. Harris(1954) 定义市场区位 i 的市场潜力指数为 $MP_i = \sum_{j=1}^{N} \frac{Y_j}{\tau_{ij}} = \frac{Y_1}{\tau_{i1}} + \frac{Y_2}{\tau_{i2}} + \cdots + \frac{Y_N}{\tau_{iN}}$,其中,$j = 1,2,3,\cdots,N$ 为其他区位(城市或国家),Y 为区位的市场规模(人口或 GDP 等)。①请解释市场潜力指数的含义;②如果市场潜力指数变为 $MP_i = \sum_{j=1}^{N} \frac{Y_j}{\tau_{ij}^{1-\sigma}}$,请解释此含义;③计算中国省会城市与其他地级市之间的市场潜力指数。

第八章　量化空间模型

第一节　预备知识

一、极值分布

现在我们来介绍在量化空间模型里应用非常广泛的 Fréchet 分布，Fréchet 分布属于极值分布，这是一种概率分布形式。极值有极大值与极小值之分。我们会时常遇到这种说法："这是百年不遇的大雨，这是百年不遇的低温。"前者是极大值，是说降雨量大；后者是极小值，是说温度低。那么，这种极大值或极小值服从什么分布呢？我们说它们服从于极值分布。极值分布有三种类型，其中 Fréchet 分布属于第二种类型。

（一）Gumbel 分布（Ⅰ型分布）

X～Gumbel(μ,β)，它的概率密度函数为：

$$g(x)=\frac{1}{\beta}\exp\left[\left(\frac{x-\mu}{\beta}\right)-\exp\left(\frac{x-\mu}{\beta}\right)\right],\beta>0 \tag{8.1}$$

（二）Weibull 分布（Ⅲ型分布）

X～Weibull(α,β)，它的概率密度函数为：

$$w(x)=\begin{cases}\alpha\beta(\beta x)^{\alpha-1}\exp[-(\beta x)^{\alpha}],x\geqslant 0,\alpha>0,\beta>0\\ 0,x<0\end{cases} \tag{8.2}$$

（三）Fréchet 分布（Ⅱ型分布）

随机变量 z 服从 Fréchet 分布，它的概率密度函数为：

$$f(z)=Tz^{-\theta-1}e^{-Tz^{-\theta}} \tag{8.3}$$

累积概率分布函数（CDF）为：

$$F(z)=e^{-Tz^{-\theta}} \tag{8.4}$$

式中，$T>0,\theta>1$，见图 8.1。在量化空间模型中，随机变量 z 为企业的生产率，T 代表一个区位的绝对生产率优势，而 θ 则代表一个地区相对生产率优势。

图 8.1 Fréchet 分布

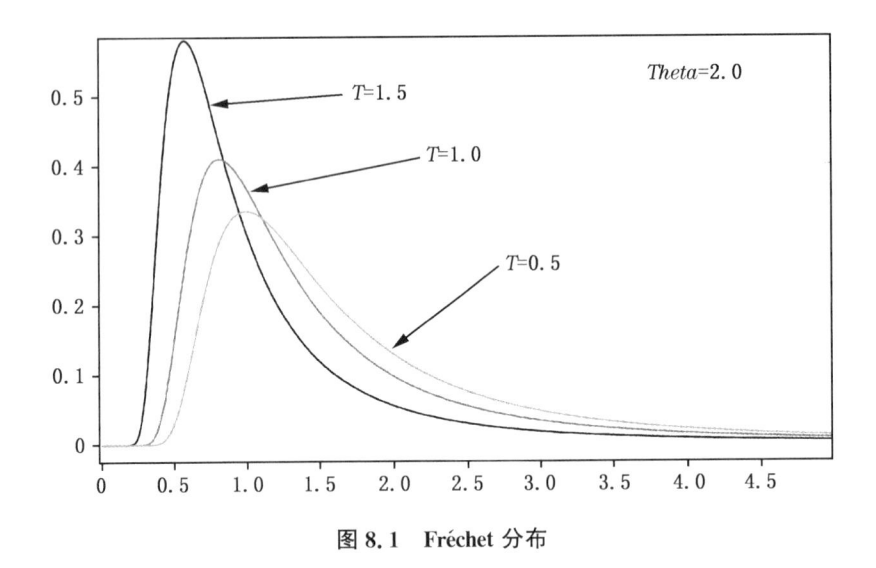

Frechet 分布的简单性质为：

(1)如果 $z \sim F(\theta, T)$，那么 $kz+b \sim F(\theta, kT)$；

(2)如果 $z \sim F(\theta, T)$，$Y = \max\{z_1, z_2, \cdots, z_n\}$，那么 $Y \sim F(\theta, n^{\frac{1}{\theta}}T)$；

(3)数学期望 $E(z) = T^{-\frac{1}{\theta}} \varepsilon\left(1 - \frac{1}{\theta}\right)$，$\theta > 1$，其中 $\varepsilon(\cdot)$ 为 Gamma 函数；

(4)如果 $z_1 \sim F(\theta, T_1)$，$z_2 \sim F(\theta, T_2)$，则 $Pr(z_1 < z_2) = \dfrac{T_2}{T_1 + T_2}$。

现在证明上述第 4 个性质：

$$\begin{aligned}
Pr(z_1 < z_2) &= \int_0^\infty F(z_1) \, \mathrm{d}F(z_2) = \int_0^\infty e^{-T_1 z^{-\theta}} \mathrm{d}e^{-T_2 z^{-\theta}} \\
&= \int_0^\infty e^{-T_1 z^{-\theta}} e^{-T_2 z^{-\theta}} (-T_2)(-\theta) z^{-\theta-1} \mathrm{d}z = \int_0^\infty e^{-(T_1+T_2) z^{-\theta}} T_2 \theta z^{-\theta-1} \mathrm{d}z \\
&= \frac{T_2}{T_1 + T_2} \int_0^\infty e^{-(T_1+T_2) z^{-\theta}} (T_1 + T_2) \theta z^{-\theta-1} \mathrm{d}z = \frac{T_2}{T_1 + T_2}
\end{aligned}$$

正是由于 Fréchet 分布这样的性质，特别是第 4 个性质，数学形式简单，经济学意义明显，它才能获得区域与城市经济学家们的青睐。

Fréchet 分布的第 3 个质涉及 Gamma 函数，下面介绍 Gamma 函数及其分布。

二、Gamma 分布

(一)Gamma 函数

Gamma 函数的定义为：

$$\Gamma(z) = \int_0^\infty x^{z-1} e^{-x} \, \mathrm{d}x \tag{8.5}$$

它有如下这些很有意思的性质：

(1) $\Gamma(n+1) = n! = n \times (n-1) \times \cdots \times 2 \times 1$, $n \geq 0$ 为整数，所以可以看出是阶乘概念的推广；

(2) $\Gamma(z+1) = z\Gamma(z)$。

（二）Gamma 分布

设随机变量 X～Gamma(z,λ)，则它的密度函数为：

$$f(x) = \frac{\lambda^z x^{\alpha-1} e^{-\lambda x}}{\Gamma(z)}, x > 0 \tag{8.6}$$

Gamma 分布有如下性质：

(1) 期望 $EX = \frac{\alpha}{\lambda}$；

(2) 方差 $Var(X) = \frac{\alpha}{\lambda^2}$。

三、条件概率

随机事件 A、B 发生的概率为 $Pr(A)$、$Pr(B)$，则称 $Pr(A|B)$ 为事件 B 发生的条件下的事件 A 发生的概率。同理，$Pr(B|A)$ 为事件 A 发生条件下的事件 B 发生的概率。如果整个事件只有 A 和 B 构成，则：

$$Pr(A \cap B) = Pr(A|B) \times Pr(A) \tag{8.7}$$

如果事件 $B_1, B_2, \cdots, B_n$ 是对样本空间 Ω 的一个划分，即 $\Omega = B_1 \cup B_2 \cup \cdots \cup B_n$，则对于事件 A 来说，

$$\begin{aligned} Pr(A) &= \sum_{i=1}^n Pr(B_i) Pr(A|B_i) \\ &= Pr(B_1) Pr(A|B_1) + Pr(B_2) Pr(A|B_2) + \cdots + Pr(B_n) Pr(A|B_n) \end{aligned} \tag{8.8}$$

$$Pr(B_i | A) = \frac{Pr(AB_i)}{Pr(A)} = \frac{Pr(B_i) \times Pr(A|B_i)}{\sum_{i=1}^n Pr(B_i) Pr(A|B_i)} \tag{8.9}$$

这个公式称作贝叶斯公式。我们可以写成与上式等价的形式：

$$Pr(B_i | A) = \frac{Pr(B_i) \times Pr(A|B_i)}{\sum_{i=j}^n Pr(B_j) Pr(A|B_j)} \tag{8.10}$$

这个式子只是将分母中的 i 换成了 j。

一个城市有 N 个小区,居住在 n 小区而在 i 小区就业的概率为:

$$\lambda_{(ni|n)} = \frac{\left(\frac{w_i}{\tau_{ni}}\right)^\varepsilon}{\sum_{s=1}^{N}\left(\frac{w_s}{\tau_{ns}}\right)^\varepsilon} \tag{8.11}$$

这是个条件概率,其中,w_i 为 i 小区就业的工资,τ_{ni} 是 n 区位到 i 区位的通勤费用,ε 为参数。这个条件概率是量化空间模型经常遇到的,它与贝叶斯公式有相似的形式,也有类似的含义。

四、引力模型

Huff(1963)提出的零售商业模型是一个重力模型的变形。一个城市共有 N 家商店,S_j 是 $j(j=1,2,3,\cdots,N)$ 商店的规模,τ_{ij} 是消费者 i 到 j 商店的距离或运输成本,商店规模越大吸引力越强,消费者到商店的距离越近越可能去购物,那么 i 消费者到 j 商店购物的概率可以表示为:

$$\pi_{ij} = \frac{\frac{S_j}{\tau_{ij}^\lambda}}{\sum_{j=1}^{N}\frac{S_j}{\tau_{ij}^\lambda}} \tag{8.12}$$

式中,λ 为系数。

如果不考虑运输问题,则上式变为:

$$\pi_{ij} = \frac{S_j}{S_1 + S_2 + \cdots + S_j + \cdots + S_N} \tag{8.13}$$

式中,分子是 j 商店的规模,分母是这个城市各个商店的总规模。在这个式子的基础上加上运输成本系数则变成了上上式。

如果商店的规模 S_j 等于消费者的支出额 c_j,则变为:

$$\pi_{ij} = \frac{c_j \tau_{ij}^\lambda}{\sum_{j=1}^{N} c_j \tau_{ij}^\lambda} \tag{8.14}$$

第二节 量化空间

一、含义

量化空间模型者,量指的是数据,空间指的是城市与空间经济模型,量化空间为适应数据发展的城市与空间模型,或者说数据与模型更加匹配的城市与空间模型,量化空间模型主要是为了解决理论模型与数据不匹配的问题。Krugman(1991)的新经济地理学是求解一组方程,但这组方程没有显示解,只好用数值模拟的方法来解决,而多中心城市经济模型也是采取数值模拟的方法,完全与理论模型匹配的实证研究难以完成。由于将异质性等纳入理论,加之数据特别是微观数据的获得越来越容易,不仅包括国际贸易的企业数据,还包括城市的房价、企业、居民通勤等数据,在这种情况下,新的理论模型与数据的相互匹配度越高,越适应这种趋势的发展,因此被 Redding 和 Rossi-Hansberg(2017)称为量化空间的模型应运而生。量化空间模型经过 Krugman(1991)、Helpman(1998)、Eaton 和 Kortum(2002)、Melitz(2003)、Allen 和 Arkolakis(2015)、Caliendo 等(2015)、Desmet 和 Rossi-Hansberg(2014)、Ahlfeldt 等(2015)、Redding(2016)、Monte 等(2018)发展,现在越来越成熟。量化空间模型更好地应用了异质性的地理条件、生产率、地方品质、当地要素、通勤成本等这些越来越多的数据。量化空间模型也更容易进行反事实的模拟从而更加容易得出符合实际的政策。更重要的是,无论是 Krugman(1991)的核心边缘模型,还是 Melitz(2003)异质贸易理论模型,主要探讨的都是商品的流动,通过商品的流动(价格指数加入空间因素)的假设求解工人的流动,从而是产业的区位;而量化空间模型如 Redding(2016)、Redding-RossiHansberg(2018),改造为城市经济模型的 Eaton-Kortum(2002)则直接探讨消费者的流动及其概率,研究工作在 A 社区的人口比重(概率)、工作在 A 社区而居住在 B 社区的人口比重(概率)问题,使得量化空间模型可以更好地解释城市的资源的空间配置。

表 8.1 列出了几个经典模型的一些特征。

表 8.1   几个经典模型的特征

模型	市场结构	生产率	城市品质	土地市场
Krugman(1991) 新经济地理	垄断竞争	同质	无	无
Rosen(1979) Robak(1982) 城市体系	完全竞争	异质	有(可以 Fréchet 分布)	有
Melitz(2003) 异质贸易理论	垄断竞争	异质(Pareto 分布)	无	无
Eaton-Kortum (2002)	完全竞争	异质(Fréchet 分布)	无	无
Redding(2016)	完全竞争	异质(Fréchet 分布)	无	有
Redding 和 Rossi-Hansberg(2018)	垄断竞争	异质(Fréchet 分布)	无	有

二、建模菜单

Redding 和 Rossi-Hansberg(2017)给出了量化空间模型的建模菜单,这个菜单包括以下几部分:

(一)消费者

消费者的效用函数可以是同质的产品,如 Krugman(1991),或者不同质的产品,如 Eaton 和 Kortum(2002),有时还要加上住房需求(量化城市模型);消费者可以是确定的,或者来自地方品质冲击(Fréchet 分布)等。

求消费者的效用最大化。

求消费者的马歇尔需求函数,并求出价格指数。

(二)生产者

生产者可以是完全竞争和规模报酬的,如 Eaton 和 Kortum(2002)模型,也可以是垄断竞争和报酬递增的,如 Krugman(1991)。生产率可以是同质的,如 Krugman(1991),也可以是异质的,如 Melitz(2003)。当然,生产函数中可以加入土地等要素,这一般涉及城市模型。

求解生产者的利润最大化,由于是自由进出条件,均衡时生产者的利润等于零。

求出均衡时的价格和产量。

(三)要素特征

量化空间模型的流动性要素主要包括贸易品、劳动力和思想。

贸易品一般遵循冰山成本,有时候假设贸易成本是固定的,有时候假设贸易成本是可变的。均衡时,商品的输出等于输入。求出重力方程。

劳动力主要考虑劳动力的迁移成本,多用在贸易模型中;通勤成本,多用在城市模型中。求出重力方程。

(四)空间均衡

空间均衡的条件一般是商品的贸易均衡,消费者的区位选择均衡、生产者自由进出的均衡等。详细内容见表 8.2。

表 8.2　　　　　　　　　　量化空间模型建模菜单

菜单	菜品
消费者	同质或异质的产品需求 单一或多个部门 外生品质或内生品质 消费中的不可移动产品(如土地) 普通的或特殊的偏好(特殊的偏好需要利用 Frechet 分布等来表达)

续表

菜单	菜品
生产者	规模报酬或报酬递增 外生的生产率差异或内生的生产率差异 投入-产出关联 生产中的不可移动要素（如土地）
贸易品技术	可变或固定的贸易成本 对称的或非对称的运输成本 地理或经济摩擦 非贸易品
思想流动技术	知识溢出和扩散 创新 思想的可转移性
劳动力流动	迁移成本 通勤和通勤成本 迁移主体的异质性 交通拥挤
禀赋	人口和技能 空间范围和单位 资本和基础设施
均衡	市场结构（规模报酬不变和完全竞争；报酬递增和垄断竞争） 一般均衡或局部均衡 土地所有者与地租分布 贸易平衡

资料来源 Redding 和 Rossi-Hansberg(2017)。

第三节 Eaton-Kortum(2002)模型

Eaton-Kortum(2002)模型的基础来自 Dornbusch-Fischer-Samuelson(1977)，是国际贸易的重要理论模型，该模型提出后被移植到区域与城市经济学领域，成为量化空间模型和量化城市模型的基础模型。

一、建模环境

一个经济体有 N 个区位（$i=1,2,\cdots,N$），区位可能是国家、地区、城市或者街区。该经济体的主体是消费者和生产者，一个区位的典型消费者效用函数与 Melitz(2003)基本相同，也是采取 CES 效用函数形式。市场结构为完全竞争的市场，生产者皆生产同质的产品，不同于 Krugman(1991)的垄断竞争结构中的边际成本加成定价方法，完全竞争条件下厂商以边际成本定价，厂商是价格的接受者，不能改变市场的价格，而且厂商之间没有策略相互作用。厂商的生产率是异质的,生产率分布服从于 Fréchet 分布。

二、消费者

在区位 n 的一个代表性消费者的效用函数,采取的 CES 形式为:

$$U = \left[\int_0^1 q_n(\omega)^{\frac{\sigma-1}{\sigma}} d\omega \right]^{\frac{\sigma}{\sigma-1}} \tag{8.15}$$

消费者的约束条件为:

$$\int_0^1 p_n(\omega) q_n(\omega) d\omega = X_n \tag{8.16}$$

求解这个最优规划,构建拉格朗日方程:

$$L = \left[\int_0^1 q_n(\omega)^{\frac{\sigma-1}{\sigma}} d\omega \right]^{\frac{\sigma}{\sigma-1}} + \lambda \left[X_n - \int_0^1 p_n(\omega) q_n(\omega) d\omega \right] \tag{8.17}$$

一阶条件为:

$$\frac{\partial L}{\partial q_n(\omega)} = q(\omega)^{\frac{-1}{\sigma}} \left[\int_0^1 q_n(\omega)^{\frac{\sigma-1}{\sigma}} d\omega \right]^{\frac{1}{\sigma-1}} - \lambda p_n(\omega) = 0 \tag{8.18}$$

$$q_n(\omega)^{\frac{-1}{\sigma}} U^{\frac{1}{\sigma}} = \lambda p(\omega) \tag{8.19}$$

$$p(\omega) q_n(\omega) = U \lambda^{-\sigma} p(\omega)^{1-\sigma} \tag{8.20}$$

我们分别将上式及其 $q(\omega)$ 的表达式带进约束方程和效用函数,可以得到价格指数为:

$$P_n = \left(\int_0^1 (p_n(\omega))^{1-\sigma} d\omega \right)^{\frac{1}{1-\sigma}} \tag{8.21}$$

三、厂商行为

一个典型厂商的投入成本为 c_i,投入要素为劳动力和中间产品,产出的产品都是同质的,市场结构为完全竞争。

在第 i 个区位生产产品 ω 的劳动生产率为 $z_i(\omega)$,在 i 区位单位产品 ω 的生产成本则为 $\frac{c_i}{z_i(\omega)}$。

冰山成本为 τ_{ni},考虑到从区位 n 到区位 i 的运输成本,$\tau_{ni} > 1$,在 n 购买 i 国生产的产品,其价格为:

$$p_{ni}(\omega) = \frac{c_i}{z_i(\omega)} \tau_{ni} \tag{8.22}$$

地区有几个消费者将从 $i = 1, 2, \cdots, N$ 个区位来的商品中选择最低的价格:

$$p_n(\omega) = \min \{ p_{ni}(\omega), i = 1, 2, 3, \cdots, N \} \tag{8.23}$$

根据假设 $p_n(\omega)$ 服从于 Fréchet 分布，那么

$$G_{ni}(p) = Pr(p_{ni} < p) = Pr\left(\frac{c_i\tau_{ni}}{z_i} < p\right) = 1 - Pr\left(z_i < \frac{c_i\tau_{ni}}{p}\right)$$

$$= 1 - F\left(\frac{c_i\tau_{ni}}{p}\right) = 1 - e^{-T\left(\frac{c_i\tau_{ni}}{p}\right)^{-\theta}} \tag{8.24}$$

即：

$$G_n(p) = Pr(p_n < p) = 1 - \prod_{i=1}^{N}(1 - G_{ni}(p)) \tag{8.25}$$

也就是说，

$$G_n(p) = 1 - e^{-\Phi_n p^{\theta}} \tag{8.26}$$

$$\Phi_n = \sum_{i=1}^{N} T_i (c_i\tau_{ni})^{-\theta} \tag{8.27}$$

式中，这时候价格指数变为：

$$P_n = \left(\int_0^1 p_n(\omega) \, dG_n(p)\right)^{\frac{1}{1-\sigma}} = Y \Phi_n^{-\frac{1}{\theta}} \tag{8.28}$$

$$\gamma = \left\{\Gamma\left(\frac{\theta+1-\sigma}{\theta}\right)\right\}^{\frac{1}{1-\sigma}} \tag{8.29}$$

式中，$\Gamma(\cdot)$ 是 Gamma 函数。

四、空间均衡

区位 i 在区位 n 的销售价格为区位 n 最低价格的概率：

$$\pi_{ni} = \frac{T_i(c_i\tau_{ni})^{-\theta}}{\Phi_n} = \frac{T_i(c_i\tau_{ni})^{-\theta}}{\sum_{i=j}^{N} T_j(c_j\tau_{nj})^{-\theta}} \tag{8.30}$$

这也是区位 i 在区位 n 销售物品的比例。上述式子利用了 Fréchet 分布的第 4 个性质。

区位 n 从区位 i 购买商品的比重等于区位 n 在商品的支出比重，即：

$$\pi_{ni} = \frac{X_{ni}}{X_n} = \frac{T_i(c_i\tau_{ni})^{-\theta}}{\Phi_n} = \frac{T_i(c_i\tau_{ni})^{-\theta}}{\sum_{k=1}^{N} T_k(c_k\tau_{nk})^{-\theta}} \tag{8.31}$$

第四节　Redding 和 Rossi-Hansberg(2018)模型

一、建模环境

一个经济体有 N 个区位,每个区位的土地供给为 H_i,每个区位的劳动力为 L_i,劳动力总和为 $\bar{L}=\sum_{i=1}^{N}L_i$,劳动力在 N 个区位之间自由流动;土地是外生的,区位 n 和区位 i 之间商品流动的冰山成本为 $\tau_{ni}>1$,区位 i 和区位 n 之间商品流动的冰山成本为 $\tau_{in}>1$,并且满足 $\tau_{ni}=\tau_{in}$ 和 $\tau_{nn}=1$。

一个典型消费者消费普通商品 c 和住房 h,是效用最大化主体,同时也是工人,其工资为 w,另外消费者还有一份来自土地市场的收入。

与 Eaton-Kortum(2002)的假设相同,Redding(2016)模型的市场结构也是完全竞争与规模报酬不变,厂商的生产率是异质的,生产率分布服从 Frechet 分布。在随后的研究中,Redding 和 Rossi-Hansberg(2018)假设市场结构为垄断竞争与报酬递增的,与 Krugman(1991)相同。我们在这里主要阐述 Redding(2016)模型,这个模型是基于 Redding 和 Rossi-Hansberg(2018)的,而且比后者更为通俗易懂,见表 8.3。

表 8.3　几个经典模型的市场结构与规模报酬假设

模型	市场结构	规模报酬
Krugman(1991)	垄断竞争	报酬递增
Eaton-Kortum(2002)	完全竞争	报酬不变
Redding(2016)	完全竞争	报酬不变
Redding 和 Rossi-Hansberg(2018)	垄断竞争	报酬递增

二、消费者行为

一个在第 n 区位的消费者的效用函数为:

$$U_n=\left(\frac{C_n}{\alpha}\right)^{\alpha}\left(\frac{h_n}{1-\alpha}\right)^{1-\alpha},\ 0<\alpha<1 \tag{8.32}$$

式中,C 为一般商品指数,h 为住房,α 为系数,$C_n=\left(\int_0^1 c_n^{\rho}(\omega)\,\mathrm{d}\omega\right)^{\frac{1}{\rho}}$。此处对于 C_n 的假设与 Krugman(1991)类似,这样就存在两个层次效用最大化:一个为 U_n 的最大化,另一个为 C_n 的最大化。

对于第一个规划问题：

$$\max U_n = \max\left(\frac{C_n}{\alpha}\right)^\alpha \left(\frac{h_n}{1-\alpha}\right)^{1-\alpha} \tag{8.33}$$

约束条件为：

$$P_n C_n + r_n h_n = Y \tag{8.34}$$

式中，P_n 为对于集合商品 C_n 的价格指数，r_n 为 h_n 的价格，Y 为消费者的收入，收入全部用于支出，因此 Y 也是支出。

对于第二个规划问题：

$$\max C_n = \max\left(\int_0^1 c_n^\rho(\omega) \, d\omega\right)^{\frac{1}{\rho}} \tag{8.35}$$

约束条件为：

$$\int_0^1 c_n(\omega) p(\omega) \, d\omega = \alpha Y \tag{8.36}$$

式中，Y 为消费者的收入，也是他的支出，αY 为用在商品指数 C 上的支出。通过构建拉格朗日函数，然后对 $c_n(\omega)$ 求导，最后可以求得价格指数 P_n：

$$P_n = \left(\int_0^1 (p_n(\omega))^{1-\sigma} d\omega\right)^{\frac{1}{1-\sigma}} \tag{8.37}$$

三、生产者行为

区位 i 的一个典型厂商的生产要素为劳动力和中间产品，产出的产品都是同质的，市场结构为完全竞争，劳动力成本为 w_i。

在区位 i 生产产品 ω 的劳动生产率为 $z_i(\omega)$，生产率服从 Fréchet 分布，即：

$$F_i(z_i) = e^{-T_i z_i^{-\theta}} \tag{8.38}$$

那么，在区位 i 单位产品 ω 的生产成本为 $\frac{w_i}{z_i(\omega)}$。

在区位 n 购买区位 i 生产的成本，价格为：

$$p_{ni}(\omega) = \frac{w_i}{z_i(\omega)} \tau_{ni} \tag{8.39}$$

那么，价格指数为：

$$P_n = \gamma \left[\sum_{i=1}^N T_i (w_i \tau_{ni})^{-\theta}\right]^{-\frac{1}{\theta}} \tag{8.40}$$

式中，

$$\gamma = \left[\Gamma\left(\frac{\theta + 1 - \sigma}{\theta}\right)\right]^{\frac{1}{1-\sigma}} \tag{8.41}$$

这里，$\Gamma(\cdot)$ 是伽马函数。

四、加入土地市场

每个区位的总收入等于其劳动收入加上土地收入，土地收入是总收入的 $1-\alpha$。

$$v_n L_n = w_n L_n + (1-\alpha) v_n L_n = \frac{w_n L_n}{\alpha} \tag{8.42}$$

这时候地租为 r_n，即用 $(1-\alpha) v_n L_n$ 的钱购买了 H_n 的土地：

$$r_n = \frac{(1-\alpha) v_n L_n}{H_n} = \frac{1-\alpha}{\alpha} \cdot \frac{w_n L_n}{H_n} \tag{8.43}$$

工人在各个区位的实际收入中，v_n 为名义收入，$P_n^\alpha r_n^{1-\alpha}$ 为价格指数。其中，P 为普通消费品价格指数，r_n 为土地的价格。

$$V_n = \frac{v_n}{P_n^\alpha r_n^{1-\alpha}} = \bar{V} \tag{8.44}$$

五、空间均衡

(一) 概率

区位 n 当然选择最低的价格，这就是所谓的货比三家，捡最便宜的买。

$$p_n(\omega) = \min\{p_{ni}(\omega), i = 1, 2, 3, \cdots, N\} \tag{8.45}$$

区位 n 对来自区位 i 商品的支出额为：

$$\prod_{ni} = \frac{T_i (\tau_{ni} w_i)^{-\theta}}{\sum_{k=1}^{N} T_k (\tau_{nk} w_k)^{-\theta}} \tag{8.46}$$

(二) 收支

在每个区位劳动者的收入等于其在区位的商品支出，即：

$$w_i L_i = \sum_{n=1}^{N} \pi_{ni} w_n L_n \tag{8.47}$$

劳动力市场出清，则：

$$\sum_{n=1}^{N} L_n = \bar{L} \tag{8.48}$$

上式变为：

$$w_i \lambda_i = \sum_{n=1}^{N} \pi_{ni} w_n \lambda_n \tag{8.49}$$

(三) 劳动力流动

价格指数为：

$$P_n = \gamma \left[\sum_{i=1}^{N} T_i (w_i \tau_{ni})^{-\theta} \right]^{-\frac{1}{\theta}} = \gamma \left(\frac{T_n}{\pi_{nn}} \right)^{-\frac{1}{\theta}} w_n \tag{8.50}$$

$$\bar{V} = \frac{v_n}{P_n^\alpha r_n^{1-\alpha}} = \frac{\dfrac{w_n}{\alpha}}{\left[\gamma\left(\dfrac{T_n}{\pi_{nn}}\right)^{-\frac{1}{\theta}} w_n\right]^\alpha \left[\dfrac{1-\alpha}{\alpha} \cdot \dfrac{w_n L_n}{H_n}\right]^{1-\alpha}} \tag{8.51}$$

将上式整理可得：

$$L_n = \frac{\left(\dfrac{T_n}{\pi_{nn}}\right)^{\frac{\alpha}{\theta(1-\alpha)}} H_n}{\alpha^{\frac{1}{1-\alpha}} \left(\dfrac{1-\alpha}{\alpha}\right) \gamma^{\frac{\alpha}{1-\alpha}} \bar{V}^{\frac{1}{1-\alpha}}} \tag{8.52}$$

劳动力市场出清，则 $\sum_{n=1}^{N} L_n = \bar{L}$，可得：

$$\lambda_n = \frac{L_n}{\bar{L}} = \frac{\left(\dfrac{T_n}{\pi_{nn}}\right)^{\frac{\alpha}{\theta(1-\alpha)}} H_n}{\sum_{k=1}^{N} \left(\dfrac{T_k}{\pi_{kk}}\right)^{\frac{\alpha}{\theta(1-\alpha)}} H_k} \tag{8.53}$$

若给定一个区位的生产率、贸易成本和土地质量，则存在人口比例、贸易比例和工资水平的均衡。

第五节 简单比较

在第六章新经济地理学的核心边缘模型中，我们可以求出东部和西部地区的真实工资 ω_1、ω_2：

$$\omega_1 = w_1 P_1^{-\mu} = \left[\frac{\mu c}{(\sigma-1)F}\left(\frac{\sigma c}{\sigma-1}\right)^{-\sigma}(Y_2 T^{1-\sigma} P_2^{\sigma-1} + Y_1 P_1^{\sigma-1})\right]^{\frac{1}{\sigma}}$$
$$\frac{\sigma c}{\sigma-1}\left(\frac{\mu}{F\sigma}\right)^{\frac{1}{1-\sigma}} \left[\lambda w_1^{1-\sigma} + (1-\lambda)(w_2 T)^{1-\sigma}\right]^{\frac{-\mu}{1-\sigma}} \tag{8.54}$$

同理，

$$\omega_2 = w_2 P_2^{-\mu} = \left[\frac{\mu c}{(\sigma-1)F}\left(\frac{\sigma c}{\sigma-1}\right)^{-\sigma}(Y_1 T^{1-\sigma} P_1^{\sigma-1} + Y_2 P_2^{\sigma-1})\right]^{\frac{1}{\sigma}}$$
$$\left\{\frac{\sigma c}{\sigma-1}\left(\frac{\mu}{F\sigma}\right)^{\frac{1}{1-\sigma}} \left[\lambda(w_1 T)^{1-\sigma} + (1-\lambda)w_2^{1-\sigma}\right]^{\frac{1}{1-\sigma}}\right\}^{-\mu} \tag{8.55}$$

我们要求的是在均衡时，即 $\omega_2 = \omega_1$ 时的 λ 和 $1-\lambda$，但这就涉及变量 Y_1、Y_2、w_1、w_2、τ_{12}、τ_{21}、λ，还有参数 σ、μ，也就是说，

$$\lambda = \lambda(Y_1, Y_2, w_1, w_2, \tau_{12}, \tau_{21}, \sigma, \mu) \tag{8.56}$$

这样很难求出 λ 的显性解。

在本章的量化模型 Eaton-Kortum(2002)模型中，商品支出的比重为：

$$\prod_{ni} = \frac{X_{ni}}{X_n} = \frac{T_i(c_i\tau_{ni})^{-\theta}}{\Phi_n} = \frac{T_i(c_i\tau_{ni})^{-\theta}}{\sum_{k=1}^{N}T_k(c_k\tau_{nk})^{-\theta}} \quad (8.57)$$

而在 Redding(2016)、Redding 和 Ross-HansBerg(2018)模型中，劳动力在一个区位的比重为：

$$\lambda_n = \frac{L_n}{\bar{L}} = \frac{\left(\frac{T_n}{\pi_{nn}}\right)^{\frac{\alpha}{\theta(1-\alpha)}}H_n}{\sum_{k=1}^{N}\left(\frac{T_k}{\pi_{kk}}\right)^{\frac{\alpha}{\theta(1-\alpha)}}H_k} \quad (8.58)$$

两者均为显性解，这就比核心边缘模型更易处理，而且模型的变量多可以用微观数据进行实证分析与反事实检验。这也是量化空间模型的优势所在。

参考文献

[1] Allen T, Arkolakis C. Trade and the Topography of the Spatial Economy [J]. *Quarterly Journal of Economics*, 2014, 129(3).

[2] Ahlfeldt G, Redding S J, Sturm D M, et al. The Economics of Density: Evidence from the Berlin Wall [J]. *Econometrica*, 2015, 83(6).

[3] Bernard A B, Eaton J, Jensen J B, et al. Plants and Productivity in International Trade [J]. *American Economic Review*, 2003, 93(4).

[4] Eaton J, Kortum S. Technology, Geography, and Trade [J]. *Econometrica*, 2002, 70(5).

[5] Stephan H, Redding S J, Sturm D M. The Making of the Modern Metropolis: Evidence from London [J]. *The Quarterly Journal of Economics*, 2020(4).

[6] holmes T J, Sieg H. Structural Estimation in Urban Economics [A] // Duranton G, Henderson J V, Strange W C. *Handbook of Regional and Urban Economics*: *Vol*. 5. Elsevier, 2015.

[7] Monte F, Redding S, Rossi-Hansberg E. Commuting, Migration and Local Employment Elasticities [J]. *American Economic Review*, 2018, 108(12).

[8] Redding S, Sturm D. The Costs of Remoteness: Evidence from German Division and Reunication [J]. *American Economic Review*, 2008, 98(5).

[9] Redding S. Goods Trade, Factor Mobility and Welfare [J]. *Journal of International Economics*, 2016, 101.

[10] Redding S J, Rossi-Hansberg E. Quantitative Spatial Economics [J]. *Annual Review of Economics*, 2017(9).

[11] Rossi-Hansberg E. A Spatial Theory of Trade [J]. *American Economic Review*, 2005, 95(5).

[12] Tombe T, Zhu X. Trade, Migration, and Productivity: A Quantitative Analysis of China

[J]. *The American Economic Review*, 2019, 109(5).

[13] Mcfadden D. *Conditional Logit Analysis of Qualitative Choice Behavior*[A] // Zarembka P. *Frontiers in Econometrics*. New York: Academic Press, 1974.

[14] Caliendo Lorenzo and Parro Fernando. Estimates of the Trade and Welfare Effects of NAFTA[J]. *The Review of Economic Studies*, 2015, 82(1).

[15] Desmet Klaus and Rossi-Hansberg Esteban. Spatial Development[J]. *American Economic Review*, 2014, 104(4).

[16] Dornbusch Rüdiger, Fischer Stanley and Samuelson Paul. Comparative Advantage, Trade, and Payments in a Ricardian Model With a Continuum of Goods[J]. *American Economic Review*, 1977, 67(5).

[17] Huff D L. A Probabilistic Analysis of Shopping Center Trade Areas[J]. *Land Economics*, 1963, 39(1).

[18] Helpman E. The Size of Regions[A]// Pines D. Sadka E and Zilcha I. *Public Economics: Theoretical and Applied Analysis*. Cambridge University Press, Cambridge, 1998.

[19] Krugman Paul. Increasing Returns and Economic Geography[J]. *Journal of Political Economy*, 1991, 99(3).

[20] Monte Ferdinando, Stephen J Redding, and Esteban Rossi-Hansberg. Commuting, Migration, and Local Employment Elasticities[J]. *American Economic Review*, 2018, 108 (12).

思考与练习

1. 请证明 $\lim_{n\to\infty}\left(1+\dfrac{x}{n}\right)^n=e^x$。

2. 请证明 Gamma 分布之 $\Gamma\left(\dfrac{1}{2}\right)=\sqrt{\pi}$，这里 π 是圆周率。

3. 假设 $X\sim \text{Gumbel}(0,1)$，试证明：① $E(X)=-\gamma$，其中 γ 为欧拉常数 $0.5772157\cdots$；② $\text{Var}(X)=\dfrac{\pi^2}{6}$。

4. 假设 $z\sim F(\theta,T)$，$Y=\min\{z_1,z_2,\cdots,z_n\}$，试证明 $Y\sim F(\theta,n^{\frac{1}{\alpha}}T)$，其中 F 为 Fréchet 分布。

5. 请证明 Fréchet 分布的第 3 个性质：$E(z)=T^{-\frac{1}{\alpha}}e\left(1-\dfrac{1}{\alpha}\right)$，$\alpha>1$，其中 $\Gamma(\cdot)$ 为 Gamma 函数。

6. 随机变量 z 服从 Fréchet 分布，累积概率分布函数（CDF）为 $F(z)=e^{-Tz^{-\theta}}$。试证明：① $\log(z)$ 的标准差，即 $\text{stddeviation}(\log(z))=\dfrac{\pi}{\theta\sqrt{6}}$，这里 π 是圆周率；② 概率密度函数（PDF）为 $f(z)=Tz^{-\theta-1}e^{-Tz^{-\theta}}$。

7. 假设 $z_i\sim F(\theta,T_i)$，$z_j=\min\{z_1,z_2,\cdots,z_n\}$，试证明 $Pr(z_j)=\dfrac{T_j}{\sum\limits_{s=1}^{n}T_s}$。

8. 请在同一坐标系下绘出 Gamma 分布、Gumbel 分布、Fréchet 分布、Weibull 分布的图形，并进行比较。

9. 在计量经济学上，经常用到 logit 回归，logit 回归涉及 logit 分布。一个（条件）logit 分布如下：$Pr\{y_i=1|x_i\}=\dfrac{1}{1+exp(-\beta x_i)}$，$Pr\{y_i=0|x_i\}=\dfrac{exp(-\beta x_i)}{1+exp(-\beta x_i)}$，其中，$y_i$ 是 Bernoulli 式随机变量，取值为 1 或 0，β 为系数。$Pr\{y_i=1|x_i\}$ 意思是在 x_i 发生的情况下 $y_i=1$ 的概率。请回答①两个式子的含义。②与 $Pr(z_1<z_2)=\dfrac{T_2}{T_1+T_2}$ 是否具有相同的含义？③与 Eaton 和 Kortum（2002）模型中的 $\pi_{ni}=\dfrac{T_i(c_i\tau_{ni})^{-\theta}}{\sum_{s=1}^{N}T_s(c_s\tau_{ns})^{-\theta}}$ 是否具有相同的含义？

10. 利用贝叶斯公式求解 $Pr(p_{ni}<p|p_n=p_{ni})$，并说出此式的含义。

11. 比较贝叶斯公式 $Pr(B_i|A)=\dfrac{Pr(B_i)\times Pr(A|B_i)}{\sum_{i=j}^{n}Pr(B_j)Pr(A|B_j)}$ 与 Eaton 和 Kortum（2002）模型中的 $\pi_{ni}=\dfrac{T_i(c_i\tau_{ni})^{-\theta}}{\sum_{s=1}^{N}T_s(c_s\tau_{ns})^{-\theta}}$。

12. 将区位 i 在区位 n 销售的价格为区位 n 最低价格的概率 π_{ni} 定义为：$\pi_{ni}=\int_0^\infty\left\{\prod_{\substack{s=1\\s\neq i}}^{N}Pr(p_{ns}>p)\right\}\mathrm{d}[Pr(p_{ni}\leqslant p)]$。① 请解释 $\prod_{\substack{s=1\\s\neq i}}^{N}Pr(p_{ns}>p)$ 的含义；② 请解释 $Pr(p_{ni}\leqslant p)$ 的含义；③ 请证明：$\pi_{ni}=\int_0^\infty\prod_{\substack{s=1\\s\neq i}}^{N}Pr(p_{ns}>p)\mathrm{d}Pr(p_{ni}\leqslant p)=\dfrac{T_i(c_i\tau_{ni})^{-\theta}}{\sum_{s=1}^{N}T_s(c_s\tau_{ns})^{-\theta}}$。

13. 一个典型消费者的效用函数为 $U_{ij\omega}=\dfrac{B_i z_{ij\omega}}{\tau_{ij}}\left(\dfrac{c_{ij}}{\beta}\right)^\beta\left(\dfrac{l_{ij}}{1-\beta}\right)^{1-\beta}$，$0<\beta<1$。其中，$c_{ij}$ 为区位 j 消费者 i 的消费，l_{ij} 为区位 j 消费者 i 的土地，B_i 为居住的品质指数，τ_{ij} 为通勤费用，$z_{ij\omega}$ 为对 B_i 的异质性冲击。请证明其对应的间接效用函数为 $V_{ij\omega}=\dfrac{z_{ij\omega}B_i w_j Q_i^{\beta-1}}{\tau_{ij}}$。

14. 一个典型厂商的生产函数为 $X_j=A_j(H_{Mj})^\alpha(\mu_j L_j)^{1-\alpha}$，其中 $A_j=\bar{A}_j\left[\sum_{s=1}^{S}e^{-\rho\tau_{is}}\left(\dfrac{H_{Ms}}{K_s}\right)\right]^\delta$。请证明：$q_j=(1-\alpha)\left(\dfrac{\alpha}{w_j}\right)^{\frac{\alpha}{1-\alpha}}A_j^{1-\alpha}$。

15. Armington 模型：一个经济体有 N 个区位（$n=1,2,3,\cdots,N$），劳动是唯一的生产要素，每个区位有 L_i 的单位的劳动力。区位 i 代表性消费者的效用函数为 $U_i=\left[\sum_{j=1}^{N}c_{ij}^{\frac{\sigma-1}{\sigma}}\right]^{\frac{\sigma}{\sigma-1}}$，其中，$c_{ij}$ 是区位 i 消费者消费来自区位 j 的数量。消费者的预算约束为 $\sum_{j=1}^{N}p_{ij}c_{ij}=Y_i$。区位 i 的一个典型厂商的单位成本为 α_i，劳动者工资为 w_i，在完全竞争的市场结构下，商品的价格为 $p_i=\alpha_i w_i$，将区位 i 的商品运输到区位 j，商品售价为 $p_i=\tau_{ij}\alpha_i w_i$，其中，$\tau_{ij}$ 为冰山成本。① 请证明在均衡时，消费者消费支出满足 $X_{ij}\equiv p_{ij}c_{ij}=\dfrac{(\tau_{ij}\alpha_j w_j)^{1-\sigma}}{\sum_{l=1}^{N}(\tau_{il}\alpha_l w_l)^{1-\sigma}}Y_j$，并说明其含义；② 将上式进行组合，分成三项：$X_{ij}=\tau_{ij}^{1-\sigma}\times$

$(a_j w_i)^{1-\sigma} \times \dfrac{Y_j}{\sum\limits_{l=1}^{N}(\tau_{il} a_l w_l)^{1-\sigma}}$,请解释每项的意思。

16. 一个城市劳动力总量为 L,典型劳动者 ω 居住在区位 n 而在区位 i 就业,消费者的效用函数为 $U_{ni}(\omega)=\dfrac{b_{ni}(\omega) w_i}{\tau_{ni} P_n^{\alpha} Q_n^{1-\alpha}}$。其中,$0<\alpha<1$,$\tau_{ni}$ 为劳动者从居住地 n 到工作地 i 的通勤成本,P_n 为普通商品的价格指数,Q_n 为住房价格,w_i 为劳动者的工资。$b_{ni}(\omega)$ 是使劳动者从 n 到 i 工作而不是其他选择的异质性的区位品质,其服从 Fréchet 分布,分布密度为 $G_{ni}(b)=e^{-B_n b^{-\varepsilon}}$ ($B_n>0$,$\varepsilon>1$)。请证明:劳动者选择居住在 n 而在 i 工作的概率为 $\pi_{ni} \equiv \dfrac{L_{ni}}{L} = \dfrac{B_n w_i^{\varepsilon}(\tau_{ni} P_n^{\alpha} Q_n^{1-\alpha})^{-\varepsilon}}{\sum\limits_{r=1}^{N}\sum\limits_{l=1}^{N} B_r w_l^{\varepsilon}(\tau_{rl} P_r^{\alpha} Q_r^{1-\alpha})^{-\varepsilon}}$。

17. 有 N 个区位,每个区位的土地供给为 H_i,每个区位的劳动力为 L_i,劳动力总和为 $\bar{L}=\sum\limits_{i=1}^{N} L_i$,劳动力在 N 个区位之间自由流动;在第 n 个区位的效用函数为:$U_n=\left(\dfrac{C_n}{\alpha}\right)^{\alpha}\left(\dfrac{h_n}{1-\alpha}\right)^{1-\alpha}$,$0<\alpha<1$,其中 $C_n=\left[\sum\limits_{i=1}^{N}\int_0^{M_i} c_{ni}^{\rho}(j)\,\mathrm{d}j\right]^{\frac{1}{\rho}}$,在区位 i 的生产厂商的生产要素为劳动,生产产品 j 之函数为 $l_i(j)=F+\dfrac{x_i(j)}{A_i}$。① 证明价格指数为 $P_n=\left[\sum\limits_{i=1}^{N}\int_0^{M_i} p_{ni}^{1-\sigma}(j)\,\mathrm{d}j\right]^{\frac{1}{1-\sigma}}$;② 上式可以变为 $P_n=\dfrac{\sigma}{\sigma-1}\left(\dfrac{1}{\sigma F}\right)^{\frac{1}{1-\sigma}}\left[\sum\limits_{i=1}^{N} L_i\left(\tau_{ni}\dfrac{w_i}{A_i}\right)^{1-\sigma}\right]^{\frac{1}{1-\sigma}}$;③ 区位 n 用来购买区位 i 的支出比例为 $\pi_{ni}=\dfrac{M_i p_{ni}^{1-\sigma}}{\sum\limits_{k=1}^{N} M_k p_{nk}^{1-\sigma}}=\dfrac{L_i\left(\tau_{ni}\dfrac{w_i}{A_i}\right)^{1-\sigma}}{\sum\limits_{k=1}^{N} L_k\left(\tau_{nk}\dfrac{w_k}{A_k}\right)^{1-\sigma}}$。

18. 利用出租车数据研究你所在城市的各区人口流动情况;利用出租车数据、公交车刷卡数据、手机信令数据研究你所在城市的通勤并估算城市间的分界线。

19. 一个总人口为 N 的线形城市有 100 个区位,在区位 i 的消费者 j 的工资为 w_i,他需要支付房子的租金 R_i 和通勤费用 $i^{\frac{1}{2}}\tau$,他的效用函数为 $U_{ij}=(w_i-R_i-i^{\frac{1}{2}}\tau)z_{ij}$,其中 z 服从 Fréchet 分布,累积密度函数 $F(z)=e^{-Tz^{-\theta}}$。与第二章的相比,效用函数多出了个 z_{ij} 冲击。请证明:该城市中居住在第 99 个区位的居民比重为 $\pi_{99}=\dfrac{(w_{99}-R_{99}-99^{\frac{1}{2}}\tau)^{\theta}}{\sum\limits_{s=1}^{100}(w_s-R_s-s^{\frac{1}{2}}\tau)^{\theta}}$。

20. 利用"七普"数据实证研究中国地级市居住-就业匹配(简单的可以分成两种情况:一是 i 区居住 i 区就业,二是 i 区居住 j 区就业,可以设置虚拟变量)对中国城市生产率的影响。

21. 估算在上海就业但在苏州居住的人数、特征及其占上海各区人口的比例。2023 年 6 月苏州地铁与上海地铁连通后,是否增加了这种趋势?

第九章 Hotelling 模型

第一节 预备知识

一、博弈论基础

博弈是两个以上的参与人(玩家)在一定的规则下选择自己的策略使得自己的效用最大化的过程,玩家自己的策略选择及其结果与其他玩家的策略有关。中国的博弈论思想源远流长,田忌赛马、诸葛亮和司马懿斗法等都已千年之久。

博弈有三个基本要素:参与人(Players)、参与人的策略或行动(Strategies/Actions)、参与人的收益(Payoffs)。博弈的其他要素包括参与人拥有的信息、参与人的行动顺序等,信息包括完全信息和不完全信息。完全信息是指博弈各方完全了解所有参与人的特征,特别是各参与人的支付(得益)函数;非完全信息则是指至少有参与人不了解其他参与人的得益。本章内容讨论的是完全信息,不涉及不完全信息。根据参与人行动的先后,可以将博弈分成同时博弈(Simultaneous Move Game)和序贯博弈(Sequential Move Game)。同时博弈是说参与人同时出招,也被称为静态博弈(Static Game);而序贯博弈是指参与人出招的顺序有先后,这种博弈又称为动态博弈(Dynamic Game)。两类信息和两类行动顺序可以组合成为四种博弈类型:完全信息静态博弈、完全信息动态博弈、不完全信息静态博弈、不完全信息动态博弈。

博弈论最重要的概念是纳什均衡。纳什均衡是在 N 人博弈中,一组参与人的策略,在博弈中给定这一组合中其他参与人的选择,没有任何人有积极性改变自己的选择。因此,纳税均衡是所有参与人的最优策略组合。与一般均衡不同,一般均衡是指一组价格组合,而纳什均衡是策略组合。

完全信息静态博弈、完全信息动态博弈、不完全信息静态博弈、不完全信息动态博弈这四种博弈分别对应的概念是纳税均衡、子博弈精炼纳税均衡、贝叶斯均衡和精炼贝叶斯均衡。由于本章主要涉及完全信息动态博弈,因此涉及的概念是纳税均衡和子博弈精炼纳什均衡。子博弈精炼纳什均衡是指在 N 人的完全信息动态博弈中,有一个策略组合在每一个子博弈中都是纳什均衡,这个均衡叫作子博弈精炼纳什均衡。子博弈是指博弈中一个节点后面的也是一个博弈。

二、动态博弈的逆推法

完全信息动态博弈通常利用的求解方法是将整个博弈分成若干子博弈,从后向前,逐步求最优解。博弈是从前向后进行,而求解则从后向前求解,这种思想来自动态规划。下面是一个学校评选优秀教师的例子:

学校评选优秀教师或优秀学生,几乎每年都有这样的活动。一般评选过程是这样的:先从系里选择,再从学院选择,最后从学校竞争选出优秀教师/学生。学校评优流程如图 9.1 所示。

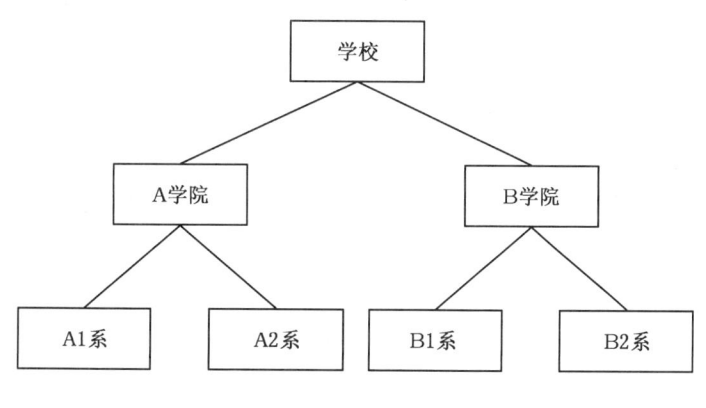

图 9.1 学校评优

在整个评优过程中,我们会发现:第一,将学校分成学院、系这些更小的单位,而不是混为一体,这被称为分治原则;第二,从下往上,层层选择,这个被称为逆向归纳法或者叫从后往前推方法;第三,如果甲老师获得优秀,那么他在系里、院里也应该最优。如果系里选择了甲、乙两人,那么学院就要从这两个人中选择一个,也就是说前面无论如何选,剩下的阶段都要形成最优的决策。

三、线形与圆形城市

Hotelling 模型需要引入抽象的城市概念,即线形城市与圆形城市的概念。所谓线形城市就是假设城市为一条线段,线段的长度为 1 或单位长度,居民或企业行为发生在线段上;而圆形城市则假设城市为一个周长为 1 或单位长度的圆,居民或企业行为发生在圆上。抽象的城市概念对于区域与城市经济学理论的探讨具有重要意义。

四、相关例子

第一个例子是麦当劳与肯德基。麦当劳和肯德基均提供炸鸡快餐,包括汉堡、炸鸡,且都有可乐、咖啡等饮品,早餐还提供油条,它们的口味也大致相同、分量差不多,看不出有太大的差别。中国的许多城市都有麦当劳和肯德基。有一个现象是麦当劳与肯德基距离很近,一般在麦当劳不远处就是肯德基。这样两家提供几乎相同产品的快餐店为什么位置还这么近?

类似的例子还有很多,比如我们去一个城市旅游,到该城市的小吃一条街,可以发现街上卖的小吃基本都是羊肉串、大鱿鱼、臭豆腐等,一家接着一家。为什么这些小吃摊点集聚在一起呢?

当然我们也可以发现餐饮店的反例。同样是早点,在早点铺花 10 元就能吃饱,而临近的五星级宾馆的早点自助餐可能需要花费 100~200 元。为什么五星级宾馆不提供 10 元以下的早点呢?

我们把麦当劳与肯德基的集聚现象称为集聚均衡,在产业组织理论上被称为最小差异化;而把后面的问题称为分散均衡,在产业组织理论上被称为最大差异化。所有这些问题的理论基础都是 Hotelling 模型,本章主要介绍 Hotelling 模型。

第二节　Hotelling 模型简介及拓展分析

一、Hotelling 模型简介

哈罗德·霍特林(Harold Hotelling)1895 年出生于美国的明尼苏达州,他是著名的数学家,在数学领域的多变量分析、主成分分析上颇有建树,1972 年他被选为美国国家科学研究院院士,1973 年被选为意大利林琴国家科学院院士。同时,他也是著名的经济学家,他于 1929 年提出 Hotelling 模型,现在这一模型与单中心城市模型 AMM、新经济地理学 NEG 一样成为区域与城市经济学的标杆模型。

Hotelling(1929)模型提出后,D'Aspremont 等(1979)指出了 Hotelling 存在的错误之处,随后对 Hotelling 模型的研究进入高潮,研究的思路是将线形城市演变成圆形城市或其他形状的城市,厂商的竞争由 Bertrand 价格竞争演进到 Cournot 数量竞争,见表 9.1。

表 9.1　　　　　　　　　　　　　　Hotelling 的演进

类　　型	线　　形	圆　　形
Bertrand 竞争	Hotelling(1929) D'Aspremont 等(1979)	Salop(1979)
Cournot 竞争	Anderson 和 Neven(1991)	Pal(1998)

Hotelling 模型是非完全竞争下的区位与集聚理论,它的特别之处在于考虑企业之间区位选择的策略互动,即一个企业的区位选择往往要看其他企业如何进行选择。杜能的区位论、单中心城市模型、新经济地理模型等没有考虑其他企业的区位策略如何,因此说 Hotelling 模型是理解区位与集聚理论的一个重要视角。

二、Hotelling(1929)模型的建立与求解

(一)Hotelling(1929)的建模环境

Hotelling(1929)的假设条件有 5 个,分别为:

(1)线形城市,长度为 1。这是线形城市假设,这种假设经常出现在区域与城市经济学研究中。

(2)A、B 两家企业距离线形城市端点为 a、b 的地点($a+b\leqslant 1, a\geqslant 0, b\geqslant 0$),见图 9.2。

(3)A、B 两家企业销售同质产品(Homogeneous Product),产品生产成本为 0。

(4)消费者均匀地分布在线形城市上,一个消费者在单位时间内消费一个商品。

(5)消费者到两家企业的单位运输成本为 c,消费者面临出厂价(Mill Price)加运输成本,即消费者不仅要考虑商品的价格,还要考虑运输成本。

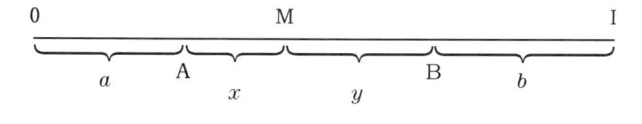

图 9.2　线形城市

Hotelling 模型及其后续研究的通用方法是将其视为一个两阶段的动态博弈过程:

(1)A、B 两家企业选择最优区位;

(2)A、B 两家企业选择进行价格或数量竞争,选择最优价格。

求解此类问题普遍的方法是逆向归纳法,从第二个阶段倒推第一个阶段。在求解这个厂商行为之前,先讨论消费者行为。

(二)消费者行为和厂商行为

1.消费者行为

一个在 M 地点的消费者面临的选择是到 A 企业或者到 B 企业购买产品,其临界条件为:

$$p_1 + tx = p_2 + ty \tag{9.1}$$

式中,x 为消费者到 A 企业的距离,y 为消费者到 B 企业的距离,t 为单位运输成本。即去 A、B 购买产品的成本相等,如果$(p_1+tx)>(p_2+ty)$,则消费者到 A 企业购买;如果$(p_1+tx)<(p_2+ty)$,则消费者到 B 企业购买。由于 $a+x+y+b=l$,因此可得:

$$x = \frac{1}{2}(l - a - b + \frac{1}{t}(p_2 - p_1)) \tag{9.2}$$

$$y = \frac{1}{2}(l - a - b + \frac{1}{t}(p_1 - p_2)) \tag{9.3}$$

2.厂商行为

厂商既要进行区位选择竞争,又要进行价格竞争,我们可以从第二阶段求起。厂商面对的需求函数为:

$$D_1(p_1, p_2) = \frac{1}{2}(l + a - b + \frac{1}{t}(p_2 - p_1)) \tag{9.4}$$

$$D_2(p_1, p_2) = \frac{1}{2}(l - a + b + \frac{1}{t}(p_1 - p_2)) \tag{9.5}$$

利润函数为(注意生产成本为 0 的假设):

$$\pi_1 = p_1 D_A(p_1, p_2) - 0 = \frac{1}{2}p_1(l + a - b + \frac{1}{t}(p_2 - p_1)) \tag{9.6}$$

$$\pi_2 = p_2 D_B(p_1, p_2) - 0 = \frac{1}{2}p_2(l - a + b + \frac{1}{t}(p_1 - p_2)) \tag{9.7}$$

两家厂商同时出价:

$$\begin{cases} \dfrac{\partial \pi_1}{\partial p_1} = \dfrac{1}{2}(l + a - b) + \dfrac{1}{2t}(p_2 - 2p_1) = 0 & (9.8) \\ \dfrac{\partial \pi_1}{\partial p_2} = \dfrac{1}{2}(l - a + b) + \dfrac{1}{2t}(p_1 - 2p_2) = 0 & (9.9) \end{cases}$$

求解价格 p_1^*、p_2^*,可得:

$$p_1^* = t(l + \frac{a-b}{3}) \tag{9.10}$$

$$p_2^* = t(l - \frac{a-b}{3}) \tag{9.11}$$

均衡时的利润为:

$$\pi_1^* = \frac{t}{2}\left(l + \frac{a-b}{3}\right)^2 \tag{9.12}$$

$$\pi_2^* = \frac{t}{2}\left(l - \frac{a-b}{3}\right)^2 \tag{9.13}$$

第一阶段区位选择,最优区位满足:

$$\frac{\partial \pi_1^*}{\partial a} = \frac{t}{3}(l + \frac{a-b}{3}) > 0 \tag{9.14}$$

$$\frac{\partial \pi_2^*}{\partial b} = \frac{t}{3}(l - \frac{a-b}{3}) > 0 \tag{9.15}$$

随着 a、b 的增加,两家厂商不断向线形城市中心移动,两家厂商的利润也在不断增加,直到两家厂商位于线形城市中心,即均衡时候的区位是两家厂商集聚于线形城市中心,为集聚均衡。

三、D'Asremont-Gabszewitz-Thisse(1979)模型

(一)Hotelling 模型的三种情况

D'Asremont-Gabszewitz-Thisse(1979)认为 Hotelling(1929)的均衡并不存在,因为在两家厂商足够近的时候没有一个均衡价格存在。

D'Asremont-Gabszewitz-Thisse(1979)认为 Hotelling 模型可以分成三种情况:

(1) $a+b=l$,即两家厂商位于同一个地点,Hotelling 竞争退化成 Bertrand 价格竞争,均衡为 $p_1^* = p_2^* = 0$。

(2) $p_1 > p_2 + t(l-a-b)$ 或者 $p_2 > p_1 + t(l-a-b)$,即市场为 A 厂商或 B 厂商独占。

(3) $|p_1 - p_2| < c(l-a-b)$,即只有在此情况下,两家厂商的均衡才存在。

D'Asremont-Gabszewitz-Thisse(1979)给出了第三种情况的证明。考虑到 A 厂商的情况,B 厂商与此类似。

A 厂商的价格满足 $p_1 > p_2 - t(l-a-b)$。如果 A 要削价竞争,则其削价价格满足:

$$p_1' = p_2^* - t(l-a-b) + \varepsilon, \text{其中 } \varepsilon \text{ 为大于 0 的小数}$$

$$\Pi_1(p_1^*, p_2^*) = p_1^* q_1^* \geqslant p_1' l$$

可得:

$$(l + \frac{a-b}{3})^2 \geqslant \frac{2}{t}l\{p_2^* - t(l-a-b) + \varepsilon\} = \frac{2l}{t}\left\{\begin{matrix} t\left(l - \frac{a-b}{3}\right) - t \\ (1-a-b) + \varepsilon \end{matrix}\right\}$$

$$= \frac{4}{3}l(a + 2b + \frac{3\varepsilon}{2t}) \geqslant \frac{4}{3}l(a + 2b) \tag{9.16}$$

同理,对于 B,

$$\left(l-\frac{a-b}{3}\right)^2 \geqslant \frac{4}{3}l(2a+b) \tag{9.17}$$

在对称的条件下,A、B 分别对应两个区间[0,1/21]和[3/41,1],但根据上述分析,A、B 都有向中心移动的激励,所以不存在均衡,见图 9.3。

图 9.3 对称条件下的可能区位

（二）二次运输成本函数

D'Asremont-Gabszewitz-Thisse(1979)与 Hotelling(1929)不同之处在于对运输成本的假设,D'Asremont-Gabszewitz-Thisse(1979)令运输成本是距离的二次函数,其他情况与后者类似。

消费者行为:

$$p_1+tx^2=p_2+ty^2 \tag{9.18}$$

厂商行为:

第一阶段均衡价格为:

$$p_1^*=t(l-a-b)(l+\frac{a-b}{3}) \tag{9.19}$$

$$p_2^*=t(l-a-b)(l+\frac{b-a}{3}) \tag{9.20}$$

利润为:

$$\pi_1^*=\frac{t}{18}(l-a-b)(3l+a-b)^2 \tag{9.21}$$

$$\pi_2^*=\frac{t}{18}(l-a-b)(3l+b-a)^2 \tag{9.22}$$

第二阶段区位选择满足:

$$\frac{\partial \pi_1^*}{\partial a}<0 \tag{9.23}$$

$$\frac{\partial \pi_2^*}{\partial b}<0 \tag{9.24}$$

A、B 两家厂商都有向两端移动的激励。在最后均衡时,A、B 位于线形城市的两个端点 0、1,为分散均衡。

第三节 空间 Cournot 数量竞争

一、Cournot 模型

法国经济学家古诺(Cournot,1838)提出了非完成竞争条件下的厂商竞争模型。Cournot 模型假设市场上有两家厂商,每家厂商生产同质的产品,而且每家厂商都有相同的成本 C。

市场价格与市场上的总产出有关,需求(反需求)函数为:

$$p = \alpha - \beta Q = \alpha - \beta(q_1 + q_2) \tag{9.25}$$

这里 $\alpha > 0, \beta > 0, q_1, q_2$ 分别为两家厂商的产量。Cournot 模型与 Bertand 模型不同,它假设每家厂商进行产品数量竞争,每家厂商的利润与竞争者的产量、自己的产量及其边际成本有关。厂商 A 的利润函数为:

$$\pi_1(q_1, q_2) = pq_1 - c = \alpha - \beta(q1 + q2))q1 - c \tag{9.26}$$

同理,厂商 B 的利润函数为:

$$\pi_2(q_1, q_2) = pq_2 - c = \alpha - \beta(q1 + q2))q2 - c \tag{9.27}$$

如果两家厂商同时出价(完全信息静态博弈),则 Cournot 均衡为:

$$q1 = q2 = \frac{\alpha}{3\beta} \tag{9.28}$$

这时,$p = \frac{2\alpha}{3} > 0$。

二、空间 Cournot 模型

空间 Cournot 模型就是将 Cournot 数量竞争的模型纳入线形或圆形城市分析框架,以探讨厂商集聚的规律。可以说,空间 Cournot 模型就是 Cournot 模型加 Hotelling 模型。Anderson 和 Neven (1991)、Pal(1998)是空间 Cournot 模型的代表,下面将以 Pal(1998)来介绍空间 Cournot 模型。

Pal(1998)提出圆形城市,其建模环境为:

(1)消费者均匀地分布在圆形城市上,圆形城市的周长为 1;

(2)N 个同质的厂商,生产成本为 0;

(3)厂商运输到消费者产品的单位运输成本为 t;

(4)x_1、x_2 为两家厂商的区位,不是一般性,设 $x_2 = 1/2$,即位于 1/2 处(顺时针),

$0 \leqslant x_1 \leqslant 1/2$;

(5)消费者没有套利行为,且 $a > 2t$。

(一)消费者行为

在区位 x 的总需求为 $Q(x)$,需求函数为 $p(x) = a - bQ(x)$,显然

$$Q(x) = \sum_{q=1}^{n=2} q_j = q_1 + q_2 \tag{9.29}$$

(二)生产者行为

设 $\Pi_1(x, x_1, x_2)$ 为厂商1在 x 的利润函数,则:

$$\Pi_1(x, x_1, x_2) = (p - bQ(x) - t|x - x_1|)q_1 = (p - b(q_2 + q_1) - t|x - x_1|)q_1 \tag{9.30}$$

同理,可得:

$$\Pi_2(x, x_1, x_2) = (p - bQ(x) - t|x - x_2|)q_2 = (p - b(q_2 + q_1) - t|x - x_2|)q_2 \tag{9.31}$$

一阶条件为:

$$\frac{\partial \pi_1}{\partial q_1} = 0 \tag{9.32}$$

$$\frac{\partial \pi_2}{\partial q_2} = 0 \tag{9.33}$$

求解 q_1、q_2,并将之代入上面的利润函数中,利润函数则变为:

$$\pi_i(x) = \frac{1}{(n+1)^2 b} \left[a + \sum_{\substack{j=1 \\ j \neq j}}^{n} t|x - x_j| - nt|x - x_i| \right]^2 \tag{9.34}$$

厂商1选择 x_1 使其利润最大化,即:

$$\pi_1(x_1, x_2) = \int_0^1 \pi_1(x, x_1, x_2) dx \tag{9.35}$$

由于假设 $x_2 = \frac{1}{2}$,$0 \leqslant x_1 \leqslant \frac{1}{2}$,所以

$$\pi_1\left(x_1, \frac{1}{2}\right) = \int_0^{x_1} \pi_1(x) dx + \int_{x_1}^{1/2} \pi_1(x) dx + \int_{\frac{1}{2}}^{\frac{1}{2}+x_1} \pi_1(x) dx + \int_{\frac{1}{2}+x_1}^{1} \pi_1(x) dx$$

$$\frac{d\pi_1(x_1, 1/2)}{dx_1} = \frac{4t^2 x_1(2x_1 - 1)}{9b} = 0 \tag{9.36}$$

则 $x_1 = 0$ 或者 $x_1 = \frac{1}{2}$。

又由于

$$\frac{d\pi_1^2\left(x_1, \frac{1}{2}\right)}{dx_1^2} = \frac{4x_1 - 1}{9b} = \begin{cases} < 0, x_1 < 1/4 \\ > 0, x_1 > 1/4 \end{cases} \tag{9.37}$$

所以，$x_1=0$ 时，利润达到全局最大，这时候的纳什均衡为 $\left(0,\frac{1}{2}\right)$，即 x_1、x_2 选择区位分散。更一般地，在数量-区位的博弈中，存在唯一的子博弈精炼纳什均衡，即厂商选择等距离在圆形城市分布。

第四节 空间 Bertrand 价格竞争

一、Bertrand 竞争简介

伯川德(Bertrand,1883)提出企业竞争主要是价格竞争而不是产量竞争，在此基础上进而发展了不完全竞争条件下的垄断竞争模型。

假设有两家厂商，生产同一种产品，拥有相同的边际成本 c。

两家厂商同时宣布他们的价格分别为 p_1、p_2，如果 $p_1>p_2$，则消费者会购买厂商 B 的产品，厂商 A 的利润为 0；如果 $p_2>p_1$，则消费者会购买厂商 A 的产品，厂商 B 的利润为 0。每家厂商的利润与竞争者的价格、自己的价格及其边际成本有关，因为低于边际成本，厂商的利润将小于 0，所以厂商是不会做的。这样对于厂商 A 来说，其利润如下：

$$\pi_1(p_1,p_2)=\begin{cases} p_1-c, c<p_1<p_2 \\ \frac{1}{2}(p_1-c), c<p_1=p_2 \\ 0, 其他 \end{cases} \tag{9.38}$$

同理，对于厂商 B 来说，

$$\pi_2(p_1,p_2)=\begin{cases} p_2-c, c<p_2<p_1 \\ \frac{1}{2}(p_2-c), c<p_1=p_2 \\ 0, 其他 \end{cases} \tag{9.39}$$

由于价格低就可以获得整个市场，因此每家厂商都有动力降低其价格，直至价格等于边际成本 c，这时候每家厂商都获得零利润(经济利润)，即：

$$p_1=p_2=c \tag{9.40}$$

二、空间 Bertrand 竞争的建立与求解

空间 Bertrand 模型就是将 Bertrand 数量竞争的模型纳入线形或圆形城市分析框

架,以探讨厂商集聚的规律。可以说,空间 Bertrand 模型就是 Bertrand 模型加 Hotelling 模型。上述 D'Asremont-Gabszewitz-Thisse(1979)是经典的空间 Bertrand 竞争的例子,下面将介绍空间 Bertrand 竞争的圆形城市方法,而圆形城市模型以 Salop(1979)圆形城市模型最为著名。

(一)建模环境

Salop(1979)模型有四个假设条件:

(1)由线形城市变成圆形城市,城市的周长为 1;

(2)消费者均匀地分布在城市上,每个消费者购买一单位的商品;

(3)圆形城市之上的交通费用为 t;

(4)开办一家工厂的固定成本为 f,生产一单位产品的可变成本为 c。

在这四个假设条件下,Salop(1979)模型等同于一个动态博弈过程:

(1)厂商选择是否进入城市市场;

(2)厂商在给定的区位条件下进行价格竞争。

这里给定的区位是指厂商选择进入圆形城市,且等距离地分布在圆形城市上。

(二)给定区位条件下的价格竞争

我们先来看消费者,如图 9.4 所示,一个代表性消费者处于厂商 A 和厂商 B 之间,距离厂商 A 之 x 地点,注意到每家厂商的距离为 $\frac{1}{n}$,则消费者到厂商 A 和厂商 B 的消费无差异要满足如下条件:

$$p_2 + t\left(\frac{1}{n} - x\right) = p_1 + tx \tag{9.41}$$

即:

$$x = \frac{1}{2t}\left(p_2 - p_1 + \frac{t}{n}\right) \tag{9.42}$$

一个代表性厂商如厂商 A 的需求来自其两侧的消费者,则厂商 A 的需求为:

$$D_1(p_1, p_2) = 2x = \frac{1}{t}\left(p_2 - p_1 + \frac{t}{n}\right) \tag{9.43}$$

厂商 A 的利润函数为:

$$\pi_1(p_1, p_2) = (p_1 - c)D_1 - f = (p_1 - c)\frac{1}{t}\left(p_2 - p_1 + \frac{t}{n}\right) - f \tag{9.44}$$

一阶条件为:

$$\frac{\partial \Pi_1}{\partial p_1} = 0 \tag{9.45}$$

可以求得:

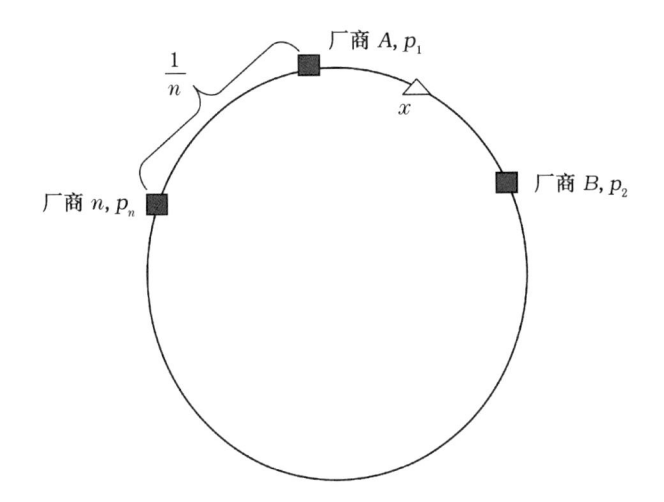

图 9.4　Salop 模型中厂商的区位选择

$$p_1 = \frac{t}{n} + c \tag{9.46}$$

同理，可得：

$$p_i = \frac{t}{n} + c \tag{9.47}$$

随着厂商数量 n 增加，均衡的价格越来越小，当 n 足够大时，$p=c$。

（三）厂商选择是否进入城市市场

厂商可以自由进入城市市场，则厂商 A 的利润函数为：

$$\pi_1(p_1, p_2) = (p_1-c)D_1 - f = (p_1-c)\frac{1}{t}\left(p_2-p_1+\frac{t}{n}\right) - f = 0 \tag{9.48}$$

一阶条件为：

$$\frac{t}{n^2} - f = 0 \tag{9.49}$$

可以求得均衡时的厂商数量为：

$$n = \sqrt{\frac{t}{f}} \tag{9.50}$$

厂商数量由厂商的固定成本和消费者的交通费用决定。

一个政府规划者将最小化企业的固定成本和消费者的运输成本：

$$\min_n\left[nf + t\left(2n\int_0^{\frac{1}{2n}} x\,\mathrm{d}x\right)\right],\text{即}\min_n\left(nf + \frac{t}{4n}\right) \tag{9.51}$$

可以求得：

$$\check{n} = \frac{1}{2}\sqrt{\frac{t}{f}} = \frac{1}{2}n \tag{9.52}$$

可见，厂商可以自由进入的数量是社会最优进入数量的 2 倍，大于社会最优数量。

通过上面的理论分析，我们会发现经济集聚是个复杂的现象，运输成本、市场规模、市场结构等都影响企业区位的决策行为，区位既是单个企业的行为，又是多个企业的空间相互作用的结果，有些产业区位不一定是社会最优的区位。

参考文献

［1］［美］罗伯特·吉本斯. 博弈论基础［M］. 北京：高峰，译. 中国社会科学出版社，1999.

［2］D'Aspremont C, Gabzewics J J, Thisse J-F. On Hotelling's Stability in Competition［J］. *Econometrica*, 1979, 47(5).

［3］Hotelling H. Stability in Competition［J］. *Economic Journal*, 1929, 39(153).

［4］Salop S. Monopolistic Competition with Outside Goods［J］. *The Bell Journal of Economics*, 1979, 10(1).

［5］Pal D. Does Cournot Competition Yield Spatial Agglomeration?［J］. *Economics Letters*, 1998, 60(1).

［6］Economides N. Minimal and Maximal Product Differentiation in Hotelling's Duopoly［J］. *Economics Letters*, 1986, 21(1).

［7］Economides N. Quality Variations and Maximal Variety Differentiation［J］. *Regional Science and Urban Economics*, 1989, 19(1).

［8］Neven D. On Hotelling's Competition with Non-Uniform Customer Distributions［J］. *Economics Letters*, 1986, 21.

［9］Neven D. Endogenous Sequential Entry in a Spatial Model［J］. *International Journal of Industrial Organization*, 1987, 5(4).

［10］Neven D, Thisse J-F. On Quality and Variety Competition［A］// Gabszwicz J J, Richard J F, Wolsey L. *Economic Decision Making: Games, Econometrics, and Optimization*. Amsterdan: North-Holland, 1990.

［11］Pal D, Sarkar J. Spatial Competition Among Multi-Store Firms［J］. *International Journal of Industrial Organization*, 2002, 20(2).

［12］Thisse J-F, Vives X. On the Strategic Choice of Spatial Price Policy［J］. *American Economic Review*, 1988, 78(1).

［13］Anderson Simon and Neven Damien. Cournot Competition Yields Spatial Agglomeration［J］. *International Economic Review*, 1991, 32(4).

［14］Cournot A. Researches into the Mathematical Principles of the Theory of Wealth(1838)［M］. Trans. N T Bacon. New York: Macmillan, 1929.

思考与练习

1. 找一本博弈论，理解纳什均衡、静态博弈、动态博弈、子博弈精炼纳什均衡等概念。

2. 为什么 Hotelling 模型是理解集聚的重要视角？

3. 与第七章思考与练习第 2 题的题设相同，请用逆推法求下面图形的最小冰山成本。

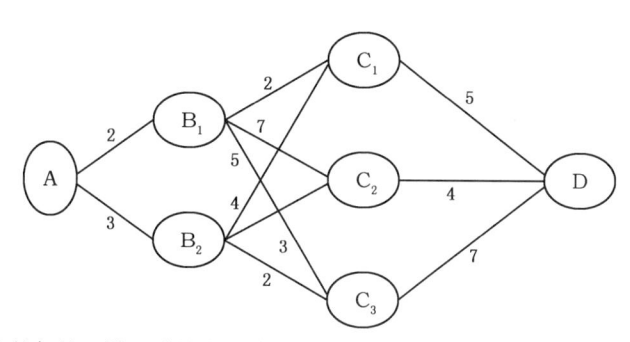

4. 假设商贩卖的都是一样品质的小豆冰棍，而且价格都一样，如果存在 3 个小商贩，区位该如何选择？是集聚均衡还是分散均衡？如果存在 n 个小商贩呢？

5. 根据 Cournot 模型，假设每个厂商的成本为 $C=cq_i$，求解 Cournot 均衡。

6. 如果将 Salop(1979) 的条件改为消费者均匀分布在线形城市上，线形城市的周长为 1，请研究厂商集聚的特点。

7. 如果将 Pal(1998) 的假设条件改为消费者均匀分布在长度为 1 的线形城市上，请研究厂商的集聚特点。

8. 此题来自 Economides(1986)。在 Hotelling 模型中，假设运输成本采取 $f(d)=td^\alpha$，请回答 α 为多少时存在空间均衡（子博弈精炼纳什均衡）。

9. 此题来自 Neven(1986)。如果消费者的分布不均匀，而是集中于线形城市的中央，则厂商也会向中央集聚，而厂商距离越近竞争就可能越激烈。请证明 Hotelling 空间均衡的一个条件是消费者的市场分布曲线是凹的。

10. 有人总结了不同城市的集聚特点：

类型	线形城市	圆形城市
Cournot	集聚	分散
Bertrand	分散	分散

请问上述结论正确吗？

11. 利用 GIS 测算北京、上海、广州、深圳、成都等城市的麦当劳与其最近的肯德基的距离，并解释为什么会存在这种现象？

12. 平台经济使得商品之间的质量趋同还是差距越来越大？请以中国几个著名的平台为例进行说明，并模型化。

第十章 地方政府模型

第一节 最优地方政府模型

一、Tiebout 模型简介

公共物品是具有消费上的非竞争性(Nonrival in Consumption)与非排他性(Nonexcludable)的物品。根据受益范围可将公共物品分成俱乐部物品、地方公共物品、全球公共物品。市场化提供公共物品存在"搭便车"问题,但如果找到一种机制来配置公共物品呢? 萨缪尔森(Samuelson,1954)给出了关于公共物品提供的一个条件,即萨缪尔森条件:

$$\sum MRS = MRT \tag{10.1}$$

公共物品和私人物品的边际替代率之和等于公共物品和私人物品的边际技术转换率。这个条件的含义是公共物品的提供成本由其受益的主体分摊。那么,对于地方公共物品,各经济主体该如何分摊呢? Tiebout(1956)提出了"用脚投票"机制。

每个社区都有一个税收与公共物品组合套餐,消费者"用脚投票"选择社区,以类似市场机制方式配置地方公共物品,增进社会福利,因而被称为 Tiebout(1956)"用脚投票"模型,见图 10.1。Tiebout(1956)提出了 7 条假设:①消费者-投票者自由选择自己偏好的社区;②消费者-投票者对社区的收入支出拥有完全信息;③社区数量足够多;④没有就业限制;⑤每个消费者均靠利息收入生活;⑥社区之间没外部性;⑦每个社区在没有达到最优规模前追求最优社区。有学者注意到只有在很严格的条件下,Tiebout 均衡才存在,而在社区数量相对少的时候,由于没有市场机制来协调个人的区位决策,迁移均衡可能是无效率的。假如收入税作为提供地方公共物品的来源,那么可能社区间就没有均衡配置了,因为没有人有动力迁移到其他社区,而且只有在公共服务而非公共物品时才成立,社区数量与消费者类型相匹配,政府利润最大化,均衡时利润为 0,社区之间在自由贸易的前提下均衡才存在(Bewley,1981)。

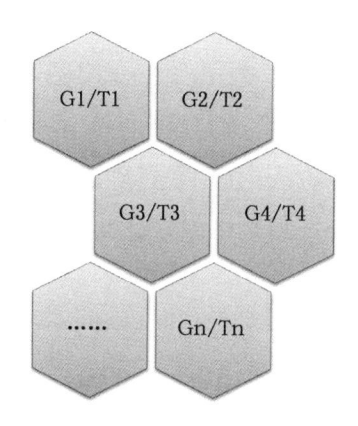

图 10.1 竞争的地方政府

二、Tiebout 模型建立与求解

Tiebout 模型阐述了地方政府存在的必要性和分权的重要性,但是没有涉及一个固定的地理范围内最佳的地方政府数量,从而出现了辖区的面积问题,这方面具有开拓性贡献的是 Alberto 和 Spolaore(1997)等人,他们探讨了最佳的国家数量和面积,这种探讨也适用于地方政府的数量和辖区规模问题。

(一)建模环境

Alberto 和 Spolaore(1997)使用一个模型来描述政府数量与管辖区的关系,他们的理论将规模与数量内生化,提出辖区内规模与数量的关系。一个经济体有消费者(居民)和政府两个主体,居民缴税享受公共服务,而政府是个好政府,政府收税并最大化辖区居民的效用。

(二)消费者行为

一个典型消费者的效用函数为:

$$U_i = Y_i + g(1 - al_i) - \tau_i \tag{10.2}$$

上述效用函数包括三部分:一是消费者的收入 Y_i;二是消费者享受的公共服务 $g(1-al_i)$,其中,g 为参数,代表公共物品的水平,l_i 为个人 i 到其政府的偏好距离,a 为参数;三是消费者要缴纳的税收 τ_i。

(三)政府行为

政府是个好政府,政府的目标是地区居民的效用最大化,政府面临的规划问题为 $\max \int_1^N U_i \mathrm{d}i$,约束条件为 $\int_1^N \tau_i \mathrm{d}i = Nk$。

上述规划问题可以转换成下列形式:

$$\int_0^1 U_i \mathrm{d}i = \sum_{x=1}^N s_x \left[g(1-aE_x(1_i)) + Y - E_x(t_i) \right] \tag{10.3}$$

约束条件为：

$$\sum_{x=1}^N E_x(t_i) = Nk \tag{10.4}$$

式中，x 代表地方政府，s 为其规模。$aE_x(1_i)$、$E_x(t_i)$ 分别为地方 x 的平均距离和平均税收。对于给定的 N，中央计划者将配置公共物品于每个 x 的中间位置，显然，$E_x(1_i) = \frac{s_x}{4}$。上述规划可以简化为：

$$\begin{aligned} \operatorname{Min} & \frac{ga}{4}\sum_{x=1}^N s_x^2 + Nk \\ s.t. & \sum_1^N s_x = 1 \end{aligned} \tag{10.5}$$

若每个地方面积均相等，$s = \frac{1}{N}$，则上式可以变为：

$$\operatorname{Min} \frac{ga}{4N} + kN \tag{10.6}$$

求关于 N 的一阶导数，可得：

$$N^* = \frac{1}{2}\sqrt{\frac{ga}{k}} \tag{10.7}$$

也就是说，政府数量与政府提供的公共物品 1/2 次方成正比、与政府的成本的 1/2 次方成反比。结论非常简单，但是实际情况比理论更为复杂，不仅与这些直接的因素有关，而且与历史、宗教、语言、文化等有关系。中国地方政府数量存在一个距离衰减规律，即单位面积上的地方政府个数不同，以县级政府为例，距离北京越近，地方政府越密；距离北京越远，地方政府越稀疏。另外，一省方言越多，地方政府密度往往越大。

第二节 政府间策略相互作用

一、两种类型

Brueckner(2003)将政府之间的互动（包括竞争）称之为政府间策略相互作用（Strategic Interaction Among Governments）。政府间相互作用的模型主要包括两大类：一是溢出类型（Spillover Model）；二是资源流动类型（Resource-Flow Model）。

(一)溢出类型

每个辖区 i 根据自己的辖区特征 X_i 选择自己的决策变量 z_i，但这种选择受其他辖区决策变量 z_{-i} 的影响，因此 i 辖区的效用函数为 $V(z_i, z_{-i}, X_i)$。

当效用最大化，可以求出最优解为 $z_i = R(z_{-i}, X_i)$。

溢出模型的代表是政府间的标尺竞争(Yardstick Competition)。所谓标尺竞争就是以其他政府为标杆，其他辖区的行为影响本辖区的决策。在实践中，更多地可以看到这种现象：人家干什么我们也干什么，你建广场我也建广场，你吸引 FDI 我也吸引 FDI，你发展服务业我也发展服务业。

(二)资源流动类型

每个辖区 i 都有自己的特征且受制于本辖区内的资源。因此，辖区 i 的效用函数可以写成 $\tilde{V}(z_i, s_i, X_i)$。资源 S_i 受制于辖区 i 的决策变量 Z_i、其他辖区的决策变量 z_{-i}，即 $s_i = H(z_i, z_{-i}, X_i)$。

税收竞争是典型的资源流动模型，在实践中辖区政府为了吸引 FDI 而采取种种税收优惠政策，已经成为普遍现象。

二、Zodrow-Mieszkowski-Wilson 模型

地方政府之间的策略行为最主要的表现是税收竞争，税收竞争的标杆模型是由 Zodrow 和 Mieszkowski(1986)、Wilson(1986)提出的，被称为 Zodrow-Mieszkowski 模型或 Zodrow-Mieszkowski-Wilson 模型，与 Tiebout 模型不同的是，Zodrow-Mieszkowski-Wilson 模型假设地方政府吸引的流动资源是资本，资本从高税率地区流向低税率地区。Zodrow-Mieszkowski-Wilson 模型对流动性资源的竞争导致了次优的低税率，一个地方降低税率吸引流动性资源对其他地区产生了负的外部性，使其他地区的税基减少，而其他地区也会降低税率来吸引这些流动性资源，"竞争到底"(Race to the Bottom)就产生了，由于财政收入不足，地方公共物品提供也不足。在 Zodrow-Mieszkowski-Wilson 模型的基础上，税收竞争模型得到了发展[Keen 和 Kotsogiannig(2002)；Bucovetsky(2009)；Saez 和 Zucman, 2019]。

(一)建模环境

(1)国家拥有 N 个同质的辖区，每个地区拥有相同的土地和同质的不能移动的居民。

(2)每个地区的人口都标准化为 1，因此 N 既是国家的人口数，又是这个国家的地区数量。

(3)代表性厂商：在完全竞争的市场结构下，每家厂商都利用资本与土地两种生产要素进行生产。全国总资本为 $\bar{K}$，厂商的生产函数可以简化为 $F(K)$，规模报酬不

变,且 $F_K>0, F_{KK}<0$。资本可以在各个地区之间流动。

(4)代表性居民:居民不能移动,所得来自资本 K 和土地的回报,资本收益率为 ρ,回报全部用来个人消费。

(5)政府:提供公共物品,并对资本 K 征税,税率为 t,即征税额为 tK。假设政府是个好政府,它能最大化辖区居民的效用。

(二)生产者行为

我们先来看厂商行为,对于一个典型厂商而言,其利润函数为:

$$\pi(K)=F(K)-rK-tK \tag{10.8}$$

式中,$F(K)$为生产函数,r为资本成本,t为政府课征的资本税税率。第一项为厂商的产出,第二项为资本成本,第三项为缴纳的租税。典型厂商追求利润最大化时,即 $\max\pi(K)=F(K)-rK-tK$。

一阶条件为:

$$F_K-r-t=0 \tag{10.9}$$

即 $F_K=r+t$,K 为 r 与 t 的函数。

上式两边对 t 求导可得:

$$F_{KK}\frac{\partial K}{\partial t}=1,即\frac{\partial K}{\partial t}=\frac{1}{F_{KK}} \tag{10.10}$$

可见,在资本市场均衡时全国的资本等于各个地区资本的总和,所以

$$\frac{\bar{K}}{N}=K \tag{10.11}$$

(三)消费者行为

对于代表性居民来说,其预算约束为:

$$C=F(K)-(r+t)K+r\frac{\bar{K}}{N} \tag{10.12}$$

前两项是居民来自其投资的厂商所得,后一项是居民拥有的资本利得。

相应的居民的效用函数为 $U(C,G)$。居民的效用来自两个部分:其一是消费品 C;其二为政府提供的公共物品 G。

(四)政府行为

对于政府而言,政府公共物品的支出来自对资本的课税,即 $G=tK$。假设政府是个好政府,最大化辖区居民的效用函数为 $\max_t U(C,G)$。

约束条件有两个:一个来自居民的约束,另一个是政府的征税约束。

$$C=F(K)-(r+t)K+r\frac{\bar{K}}{N} \tag{10.13}$$

$$G = tK \tag{10.14}$$

注意到 K 为 t 的函数,上面的整个规划可以写成

$$V(t) = U[C(t), G(t)] \tag{10.15}$$

一阶条件为:

$$\frac{\partial V}{\partial t} = \frac{\partial U}{\partial C}\Big(F_K \frac{\partial K}{\partial t} - r\frac{\partial K}{\partial t} - K - t\frac{\partial K}{\partial t}\Big) + \frac{\partial U}{\partial G}\Big(K + t\frac{\partial K}{\partial t}\Big)$$

$$= U_C\Big((r+t)\frac{\partial K}{\partial t} - r\frac{\partial K}{\partial t} - t\frac{\partial k}{\partial t} - K\Big) + U_G\Big(K + t\frac{\partial K}{\partial t}\Big)$$

$$= 0$$

即:

$$\frac{U_G}{U_C} = \frac{1}{1 + \frac{\partial K}{\partial t}\frac{t}{K}} = \frac{1}{1 - |e_{K,t}|} > 1 \tag{10.16}$$

式中,$e_{K,t}$ 称之为税收的资本弹性,即资本变动的百分率,税收课征增加 1%。$\frac{U_G}{U_C} > 1$,即公共支出的边际效用大于私人支出的边际效用,辖区政府继续提供公共物品的时候,消费者的效用会继续增加,因此税收竞争使得公共物品提供低于最优。

第三节 基于 NEG 的税收竞争模型

基于新经济地理学的税收竞争模型是在新经济地理模型的基础上加入财政税收的因素,使得扩展的模型能够处理空间财政问题。本节主要介绍税收与集聚的问题。在其他条件相同的情况下,企业会跑到低税收地区,这是很多地区以税收优惠政策吸引企业的原因。但是有些高税收地区的企业并不会发生区位迁移,这是什么原因呢?道理非常简单,其中重要的原因是集聚经济效益超过税收优惠带来的收益,即:

(1)不考虑集聚效益:企业比较的是地区的税收高低;

(2)考虑集聚效益:企业比较的是集聚是否会大于税收收益。

一、新经济地理框架

(一)建模环境

建模环境与 Martin-Rogers(1995)相同,有东部和西部两个地区,一个产业为制造业。厂商仅使用一种生产要素劳动力,报酬递增,以 Dixit-Stiglitz 垄断竞争为特征。产品不同质,两个地区的产品种类存在差别,由于报酬递增,每家厂商仅仅生产一种产

品,产品种类等于厂商个数。两个地区间的贸易成本采取冰山成本,每个企业必须且仅使用一单位的 K 进行生产,企业的生产函数为 $\pi+cq$。劳动力不能跨地区流动,而资本可以流动。

(二)消费者行为

与 Krugman(1991)一样,通过求解消费者的效用最大化行为可得:

$$q_j = p_j^{-\sigma} P^{\sigma-1} Y = p_j^{-\sigma} P^{\sigma-1} Y \tag{10.17}$$

式中,P 为价值指数。

(三)生产者行为

生产函数变为:

$$l = \pi + cq \tag{10.18}$$

式中,π 为资本的名义收益率。

通过建立生产者利润方程,求解利润最大化,最后可以求得:

$$\pi = \frac{px}{\sigma} \tag{10.19}$$

(四)资本收益率

东部地区厂商的资本收益率为:

$$\pi_1 = \frac{P_1^{\sigma-1} Y_1 + \tau^{1-\sigma} P_2^{\sigma-1} Y_2}{\sigma} \tag{10.20}$$

同理,西部地区厂商的资本收益率为:

$$\pi_2 = \frac{\tau^{1-\sigma} P_1^{\sigma-1} Y_1 + P_2^{\sigma-1} Y_2}{\sigma} \tag{10.21}$$

二、集聚租金

(一)东西部的资本收益等式

假设东部地区与西部地区对企业各征收 t_1、t_2 比例的税收,那么

$$\pi_2 = \frac{\tau^{1-\sigma} P_1^{\sigma-1} Y_1 + P_2^{\sigma-1} Y_2}{\sigma} \tag{10.22}$$

即:企业无论在东部还是在西部,其资本收益率都是相同的。

(二)集聚租金

集聚租金是这样一种状态,即企业全部集中于东部地区时东部的资本收益率与西部之差:

$$\Omega = (\pi_1 - \pi_2 \mid \lambda = 1) \tag{10.23}$$

或者为了计算方便,有时写成

$$\Omega = \frac{\pi_1}{\pi_2} | \lambda = 1 \tag{10.24}$$

我们可以绘出集聚租金与贸易自由度 $\phi = \tau^{1-\sigma}$ 的曲线,见图 10.2。随着贸易自由度(即经济一体化进程)的增加,集聚租金先增加后降低。集聚租金可以征税,产业集聚带来的集聚租金,使得东部地区可以比西部地区征收更高的税,税率在一个范围内,企业不会迁移到另一个地区,税收竞争是"逐顶竞争",而不是"逐底竞争"。Borck 和 Pflüger(2006)认为即使不是集聚均衡,市场规模较大的地区也会产生集聚租金,且同样存在钟形曲线。

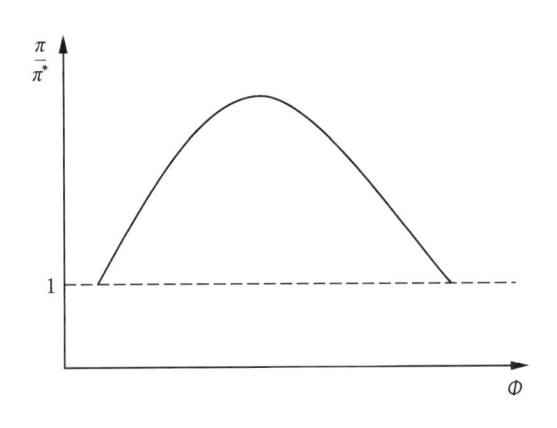

图 10.2 钟形集聚租金曲线

三、带有税收的空间均衡

在不考虑税收的情况下,可以求得东部地区企业集聚的内点解:

$$\lambda = \frac{1}{2} + \left(\frac{1+\tau^{1-\sigma}}{1-\tau^{1-\sigma}}\right)\left(k_1 - \frac{1}{2}\right) \tag{10.25}$$

即:东部吸引资本不仅取决于东部的市场消费能力,还取决于贸易自由度。西部的情况与此类似。这与第七章资本流动模型相同。

如果东部、西部地区各征收 t_1、t_2 的税,在 $t = t_1 = t_2$,$b = \frac{1}{\sigma}$,$Z = \left(\frac{1+\phi}{1-\phi}\right)$ 时,内点解为(Forslid,2005):

$$\lambda = \frac{1}{2} + \left(\frac{\dfrac{t}{\sigma} - 1}{\dfrac{t}{\sigma} - \dfrac{1+\tau^{1-\sigma}}{1-\tau^{1-\sigma}}}\right)(k_1 - 1) \tag{10.26}$$

即使征收相同比例的税收,东部和西部地区的产业集聚状态也会发生变化。

参考文献

[1][比]吉恩·希瑞克斯,[英]加雷思·D. 迈尔斯. 中级公共经济学[M]. 张晏,等,译. 上海:格致出版社,2011.

[2]踪家峰. 公共经济学十二讲[M]. 北京:中国人民大学出版社,2021.

[3]Baldwin R, Forslid R, Martin P, Et Al. *Economic Geography and Public Policy* [M]. New Jersey: Princeton University Press, 2003.

[4]Borck R And Pflüger M. Agglomeration and Tax Competition [J]. *European Economic Review*, 2006, 50(3).

[5]Forslid R, Anderson F N. Tax Competition and Economic Geography [J]. *Journal of Public Economic Theory*, 2003, 5(2).

[6]Jofre-Monseny J. Is Agglomeration Taxable? [J]. *Journal of Economic Geography*, 2013, 13(1).

[7]Oates W E. An Essay on Fiscal Federalism [J]. *Journal of Economic Literature*, 1999, 37(3).

[8]Tiebout C M. A Pure Theory of Local Expenditures [J]. *Journal of Political Economy*, 1956, 64(5).

[9]Wilson J D. Theories of Tax Competition [J]. *National Tax Journal*, 1999, 52(2).

[10]Zodrow G, Mieszkowski P, Pigou T. Property Taxation and the Underprovision of Local Public Goods [J]. *Journal of Urban Economics*, 1986, 19(3).

[11]Glaeser E L. Urban Public Finance[A]// Auerbach A J, Chetty R, Feldstein M, et al. *Handbook in Public Economics*. Amsterdam: Elsevier B V, 2013.

[12]Bewley Truman F. A Critique Of Tiebout'S Theory of Local Public Expenditure[J]. *Econometrica*, 1981, 49.

[13]Bucovetsky S. An Index of Capital Tax Competition[J]. *International Tax and Public Finance*, 2009, 16(6).

[14]Forslid R. Tax Competition and Agglomeration: Main Effects and Empirical Implications [J]. *Swedish economic policy review*, 2005, 12(1).

[15]Keen M & Kotsogiannis C. Does Federalism lead to Excessively High Taxes? [J]. *American Economic Review*, 2002, 92(1).

[16]Saez Emmanuel and Gabriel Zucman. *The Triumph of Injustice: How the Rich Dodge Taxes and How to Make Them Pay*[M]. New York: W W Norton, 2019.

[17]Wilson J D. A Theory of Interregional Tax Competition[J]. *Journal of Urban Economics*, 1986, 19(3).

思考与练习

1. 什么是公共物品的非排他性与非竞争性？

2. 请证明萨缪尔森条件：$\sum \text{MRS} = \text{MRT}$，并说明其含义。

3. 一个国家包括两级政府：一个中央政府和 N 个地方政府，每个地方政府有一个代表性的居民，居民储蓄为 S，每个地方政府有一代表性的企业，每个企业投入 K_i 单位的资本，生产函数为 $F(K)$，满足 $F'>0$ 且 $F''<0$。资本在各个辖区自由流动。资本的税后收益为 ρ，辖区对 K_i 征收的税率为 t_i，中央政府对每个辖区征收的资本税率为 T，$\tau_i = t_i + T$。请证明：① 资本需求等式：$F'(K_i) = \rho + \tau_i$；② 资本市场的出清条件为 $NS(\rho) = \sum_{i=1}^{N} K(\rho + \tau_i)$。

4. Alberto-Spolaore(1997)模型讨论了中央和地方两级政府条件下地方政府的最优规模问题，如果是中央－省－市县三级政府，那么该如何扩展模型？

5. Zodrow-Mieszkowski-Wilson 模型是竞争流动资本的模型，如果换成地方政府的支出，那么模型将如何改变？

6. 如何将各地区的环境(污染)因素纳入基于 NEG 的税收竞争模型中？

7. 支出竞争是地方政府竞争的主要形式之一，研究地方政府间的支出竞争的一个工具是空间计量经济学。请以地方政府教育支出数据为例，利用空间计量经济来实证研究城市间的经济建设、教育、医疗支出竞争。

8. 财政"省直管县"是中国财政体制改革的一个内容，请建立模型来阐述"省直管县"在什么条件下可以提高县级政府税收分成比例。

9. 1994 年中国分税制改革，在分税制背景下是否存在纵向税收竞争？中央政府有没有动机集中税收征管权来压缩地方税收竞争的空间？请用模型证明你的想法。

10. 下列是中央和地方财政收入、财政支出的演变图，请根据此图分析中国财政体制的特点，并说明分税制进一步改革的方向。

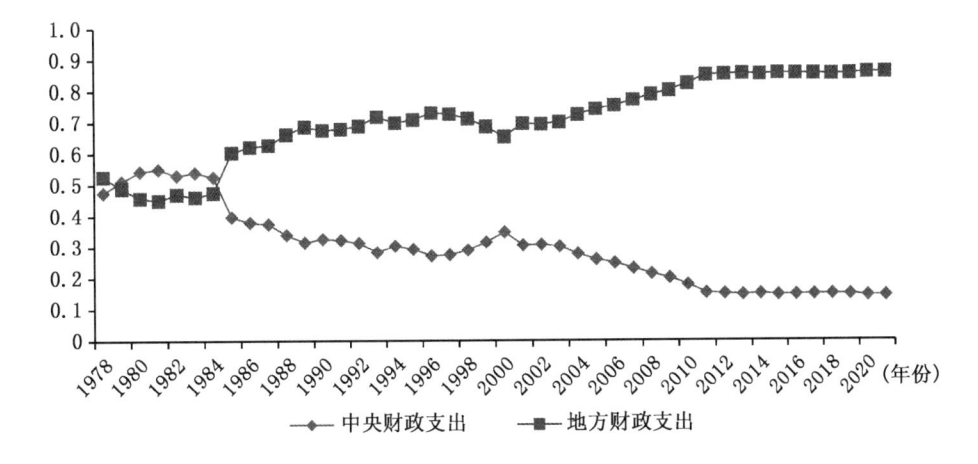

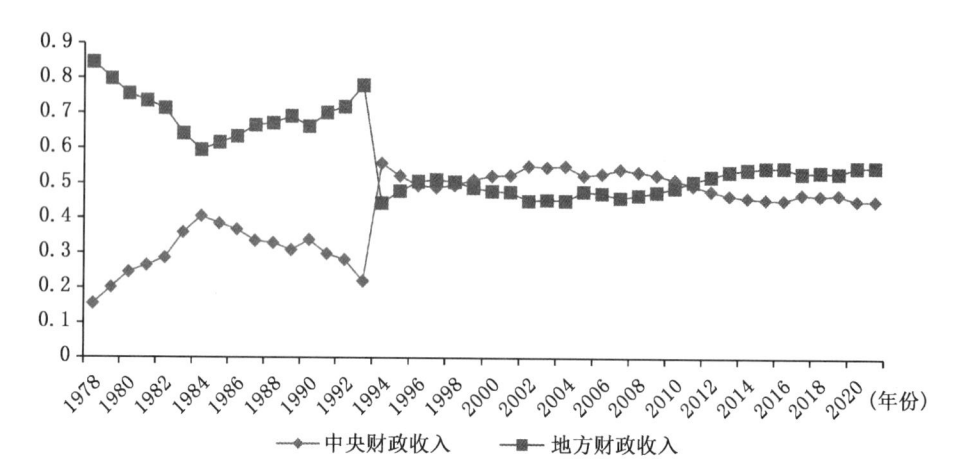

11. 根据下图,分析 1985 年以来中国主要税种演变特点。

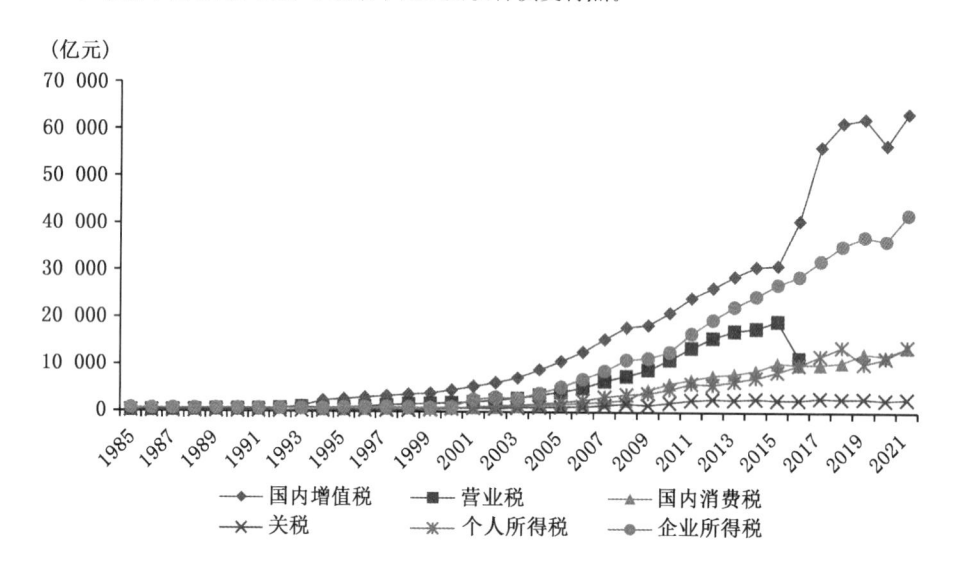

12. 撤县设市与撤县设区是中国地方政府治理的重要内容,请建立中国撤县设市与撤县设区的数据库,并分析撤县设市与撤县设区对经济发展、环境质量和房价的影响。

13. 分权与经济增长的关系是地方公共经济学研究的重要课题,其中分权指标的构建存在多种形式,见下表:

收入指标	地方财政收入占比	地方财政收入 / 中央财政收入
支出指标	地方财政支出占比	地方财政支出 / 中央财政支出
税收分成指标	税收分成比例	主要税种分成比例
其他指标		

分别利用上述指标建立实证模型,以 Stata 或 R 语言处理相关数据分析之并完成下列练习:

①利用中国省级数据计算分权是否促进了中国省级经济增长。
②利用省市分权数据计算分权是否促进了地级市的经济增长。
③尝试构建新的分权指标。
④为了解决分权的内生性问题,构建分权的工具变量。将省、市、县到北京的距离或者市县到省会的距离作为工具变量是否可行? 请说出理由。

14. 是否应该对集聚租金征税?

第十一章 实证论文初步 I

第一节 论文的基本范式

区域与城市经济学属于经济学,想更好理解现代经济学和现代经济学的论文写作,可以阅读林毅夫(1995)、钱颖一(2003)等人的文章,这里不再赘述。本章只是简单地论述区域与城市经济学的一般研究规范和方法。学术论文基本包括以下部分:题目、摘要、关键词、正文和参考文献。其中,正文是论文最主要的部分,一般包括以下几种模式:第一种模式为既包括理论模型又包括实证模型,即引言、文献综述、理论模型、实证模型、实证结果、讨论与结论;第二种模式为只有理论模型没有实证检验,有的论文进行数值模拟,有的则没有进行数值模拟;第三种模式为实证研究,没有理论研究。论文模式见表11.1。

表 11.1　　　　　　　　　　论文三种模式

序号	内容	模式1	模式2	模式3
1	引言	√	√	√
2	文献综述	√	√	√
3	理论模型	√ / 参数校准与数值模拟	√	无理论模型
4	实证模型、数据与变量	√	参数校准与数值模拟	√
5	基准回归	√		√
6	稳健性、异质性与内生性检验	√		√
7	机制分析	√		√
8	结论与讨论	√	√	√
9	政策启示	可有可无	可有可无	可有可无

引言部分主要是阐述写作的背景、意义和论文的边际贡献。文献综述主要是概述具有重大理论价值、有原创性贡献的文献，一篇论文中文献综述不可或缺，只有知道前人的研究成果才能站在他人肩膀上前进。虽然很多论文是纯实证论文，但一篇优秀的区域与城市经济学论文应该既有理论模型又有实证模型，理论模型不可或缺。区域与城市经济学中的主要实证模型为回归分析模型，主要为横截面和面板两大类模型。一篇严谨的区域与城市经济学论文需要进行内生性与稳健性检验。在得出自己的结果后，应与相关文献的发现进行对比，对实证部分的结论进行再分析，揭示论文的新发现是必需的。最后是论文的结论部分，应简单概括自己的研究发现，并提出未来研究可拓展的方向或延展的领域。

第二节　实证模型、变量与数据

一、实证模型

实证研究在区域与城市经济学研究中占有重要地位。Baum-Snow 等（2015）对《城市经济学杂志》发表的论文进行统计分析后，结果发现 1980 年实证研究仅占 57%，到 2010 年则增加到 77%，在实证研究方法中，1980 年主要是利用最小二乘法（OLS），而 2010 年除了 OLS 外，工具变量、因果推断的方法等也开始大量应用。实证方法主要包括统计检验、回归分析、因果推断、多元评价方法和机器学习方法等。简单的统计分析包括均值、方差分析、T 检验、X^2 检验、单因素方差分析、多因素方差分析等。回归分析包括单变量计量经济模型和多变量计量经济学模型，根据数据又可以分成截面数据处理和面板数据处理。随着因果推断革命的发展，因果推断模型正在深刻地改变着计量经济学，常用的因果推断主要包括双重差分法、RDD 方法以及合成控制方法等。对于经济学者而言，通常回归分析和因果推断是最重要的两类实证分析方法，当然实证方法不唯二者，多元分析与评价方法也是很重要的一类实证方法，这类方法包括主成分分析、因子分析、层次分析和数据包络分析等。近年来，随着计算机与大数据技术的发展，机器学习方法已经逐渐为经济学家们所重视和应用。大语言模型开始应用于区域与城市经济学研究。实证方法见图 11.1。

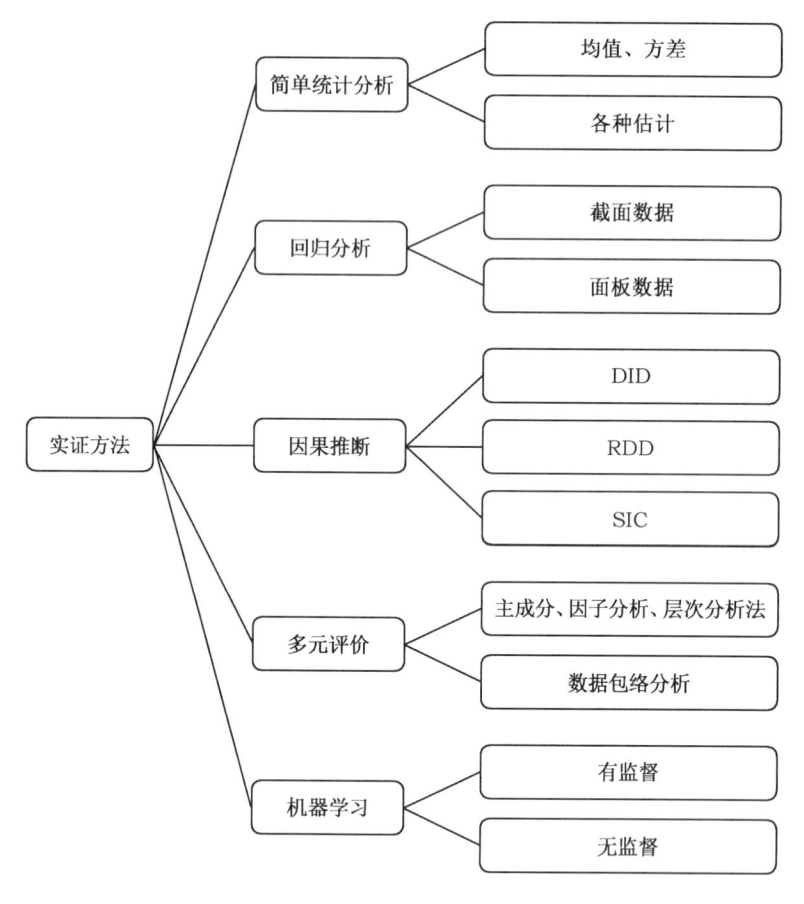

```
实证方法
├── 简单统计分析
│   ├── 均值、方差
│   └── 各种估计
├── 回归分析
│   ├── 截面数据
│   └── 面板数据
├── 因果推断
│   ├── DID
│   ├── RDD
│   └── SIC
├── 多元评价
│   ├── 主成分、因子分析、层次分析法
│   └── 数据包络分析
└── 机器学习
    ├── 有监督
    └── 无监督
```

图 11.1 实证方法

二、变量与数据来源

区域与城市经济学常见的变量或变量集合如下所示。

(一)关于自然地理条件的变量

关于自然地理条件的变量主要包括距离、降水量、气温、地形坡度、PM2.5 等,其中最重要的是距离变量,这是区域与城市经济学的核心变量之一。

1. 距离

对于距离,数学上对其严格的定义为:设 X 是任一非空集,对 X 中任意两点 x、y 有一实数 $d(x,y)$,与之对应并满足:①非负性、同一性,即 $d(x,y) \geqslant 0$,且 $d(x,y)=0$,当且仅当 $x=y$;②对称性,即 $d(x,y)=d(y,x)$;③传递性,即 $d(x,y) \leqslant d(x,z)+d(z,y)$,则称 $d(x,y)$ 为 X 中的一个距离。区域与城市经济学常见的距离为:①城市内部到 CBD 的距离;②两个地区或城市之间的距离;③一点到交通线或港口的距离;④两个地点之间的时间距离,如北京到上海的高铁通行时间等;⑤一个省区的内部距离。距离的测算方法有多种,现在百度、高德、谷歌地图都有距离测量的功能。有一类距离需要计算才能获得,比如说求江苏省到海岸线的距离,可以采用 Redding 和 Venables(2004)提出的地理半径之 $\frac{2}{3}$ 的算法,即 $R = \frac{2}{3}\sqrt{\frac{area}{\pi}}$,其中 area 为地区的面积。实证研究使用的距离暗含距离衰减的意思,这类变量通常的形式为 r_{ij}、r_{ij}^{-2}、$e^{-\beta r_{ij}}$(其中 β 为系数),$\sum \frac{1}{r_{ij}}$ 或 $\sum e^{-\beta r_{ij}}$ 表示区位 i 和区位 j 之间的距离。

2. 其他地理变量

中国国家气象科学信息中心(http://data.cma.cn/)提供了各地区日、月、年度的气温和相对湿度以及降水量等数据,《中国统计年鉴》也提供了当年的一月/七月的气温及其平均年降水量数据。中国国家基础地理信息中心(https://www.ngcc.cn/)提供了基准矢量地图,包括地形坡度等数据,当然美国 NASA 等网站亦提供了 DEM 地图(SRTM 格式),可以利用 GIS 栅格处理方法获得地形坡度等数据。LandScan 提供了全球人口分布栅格地图,可以利用裁剪和栅格重采样方法获得各省市县的人口数据。此外,中国环境监测总站(http://www.cnemc.cn/)提供了各地区 PM2.5、PM10、O_3 等空气质量数据以及全国地表水实时监测的水质、水温、pH 值等数据,当然有关环境污染的数据还有其他机构提供。

3. 夜间灯光数据

夜间灯光数据正成为区域与城市经济学研究中常用的数据,被广泛应用于城市体系、地区不平衡、能源与环境等问题的研究。本章将提供夜间灯光数据的一种处理方法。

4. 空间地理数据

空间地理数据是区域与城市经济学研究常用的数据,也是这门学科的数据特征之一,获得这类数据需要熟练掌握地理信息系统(GIS),至少应该掌握 GIS 有关工具的用法。通过编写 Python 代码可以实现对地理数据的快速批量采集与处理,Python 的有关地处理库有 Arcpy、Geopanda 等。

(二)关于地区经济发展的变量

描述一个地区的经济发展,通常用到的变量为人口、GDP、人均 GDP、城市化率、第二或第三产业占比、人口密度、国有企业占比、住房价格、人均财政收入、FDI、外贸依存度、TFP 等。人均 GDP、城市化率和第二或第三产业占比基本反映了一个地区的经济发达程度;人均财政支出或收入反映出一个地区的政府功能的大小或者社会福利水平的高低;FDI 和外部依存度反映出这个地区的开放程度;国有企业占比反映出一个地区的市场发育程度;GDP 或人口规模可以衡量一个地区的市场规模,人均 GDP 高,但人口少,市场规模也不大。

中国省级的人口规模数据是比较可信的,尤其是几次人口普查数据,但是中国城市人口规模的数据由于口径不同导致差异很大,比如城市人口、市辖区人口、城市常住人口、户籍人口等,利用不同口径的数据可能得出的结论完全不同。

上述这类数据均是宏观数据。

(三)关于个体的变量

关于个体的变量包括姓名、性别、身高、体重、籍贯、政治面貌、收入、婚姻、父母的政治面貌等,根据这些维度可以刻画出个体的基本特征。CGSS 数据库、CHIPS 数据库等提供了这类数据。这类数据均是微观数据。

(四)关于企业的变量

关于企业的变量包括法人代码、企业名称、法人代表、联系电话、邮政编码、具体地址、所属行业、注册类型(所有制)、隶属关系、开业年份和职工人数,还有企业经营性数据,如流动资产、应收账款、长期投资、固定资产、负债、主营业务收入、主营业务成本、营业费用、管理费用、财务费用、营业利润、利税总额、研究开发费用、工资总额等。中国工业企业数据库、中国海关数据库、万德等提供了关于中国企业的多个维度的数据。这类数据均是微观数据。

(五)一些常见的合成变量

区域与城市经济学常见的这类变量包括基尼系数、空间基尼系数、区位商、E-G 指数、Theil 指数、市场潜力、分权指标等。这些变量在《区域与城市经济学》(第 2 版)中有详细阐述。

(六)解释变量组合形式

区域与城市经济学研究中常见的组合形式为 A+B+C。

Panel A:微观数据,包括个体和企业数据,如企业所属行业、营业收入、企业规模、成立时间、ROE、董事会情况等。

Panel B:宏观数据,主要是 GDP、人均 GDP、城市化率、国有企业比重、FDI、财政收入等。

Panel C:空间数据,距离是不可或缺的,常见的距离有到某个城市、港口、交通线、海岸线的距离,其他还包括地形数据、海拔高度、降水量、气温等。数据的获得需要 GIS 工具。

三、稳健性与异质性

做实证分析,尤其是初学者经常遇到这样的问题,改变一个解释变量,发现解释变量系数不显著,或者是符号与原来的完全相反;还会遇到这种情况,去掉几个变量,显著了,加上一些变量,不显著了,做实证研究变成了数星星的游戏。显著或不显著变成了艺人手里的泥人,想怎么捏就怎么捏,这种情况我们称之为模型不稳健。模型不稳健,则评价不可信。为此,我们需要进行稳健性检验,通过改变某些参数来考察模型的结果是否依然可靠。稳健性检验通常的策略见图 11.2。

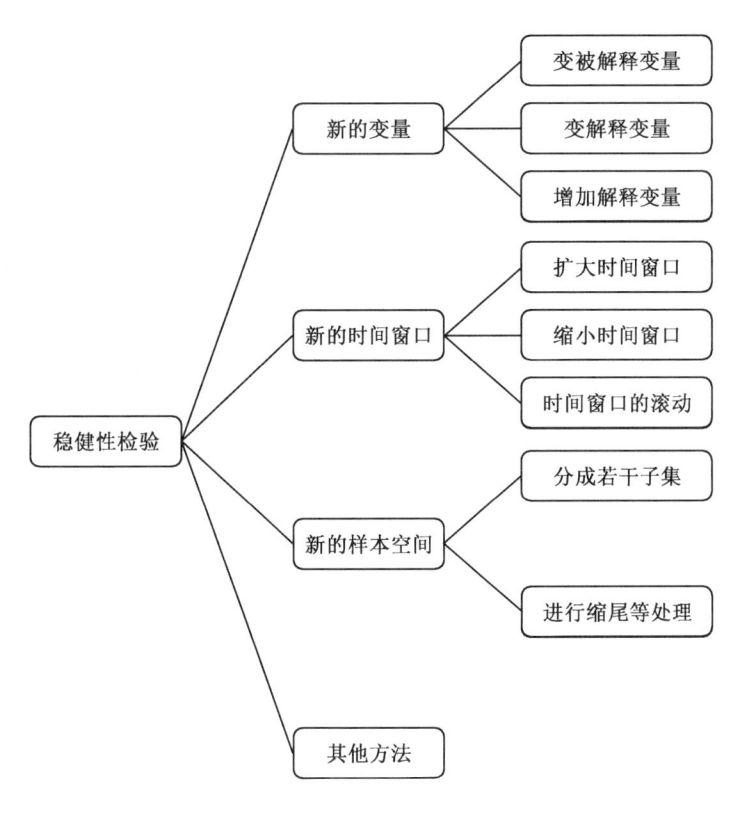

```
                          ┌── 变被解释变量
              ┌─ 新的变量 ─┼── 变解释变量
              │            └── 增加解释变量
              │            ┌── 扩大时间窗口
              ├ 新的时间窗口┼── 缩小时间窗口
稳健性检验 ──┤            └── 时间窗口的滚动
              │            ┌── 分成若干子集
              ├ 新的样本空间┤
              │            └── 进行缩尾等处理
              └─ 其他方法
```

图 11.2　稳健性检验的方法

实证研究还会碰到异质性问题。我们知道,近年来区域与城市经济学理论的进展主要是将异质性纳入模型中,异质性主要表现在生产者的生产率的异质性和消费者的地方品质的异质性。

(1)地区的异质性,主要是东中西部的异质性,或者南北方的异质性。东中西部的异质性是最常见的异质性,这已经成为一个常识性结论,因此可以做也可以不做。

(2)各类企业的异质性,比如国有企业、外资企业和民营企业等,国有企业在公司治理和投融资等企业行为方面不同于外资企业特别是民营企业。

(3)市场化水平的异质性,主要是高市场化水平和低市场化水平的差异,由于东南地区的市场化水平更高,而其他地区市场化水平较低,因此本质上是地区的异质性。

(4) 其他方面的异质性。

第三节 内生性与工具变量

一、何为内生性

一个典型的计量经济学模型为：
$$Y=\beta_0+\beta_1 X+\varepsilon$$

如果解释变量与随机误差项 ε 相关，$E(X_i,\varepsilon)\neq 0$，我们可以说出现了内生性，那么这种情况下估计的结果会有偏差。内生性来自测量误差、遗漏变量、被解释变量与解释变量的互为因果、联立方程等因素，其中测量误差是不可避免的，而遗漏变量也是常常发生的，因为理论上说一个事物的影响因素是众多的，不可能都考虑到。互为因果的例子也很多，比如导师与学生，是学生的努力将导师变成"长江学者"和院士呢，还是导师使学生更加努力做出成果呢？恐怕是互为因果。内生性产生的原因见图11.3。

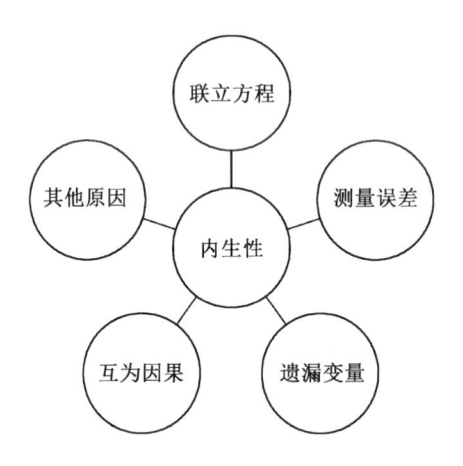

图11.3 内生性产生的几个原因

二、克服内生性的方法

我们发现，对于经济学、管理学、社会学这些社会科学领域的文献，内生性是常见的问题，有些论文的最大创新之处就在于很好地解决了内生性问题。解决内生性主要利用从实验到工具变量的多种方法，见图11.4。

(一) 实验方法

如果我们翻一翻化学、生物或者医学的论文，则几乎看不到内生性的影子。为什

```
实验 → 准实验 → 多向控制 → IV
```

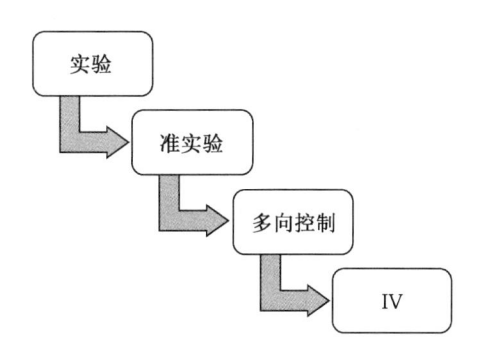

图 11.4　从实验到工具变量

么？难道这些研究的模型不存在内生性问题？密码在于自然科学的实验方法。

由于人的社会活动是比物理、化学运动更为复杂的运动，因而社会科学中的实验做不到自然科学的实验室实验那样将所有影响实验的因素予以控制。与社会科学实验有关的概念有以下几点：

1. 随机实验

随机实验（Randomized Experiment）是随机地分配实验主体到处理组和对照组的实验。

2. 准实验

准实验（Quasi Experiment）是非随机地分配实验主体到控制组和对照组的实验。

3. 单盲实验

单盲试验（Single Blind Experiment）是受试者不知道自己在处理组还是控制组，而实验者知道受试者的分组情况的实验。

4. 双盲实验

双盲实验（Double Blind Experiment）是实验者和受试者均不知道受试者在处理组还是对照组的实验。

（二）多向控制

例如，某大学后面有座山叫五老峰，通往五老峰的道路有十条之多，但只有一条道路有工作人员收门票，其他均无人检查。可想而知，门票收入几乎没有，人们多是走其他道路上山。后来，工作人员在其他道路上也都设置了路障，人们只能通过收门票的那条道路上山，当然门票收入也随之增加。

又如，《管子·国蓄第七十三》有言："利出于一孔者，其国无敌；出二孔者，其兵不诎；出三孔者，不可以举兵；出四孔者，其国必亡。"《商君书·勒令十三》云："利出一空者，其国无敌；利出二空者，国半利；利出十空者，其国不守。"三百六十行行行出状元，有的适合种地，有的适合做工，有的适合读书。"利出一孔"的意思是国家要控制人们的职业选择,只能到体制内来做"农战"之人,而不是人们根据自己的偏好选择最适合自己的职业,这是秦始皇以来的帝制社会控制人民的策略,在帝制社会帝王希望把他不喜欢他认为对自己权力有害的职业全部废掉,而让人们去选择一孔,秦朝的时候就是农战之人:不打仗时候是农民种地,打仗时候是军人当兵。多向控制,只留一孔。

多向控制,就是从多个方向(维度)控制住影响因变量的因素,这种维度通常为时间、地区、行业、个体等,通过这种方法找到影响因变量的主要因素。多向控制(固定)效应模型的Stata命令为reghdfe,它的简单语法为reghdfe depvar[indepvars],absorb(absvars)。相对应的内生性检验的命令为ivreghfe。此外,还有一类常用的且技巧性很强的方法,就是寻找工具变量。

三、工具变量

(一)什么是工具变量

通过找到一个新变量,这个变量包含了原变量的大部分信息,新变量与原解释变量高度相关,但是新变量与随机误差性无关,新变量的作用就是起到工具或桥梁的作用,我们把这种变量称为工具变量,见图11.5。

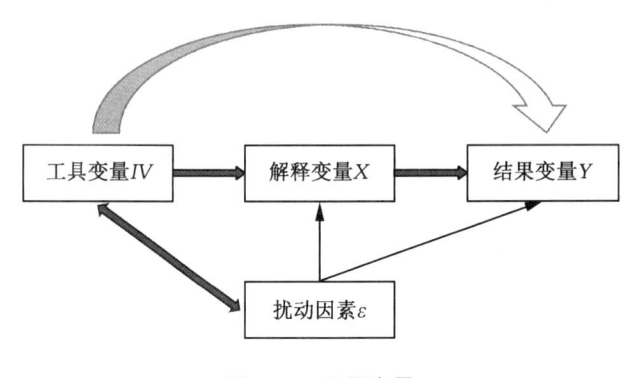

图 11.5　工具变量

一般来说,解释变量包括外生变量与内生变量,外生变量与扰动性因素无关,可以不予考虑,内生变量与扰动性因素有关。因此,我们可以将扰动性因素分成两个部分:一部分与扰动性无关;另一部分与扰动性有关,将有关的部分剥离出去,就变成了都是与扰动性无关的变量,见图11.6。

(二)与地理有关的工具变量

地理条件对人类社会经济活动有着深远影响,因此地理因素常被作为一些社会经济变量的工具变量。作为工具变量的地理因素有几种类型:第一,到某个地理事物的距离,比如到赤道的距离可以作为某些疾病的工具变量,到北京或省会的距离可以作

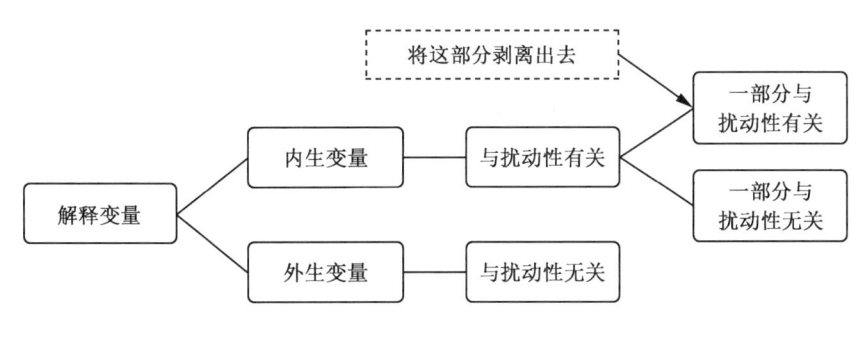

图 11.6 剥离扰动性部分

为运输或分权程度的工具变量,到沿海大港口的距离可以作为制度因素的工具变量,到杭州的距离可以作为数字经济发展的工具变量。第二,气候条件,比如降水量可以作为农业生产的工具变量。第三,地形地貌可以作为房地产发展的工具变量。第四,河流湖泊,比如河流数量可作为学校数据的工具变量,因为在水运条件下河流越多越容易建设学校,河流的数量也可以作为科举人士的工具变量,道理也很简单,水路交通条件下,河流越多赶考的费用越低。另外,地理工具变量的选择常与历史事件有关,比如选择 1950 年的公路网密度作为交通运输的工具变量。

在 Ciccone 和 Hall(1996)关于经济密度对生产率的影响的经典研究中,他们提出了经济密度的 4 个工具变量:①1860 年该州是否有铁路;②1950 年人口;③1880 年人口密度;④到大海的距离。其中①②涉及经济地理与自然地理条件。Faber(2014)不仅利用地理工具变量,还采用 GIS 技巧,构建了中心城市最小生成树,将边缘城市是否处于最小生成树上作为工具变量。其他有关地理作为工具变量的研究见表 11.2。

表 11.2 与地理因素有关的工具变量

结果变量	内生变量	IV 来源	相关文献
收入	受教育年数	与大学的距离 与大学的距离×家庭背景	Card(1999)
生产率	经济密度	1860 年是否通铁路 到大海的距离	Ciccone 和 Hall(1996)
学习成绩	学校数量	河流数量	Hoxby(2000)
收入	受教育年限	学校建设在地区和时间上的变化	Duflo(2001)
都市区人口密度	高速公路	1947 年规划的高速公路网络	BaumSnow(2007)
房价	住宅供应量	当地的土地平坦度与湖泊数量	Saiz(2010)
经济增长	高速公路	构建中心城市最小生成树,将边缘城市是否处于最小生成树上作为工具变量	Faber(2014)

续表

结果变量	内生变量	IV来源	相关文献
中国城镇化率	万人新教徒密度	"东南互保"及与最近教案发生地距离的交互项	Bai 和 Kung(2015)
2010年地区人均学历	明清进士密度	距离松竹(原料)产地距离	Chen 等(2020)
银行数量	宗族/家谱密度	距离朱熹书院距离	Chen 等(2022)
地区收入	交通运输	明朝驿站	Egger 等(2023)

(三) Bartik 工具变量

Bartik 工具变量是 Bartik(1991)提出的一种合成工具变量的方法,这种方法的思想来源于偏离-份额法。因此,也称这种方法为 Bartik 偏离-份额工具变量法。

表 11.3 是江苏省 2000 年三次产业增加值以及江苏省、浙江省、上海市和全国 2000—2012 年三次产业的增长率。

表 11.3　　　　　　　　江苏、浙沪、全国的产业增长

年份	江苏省		浙江省和上海市	全国
	2000年增加值(亿元)	2000—2012年增长率(%)	2000—2012年增长率(%)	2000—2012年增长率(%)
一产	1 048.34	209	146	256
二产	4 435.89	512	351	415
三产	3 069.46	659	488	481

显然,可以将江苏的增长率分解成全国增长率与浙沪增长率的某种线性组合,见表 11.4。

表 11.4　　　　　　　　产业增长的分解

产业	分解一	分解二
一产	$g_{江苏}=g_{全国}-47$	$g_{江苏}=g_{沪浙}+63$
二产	$g_{江苏}=g_{全国}+97$	$g_{江苏}=g_{沪浙}+161$
三产	$g_{江苏}=g_{全国}+178$	$g_{江苏}=g_{沪浙}+171$

我们可以计算出江苏 2012 年的三次产业增加值:

一产:$1\,048.34\times(1+2.09)=3\,239.37$

二产:$4\,435.89\times(1+5.12)=27\,147.65$

三产:$3\,069.46\times(1+6.59)=23\,297.20$

则江苏 2012 年的 GDP 为：3 241.42＋27 150.75＋23 309.75＝53 684.22。

如果我们将全国的增长率替代江苏的增长率：

$$一产:1\ 048.34\times(1+2.56)=3\ 732.09$$
$$二产:4\ 435.89\times(1+4.15)=22\ 844.83$$
$$三产:3\ 069.46\times(1+4.81)=17\ 833.56$$

则江苏省 2012 年按全国增长率计算的 GDP 为：3 732.09＋22 844.83＋17 833.56＝44 410.48。

因此，我们可以认为，2012 年专属于"江苏成分"的 GDP 为：53 684.22－44 410.48＝9 273.74。这部分 GDP 与江苏的其他变量相关，而 44 410.48 为全国平均水平，与江苏的其他变量不相关或者说与 9 273.74 这部分不相关。这种方法称为分离份额方法（Shift-Share Analysis），份额"Share"是各产业的份额，分离"Shift"是分离出特有的成分。

假如我们建立如下模型来研究江苏省能源消费与 GDP 的关系，即：

$$Y=\beta_0+\beta_1 \text{GDP}+\varepsilon$$

显然，GDP 与 Y 存在双向因果关系，而且影响能源消费的因素不止 GDP 一项，还有其他很多的变量，也就是说存在内生性问题。如果构建工具变量呢？

$$\text{GDP}=一产\times g_1+二产\times g_2+三产\times g_3$$

而我们可以用全国的增长率代替上述江苏的江苏率，即：

$$\overline{\text{GDP}}=一产\times \bar{g}_1+二产\times \bar{g}_2+三产\times \bar{g}_3$$

这时我们就可以将专属于江苏的成分剥离，确认 $\overline{\text{GDP}}$ 与随机误差项 ε 不相关。我们把这种分离份额方法获得的工具变量称为 Bartik 工具变量。Bartik 工具变量还有其他变形，比如不用全国的增长率，而用浙沪的平均增长率，或者说除了江苏省的其他省份的平均增长率。这只是原理相同，表现形式略微有差异而已。

（四）软件

(1) Stata 提供了两阶段最小二乘法（Two-Stage Least Squares，2sls）来解决工具变量问题：

$$\text{ivregress 2sls } y\ w\ (x=z), \text{robust}$$

式中，y 是被解释变量，x 为解释变量，z 为 x 的可能的工具变量，w 为控制变量。

(2) 多维固定效应模型，其命令为 reghdfe，相应的工具变量检验命令为 ivreghdfe。

(3) 对于 Bartik 工具变量法，Stata 的命令为 ssaggregate。我们可以在 Stata 命令框里输入 help ssaggregate，研读一下它的用法。

Stata 的命令是时常更新的，一些更好的命令会被不断写出来。我们当然也可以自己写 Stata 代码。

第四节　GIS 初步

一、GIS 简介

地理信息系统(GIS)是一种用于捕获、存储、集成、管理、分析和展示空间数据的系统。GIS 将数据连接到地图上,将位置数据(事物所在的位置)与所有类型的描述性信息(事物在那里是什么样子)集成在一起。这为科学和几乎所有行业中使用的映射和分析提供了基础。GIS 能帮助用户理解模式、关系和地理环境。这些好处包括改善沟通和效率,以及更好管理和决策(Esri 公司对 GIS 介绍)。

罗杰·汤姆林森(Roger Tomlinson)于 1963 年创建并命名了世界上第一个计算机化的地理信息系统——加拿大地理信息系统。霍华德·费舍尔(Howard Fisher)在 1964 年于西北大学开发了世界上最早的计算机图形系统(SYMAP),1965 年他创立了哈佛计算机图形学实验室,该中心成为世界图形与可视化研究中心,GIS 的许多概念都来自这个实验室。哈佛实验室成员杰克·丹杰蒙德(Jack Dangermond)及其夫人在 1969 年创建了环境系统研究所(Environmental Systems Research Institute, Inc),即著名的 Esri 公司,该公司在 1981 年开发了世界上第一个商业化 GIS 软件 ARC/INFO。当今比较流行的地图查询系统有 Google Maps、Google Earth、Apple Maps、百度地图、高德地图等,网络 GIS 系统包括 ArcGIS Online、Google MyMaps 等,桌面地理系统产品包括 ArcGIS Pro 和 QGIS(ArcGIS Pro 是 Esri 公司的产品,而 QGIS 是免费的开源地理信息系统)。

对于一个经济学者来说,学习 GIS 的主要目的包括:①为了绘制一幅地图,使得数据可视化,比如各省区 2025 年人均 GDP 图、城镇居民收入地图等专题地图;②为了测算某类数据,比如测度居民点到最近火车线的距离、测算到最近海港的距离等,这类数据手工测度存在着误差大乃至不容易完成的阻碍;③获取空间数据,因为很多数据是以 GIS 格式存储的,比如夜间灯光数据、遥感数据和地形坡度数据等。要完成以上任务,至少要明白几点:①坐标系统,因为地图都是在某一坐标系统下绘制的,坐标系统就像一个画布的框架;②初始地图(Basemap,或者称底图),地图是以矢量或者栅格文件存储的,我们有了画布的框架,一般来说就可以作画了,可以从头开始做,也开始拿来一个模板或者是别人的半成品乃至成品来做,即模板或半成品或成品,就是各 GIS 专业机构提供的初始地图;③gis 的工具箱,因为工具箱有各种绘制地图和测度地理数据的工具。

当GIS碰到了Python,GIS的功能得到了扩展,使得GIS成为区域与城市经济研究的必备工具,常见的用于处理地理信息的Python包有arcpy、geopandas、pysal等。

二、坐标系统

坐标系是GIS地图的基础。不同的坐标体系下的地图需要转换成统一的坐标系统。

地理坐标系(Geographic Coordinate Systems)是地图表面空间要素的定位系统,以椭球体面为参考面,用经纬度表示地面点在地球表面的位置的坐标系统,经纬度本质上是这点与地心连线的夹角。它是描述地球这个三维球体表面位置的空间系统。

地理坐标系很好地解决了地球三维球体的位置测度问题,但我们通常喜欢观察二维地图。如何由三维转变成二维呢?利用投影方法。投影将三维球体表面转变成二维平面系统,将三维球体上的经纬度转变成二维平面上直角坐标。将地理坐标系经过投影后转变成直接坐标系,这个过程称为投影坐标系(Projected Coordinate System)。投影坐标系始终基于地理坐标系,而后者则基于球体或椭圆体。地理坐标系与投影坐标的简单关系见图11.7。

图 11.7 地理坐标系与投影坐标系

因此,地理坐标系统的单位为角度,而投影坐标系统的单位为米(千米、英里等)。投影方法有多种,常见的为高斯-克鲁格(Gauss-Kruger)投影,它是横轴等角切椭圆柱投影,兰伯特投影(Lambert Conformal Conic)为正轴等角割圆锥投影。

最常见的地理坐标系为WGS-84,全称World Geodetic System 1984,是全球大地测量系统,亦是美国国防部国家地理空间情报局制定的基准GPS使用的一个全球地理坐标系统,其他还有J-02、BD-09等坐标系。CGCS 2000为"中国大地坐标系2000",英文全称China Geodetic Coordinate System 2000。我国高德、腾讯等用的是GCJ-02,而百度地图用的是BD-09,BD-09是经过加密的WGS-84坐标系统。

投影坐标系统,包括通用横轴墨卡托投影(Universal Transverse Mercator,UTM)、USA State Plane Systems等。

下面是坐标系的例子。

我们拖进一幅中国地级市的数据,首先点击"ArcMap"右边的"地级市_2015"这个图层的右键,见图 11.8。

图 11.8　图层

然后点击"Layer Properties",再点击"Source",见图 11.9。

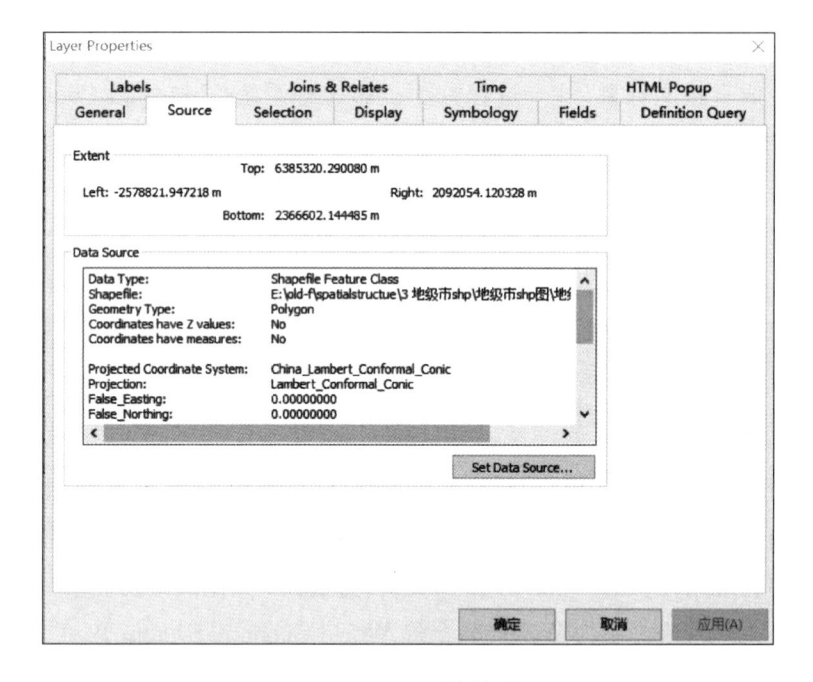

图 11.9　图层的性质

在"Data Source"里有坐标系的信息,见图 11.10。我们把这个框里的信息复制如下:

```
Data Type:    Shapefile Feature Class
Shapefile:    E:\old-f\spatialstructue\3 地级市shp\地级市shp图\地级市
_2015.shp
Geometry Type:    Polygon
Coordinates have Z values:    No
Coordinates have measures:    No

Projected Coordinate System:    China_Lambert_Conformal_Conic
Projection: Lambert_Conformal_Conic
False_Easting:  0.00000000
False_Northing: 0.00000000
Central_Meridian:    105.00000000
Standard_Parallel_1:    30.00000000
Standard_Parallel_2:    62.00000000
Latitude_Of_Origin: 0.00000000
Linear Unit:    Meter

Geographic Coordinate System:    GCS_Beijing_1954
Datum:   D_Beijing_1954
Prime Meridian: Greenwich
Angular Unit:    Degree
```

图 11.10　Data Source

这里的投影坐标系为"China_Lambert_Conformal_Conic",而地理坐标系为"GCS_Beijing_1954"。

三、地图类型

GIS 地图有两种数据模式：一种为矢量数据（Vector Data），另一种为栅格数据（Raster Data）。地形图、TIN 等皆为矢量数据类型，而遥感影像、数字高程 DEM 等皆为栅格数据类型，见图 11.11。

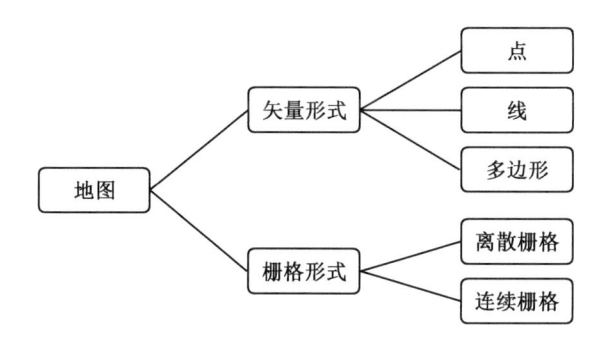

图 11.11　地图的类型

最为常见的矢量数据存储方式为 Shapefile 格式。不同于 Word 只有一个名为 docx 扩展名的文件格式,一个 Shapefile 文件是由几个不同扩展名的文件组成,其中 shp、dbf、shx 是必须的,见图 11.12。

图 11.12　矢量地图的格式

除了 Shapefile 外,其他常见的矢量数据格式包括 JSON、OSM、KML 等。一个典型的点、线、多边形矢量文件如图 11.13 所示。

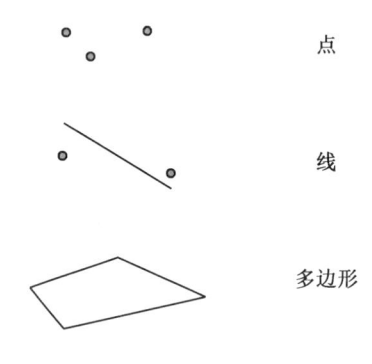

图 11.13　点、线、多边形

栅格文件常见的存储方式有 TIFF、TIF、OVG 和 IMG 等,见图 11.14。

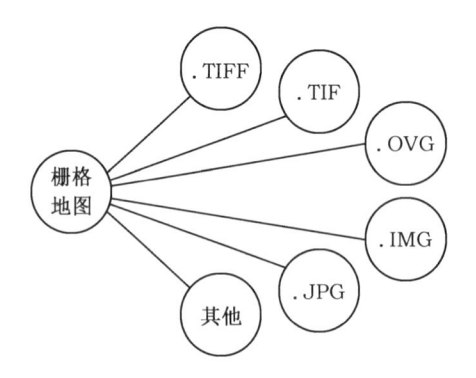

图 11.14　栅格地图的类型

一个典型的栅格数据如图 11.15 所示,这是某个地区的数字高程 DEM 数据。

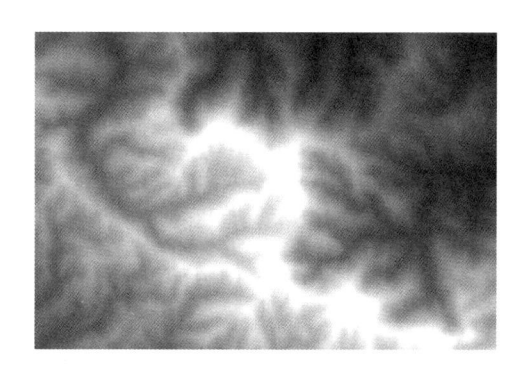

图 11.15　某地区 DEM 数据

四、绘制地图

图层(Layer)是地图的基础概念,地图就是图层叠加而成的。地图与图层恰似天津的煎饼馃子,煎饼馃子是天津最常见的早点,煎饼一般先是用杂粮面糊在鏊子上摊成,然后在煎饼上摊上一个鸡蛋,再放一个馃子,馃子一般称为油条,也用馃蓖(北京称为薄脆,有些地方称为脆皮),涂抹上酱汁,最后撒上一点葱花,一套煎饼馃子制作完成。煎饼馃子是煎饼、鸡蛋、馃子、酱汁、葱花一层一层组合而成,在 GIS 里,这样一层一层的事物称为图层。在 GIS 里,地图就是一层一层的图层叠加而成:底图、行政区、河流、道路、学校等。我们常用的高德地图、百度地图和谷歌地图的图层数量都可以达到几十层,远高于煎饼馃子。具体见图 11.16。

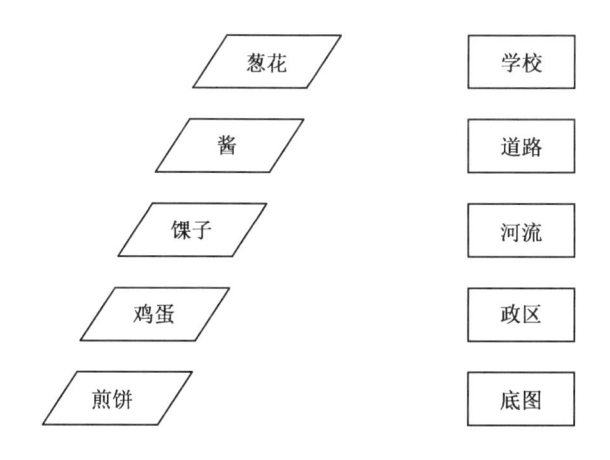

图 11.16　从煎饼馃子到图层

一般而言,图层皆有自己的坐标系统,不同的图层叠加需要匹配坐标系统。

五、工具与工具箱

(一)最常用的工具

打开"ArcGIS 10.2",标题栏有个——"Geoprocessing",点击这个按钮,可以发现 GIS 最常用的几个工具:Buffer、Clip、Intersect、Union、Merge、Dissolve,这些工具的前面均有一把小锤子。这些常用工具在系统工具箱(System Toolboxes)里也可以找到。

(二)系统工具箱

打开"Catalog",里面有个 Toolboxes,它有两个按钮:My Toolboxes 和 System Toolboxes。"My Toolboxes"是使用者自己创建的工具集合,对于大多数初学者来说,基本上不用创建自己的工具箱,只需要利用系统工具箱(System Toolboxes)就足够了。系统工具箱包括 3D 分析工具、分析工具、数据管理工具、网络分析工具、空间分析工具和空间统计工具等。

分析工具(Analysis Tools):里面有 extract、overlay、proximity、statistics 四类工具,都是最常用的工具。其中包括 buffer、point distance 等。

空间分析工具(Spatial Analysis):里面的 density、distance、reclass 等都是常用的工具。

(三)求点到点、点到线的距离

求天津市学校(包括幼儿园)到最近的药店的距离,步骤如下:

(1)先将天津市学校的地图拖入,见图 11.17。

图 11.17　天津市学校

(2)打开系统工具箱的分析工具,找到近邻分析(Proximity)下的"Near",点击"Near",见图 11.18。

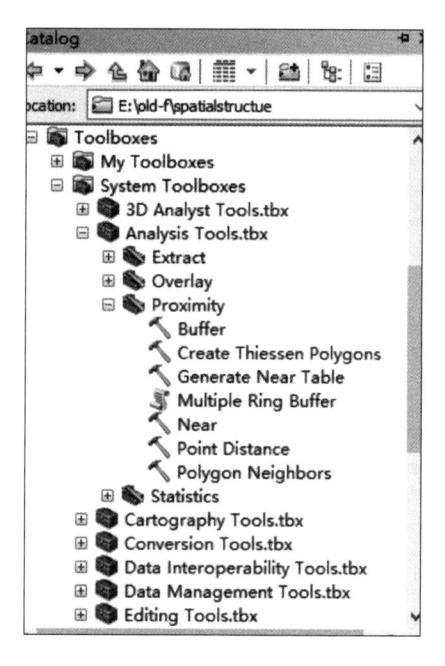

图 11.18　找到工具箱

(3)在"Input Features"里输入学校图层,在"Near Features"图层里输入药店图层,选择搜寻范围为"5km",点击"OK",见图 11.19。

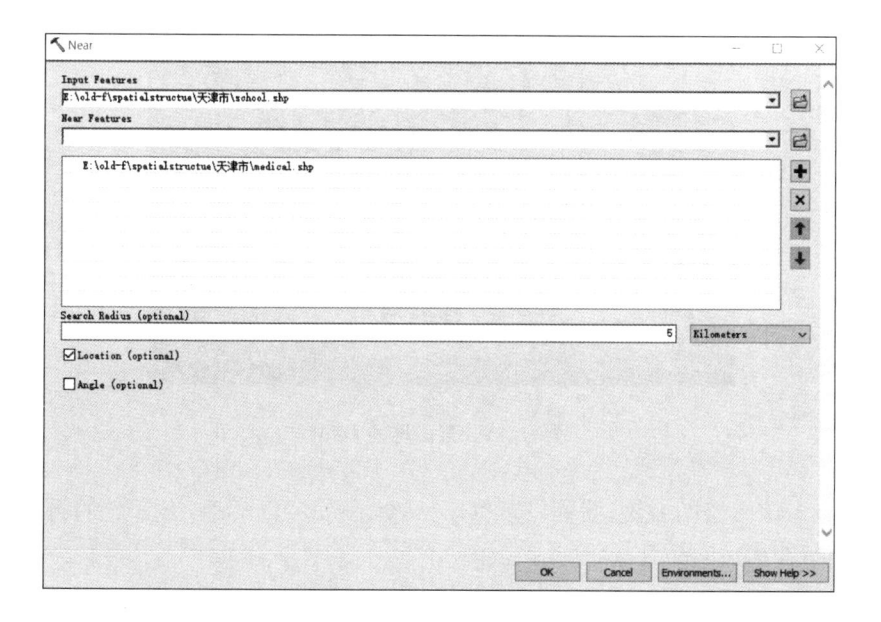

图 11.19　药店图层的输入

(4)点击图层右键,打开属性表,发现多了一列最近的距离"NEAR_DIST",这就是所要求的学校到最近的药店的距离,见图11.20。

NEAR_DIST
0.00671
0.021606
0.02184
0.005445
0.017663
0.002378
0.004458
0.008364
0.001368
0.000223
0.000182
0.00221
0.002635
0.000692
0.002979
0.001025
0.001152

图 11.20　距离的呈现

点到线(如铁路线等)的求法与此类似,不再赘述。

(四)栅格数据重采样

我们现在介绍一个栅格数据空间重采样的例子。空间重采样(Reclass)是将原来的栅格进行变化的过程,空间重采样也是进行地形、坡度等计算的重要步骤。

(1)拖入某山地的DEM地图,如图11.21所示。

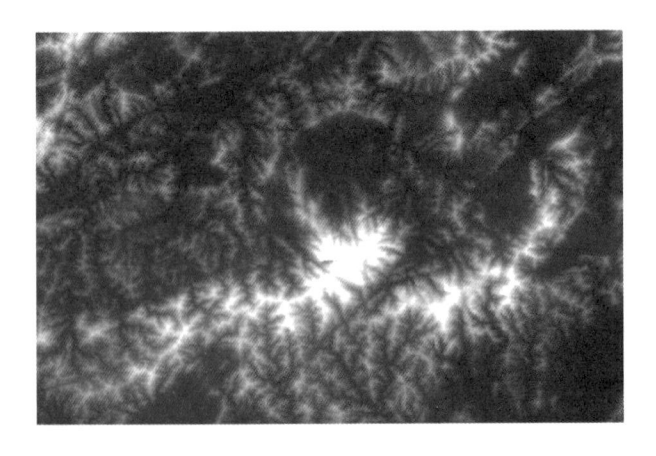

图 11.21　某山地的 DEM

(2)点击该图层的右键,我们发现"Open Attribute Table"一栏不能打开,也就是我们不知道这幅地图的具体属性值,见图11.22。

图 11.22　查找属性

(3)打开系统工具箱的空间分析工具(Spatial Analysis Tools),找到"Reclass"命令,见图 11.23。

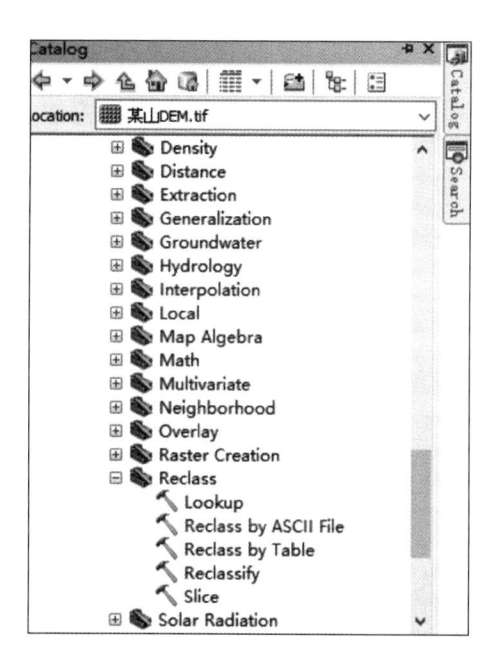

图 11.23　系统工具箱

(4)输入某山的 DEM 文件,发现这个 DEM 的 Value 分成 8 类,见图 11.24。

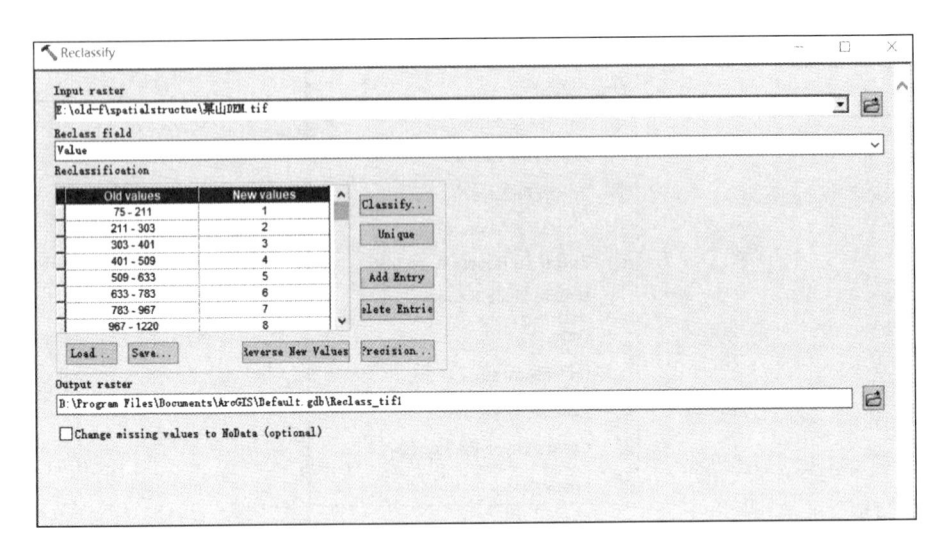

图 11.24 值分类

（5）点击"Classification"，我们将 8 改为 16，将该地图 Value 分成 16 类，见图 11.25。

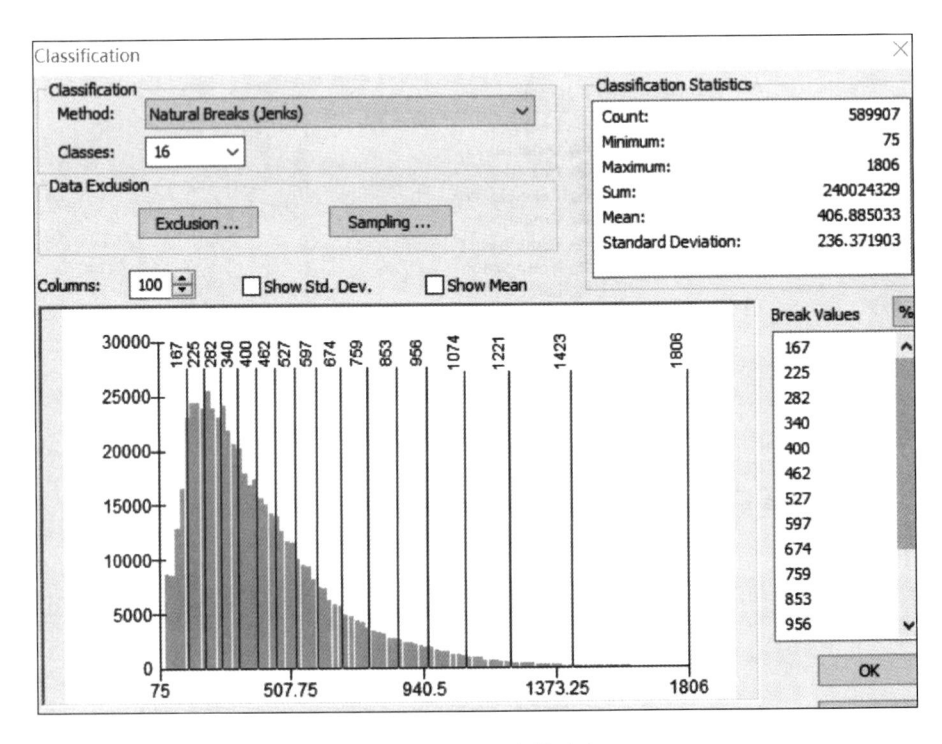

图 11.25 值分类的改变

（6）点击"OK"，返回图层，右键点击"Layer Properties"，将"Classes"改为 16，并

第十一章　实证论文初步Ⅰ　　191

选择"Color Ramp"的样条,见图 11.26。

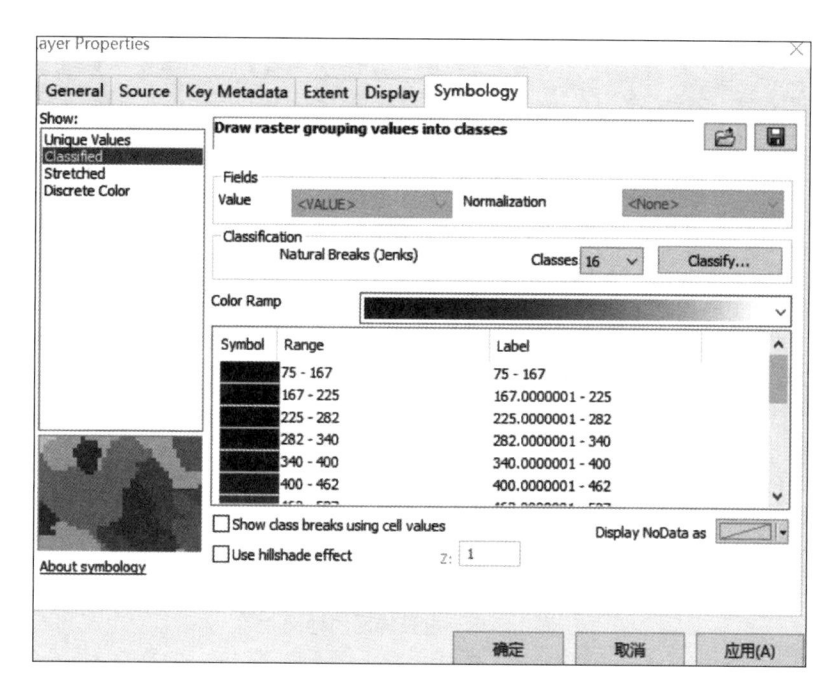

图 11.26　分类改变

(7)改成以下样子,点击"确定",完成该地图的重采样,见图 11.27。

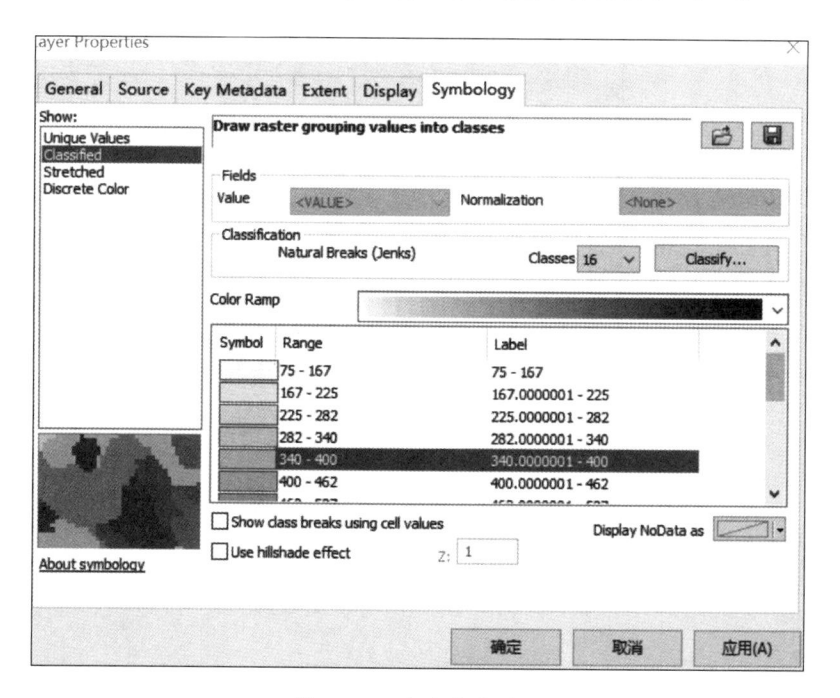

图 11.27　颜色条的选择

重采样后的 DEM 如图 11.28 所示。

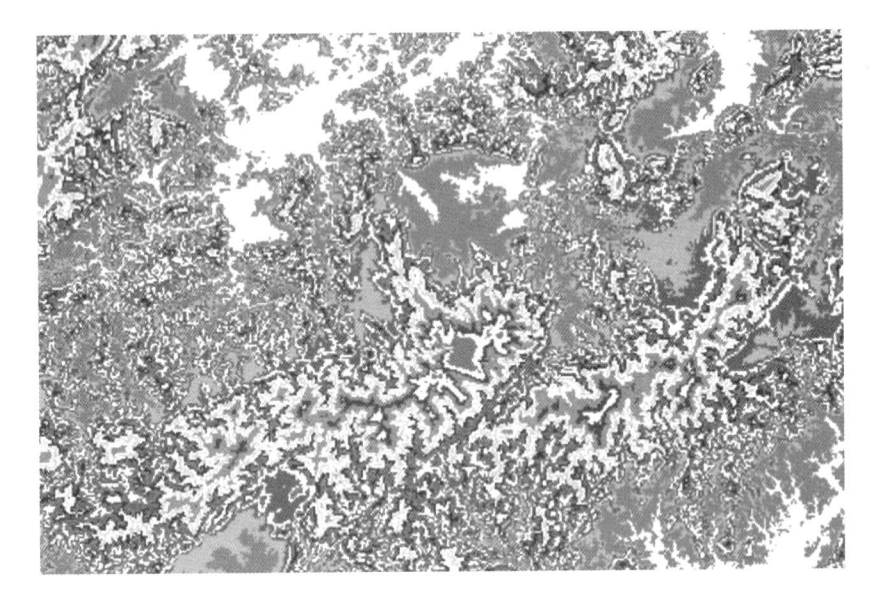

图 11.28　重采样后的地图

(8)点击图层的右键"Open Attribute Table"一栏，我们发现可以打开属性表，见图 11.29。

图 11.29　重采样后的属性表

六、夜间灯光

(一) 简介

夜间灯光数据正成为区域与城市经济学研究中常用的数据，被广泛应用于城市体系、地区不平衡、能源与环境等问题的研究，也常被作为一个地区的经济发展水平、贫困率、能源利用等的替代变量。一个地区夜间灯光越亮，则夜间灯光数据值（灰度值）越大；夜间灯光越暗，则夜间灯光数据值越小。灰度值的取值范围为(0,63)，低于20可以认为是未开发地区，高于63则无法表示。处理夜间灯光数据一般需要利用GIS工具。

夜间灯光数据是由美国国防部气象卫星计划（Defense Meteorological Satellite Program，DMSP）系列卫星上搭载的线性扫描业务系统（Operational Linescan System，OLS）提供的，这个系统每天可以获得全球黎明、白天、黄昏和黑夜四个时段的影像数据。DMSP提供了1992—2013年由F10、F12、F14、F15、F16和F18六颗卫星在22年间抓取的共计34幅全球年度夜间灯光影像数据，每年至少一套。每期影像包含平均夜间灯光强度数据、无云观测频次数据、夜间稳定灯光数据三类产品。2012年后美国国防部卫星S-NPP、JPSS、NOAA系列继续提供新一代的可见光红外成像辐射仪（Visible Infrared Imaging Radiometer Suite，VIIRS）夜间灯光数据。我国珞珈一号卫星和吉林一号卫星自2018年开始提供夜间灯光数据。现在多数实证研究基于DMSP-OLS和VIIRS夜间灯光数据，而且VIIRS越来越重要。具体演变情况如图11.30所示。

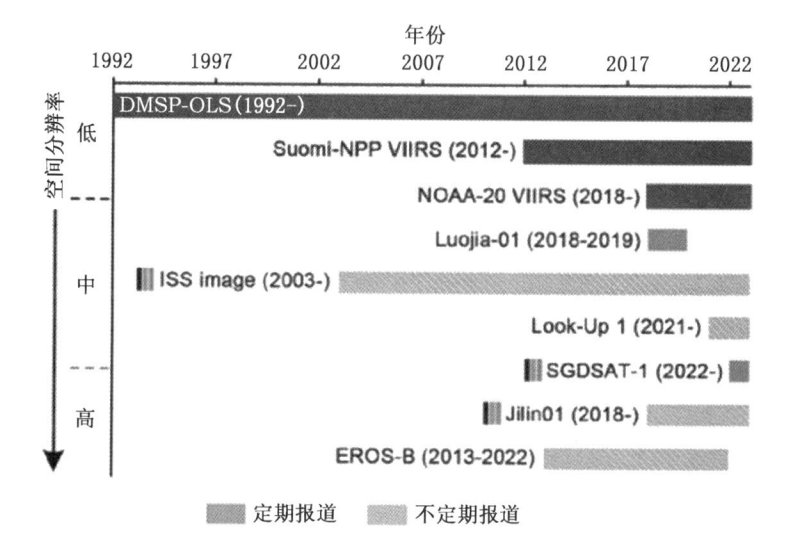

资料来源：Zheng等(2023)。

图 11.30 夜间灯光提供者演变

夜间灯光数据可以由以下网站免费下载使用：

①https://ngdc.noaa.gov/eog/dmsp/downloadV4composites.html；

②https://sos.noaa.gov/catalog/datasets/nighttime-lights；

③https://www.earthdata.nasa.gov/technology/nighttime-lights；

④https://www.earthdata.nasa.gov/sensors/viirs。

(二)处理步骤

从上述网站下载原始夜间灯光地图一般需要重新处理才能使用，处理步骤主要分成两步：

1. 投影、重采样与裁剪

空间参考坐标系为 WGS84，空间分辨率为 30 弧秒，纬度的增大影像的网格会变小，因此需要进行重投影，一般转换成兰伯特等面积投影，重采样为 1 千米。

2. 数据校准

数据校准包括饱和度校准和连续性校准。

(1)饱和度校准。夜间稳定灯光数据，常用像元的全年平均灰度值(DN 值)表示之，DN 值的区间为 0~63，DN 值越大，表示该地区灯光强度值越大，如果夜间灯光持续增加，则影像存在过饱和现象。

$$DN_C = a \times DN^2 + b \times DN + c$$

其中，DN 为校准前的影像的像元值；DN_C 为校准后的影像的像元值；a、b、c 为系数，分别来自灯光相对稳定的城市，很多研究者以意大利西西里岛、黑龙江省鸡西市为灯光稳定的城市。

(2)连续性校准。两个传感器同年对同一地区进行检测，可能结果有差异，一般采用取平均值的方法来校准，即：

$$DN_{year} = \frac{DN_{year}^1 + DN_{year}^2}{2}$$

第五节　空间计量经济

Tobler(1970)提出了地理学第一定律：任何两个事物都是有关系的，这种关系随着距离的增加而降低。两个事物有关系，但普通的计量经济学方法不能反映这种关系，所以需要构建空间计量经济模型来描述这种关系；又由于这种关系具有距离衰减性质，而经典的空间计量模型不能反映这种衰减性质，所以又发展了地理加权模型。

一、两类关系

任何两个事物都有着空间上的关系,这种关系可以分成两类:一类为空间依赖关系,另一类是空间异质性关系。空间依赖关系(Spatial Dependence),地区 A 的值受其相邻地区 B 的影响,反之亦然。空间异质性(Spatial Heterogeneity)是指地区 A 与地区 B、C 等的关系不是恒定的,而是有差异的,但一般应满足距离衰减的规律。

二、空间邻接矩阵

如何描述空间关系呢? 最主要的方法是构建空间邻接矩阵,对于 n 个地区 L_1,$L_2,\cdots,L_n$,空间邻接矩阵的形式如下所示:

$$\begin{bmatrix} & L_1 & L_2 & L_3 & \cdots & L_n \\ L_1 & 0 & w_{12} & w_{13} & & w_{1n} \\ L_2 & & 0 & w_{23} & & w_{2n} \\ L_3 & & & 0 & & w_{3n} \\ \cdots & & & & 0 & \\ L_n & & & & & 0 \end{bmatrix}$$

构建邻接矩阵常用的方法为:

方法一:$w_{ij} = \begin{cases} 1, i \text{ 地区和 } j \text{ 地区有共同的边界} \\ 0, \text{其他} \end{cases}$

方法二:$w_{ij} = \begin{cases} 1, i \text{ 地区与 } j \text{ 地区的距离在 } k \text{ 千米以内} \\ 0, \text{在 } k \text{ 千米以外} \end{cases}$

方法三:$w_{ij} = \begin{cases} \dfrac{1}{\tau_{ij}}, \tau_{ij} \text{ 是 } i \text{ 地区与 } j \text{ 地区的距离} \\ 0, i = j \end{cases}$

方法四:$w_{ij} = \begin{cases} \dfrac{1}{\tau_{ij}}, \tau_{ij} \text{ 是 } i \text{ 地区与 } j \text{ 地区的通勤时间} \\ 0, i = j \end{cases}$

方法五:$w_{ij} = \begin{cases} \dfrac{1}{\Delta M_{ij}}, \Delta M_{ij} \text{ 是 } i \text{ 地区的特征(如 GDP、人口)与 } j \text{ 地区之差} \\ 0, i = j \end{cases}$

三、Moran 指数

在进行空间计量回归之前,我们一般会做一下变量之间的 Moran 检验,Moran 检验通过 Moran 指数或系数来完成。

$$M = \frac{N}{\sum_{i=1}^{N}\sum_{j=1}^{N}W_{ij}} \times \frac{\sum_{i=1}^{N}\sum_{j=1}^{N}W_{ij}(x_i - \bar{x})(x_j - \bar{x})}{\sum_{i=1}^{N}(x_i - \bar{x})^2}$$

式中,W_{ij} 为空间邻接矩阵,N 为地区数量,x_i 为 i 地区某变量(如 GDP、住房价格等)值,$\bar{x}$ 为 N 个地区的平均值。

Moran 指数值域为 $[-1,1]$。$M=1$,具有强的正空间相关关系;$M=-1$,具有强的负空间相关关系;$M=0$,没有空间相关关系。这一步类似于在做普通的计量经济学回归之前,我们可以做一下 Pearson 相关系数看一下各变量之间的相关性,而 Moran 指数则是看一下各变量之间是否有空间相关性。

Moran 假设检验:

$$Z_{test} = \frac{I - E(M)}{\sqrt{Var(M)}}$$

式中,$E(M) = -\frac{1}{(N-1)}$,$Var[M] = E[M^2] - E[M]^2$。原假设(H_0):不具有空间相关性;备择假设(H_A):具有空间相关性。

四、三类基本模型

在具备上述知识的情况下,我们来看一下空间计量经济学的三类基本模型,这三类模型为空间误差模型、空间滞后模型和空间杜宾模型。

(一)空间误差模型(SEM)

$$y = X\beta + u$$
$$u = \lambda W u + \varepsilon$$

式中,y 为被解释变量,X 为解释变量,W 为空间邻接矩阵。

(二)空间滞后模型(SLM)

$$y = \rho W y + X\beta + u$$

(三)空间杜宾模型(SDM)

$$y = \rho W y + X\beta + \gamma W X + \varepsilon$$

Elhorst 等(2013)提供了如何选择上述模型的方法,见图 11.31。

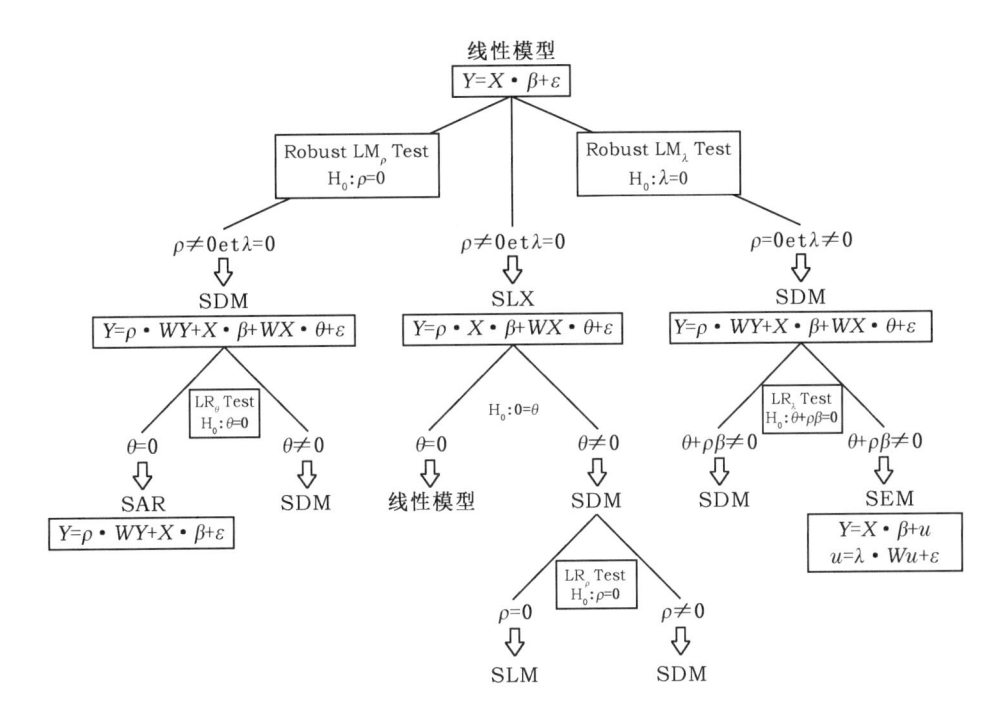

资料来源：Elhorst 等(2013)。

图 11.31　空间计量模型的选择规则

五、软件

空间计量经济学的主要软件包括 Matlab、Stata、ArcGIS、Geoda、R 语言和 Python 等。

（一）Matlab

詹姆斯·保罗·勒沙杰(James P. LeSage)建立了一个网站(http://www.spatial-econometrics.com/)，该网站主要阐述基于 Matlab 的空间计量经济学的原理，并提供空间计量工具箱 Spatial Econometrics Toolbox 和空间面板工具箱 Spatial Panel Data Toolbox，以及 SAR、SDM、SDEM SEM、SLX 的截面与面板数据的处理代码等。

（二）Stata

Stata 提供了至少五组有关空间计量经济学的命令。

第一组：①spatwmat 命令，建立邻接矩阵；②spatgsa、spatlsa 命令，计算 Moran 指数。

第二组：①spatreg 命令，回归分析，类似于非空间的 reg 命令；②Spatreg gs2sls 命令。

第三组：①shp2dta 命令，可以将 gis 格式的数据转换成.dta 格式的数据，shp 的意思是 gis 格式，2 是 to 的意思，dta 为 Stata 格式；②sppack 命令，功用与 shp2dta 类似;③spmap 命令,绘制地图,具备精简的 GIS 绘图功能。

第四组:xsmle 命令,处理空间面板数据。

第五组:官方命令,见 Stata 17、18 及其更高版本。

Stata 17 及其更高版本提供了官方的 Sp 命令组,Sp 包括从构建邻接矩阵到进行空间面板回归的一组命令,详细情况可以在 Stata 17 及其以上版本的命令框里输入 help sp 进行查询。

六、地理加权模型

空间计量的经典方法主要是处理空间依赖性方法,地理加权模型(Geographically Weighted Regression,GWR)是处理空间数据非稳定性或者异质性的方法,前者假设 W 是相同的,而后者则认为 W 不同。

普通多元回归模型为:

$$y_i = \beta_0 + \beta_1 x_{1i} + \beta_2 x_{2i} + \cdots + \beta_m x_{mi} + \varepsilon, i=1,2,3,\cdots,n$$

写成矩阵形式为:

$$Y = \beta X$$

利用普通最小二乘法估计可得:

$$\hat{\beta} = (X'X)^{-1} X'y$$

对于 GWR,

$$y_i = \beta_0 + \beta_1 W_1 x_{1i} + \beta_2 W_2 x_{2i} + \cdots + \beta_m W_m x_{mi} + \varepsilon, i=1,2,3,\cdots,n$$

利用最小二乘法可得:

$$\hat{\beta} = (X'WX)^{-1} X'Wy$$

式中,对于空间邻接矩阵的处理有这样几种类型:①全局核函数 $w_{ij}=1$;②高斯核函数 $w_{ij}=\exp\left(-\frac{1}{2}\left(\frac{d_{ij}}{b}\right)^2\right)$;③盒状核函数 $w_{ij}=\begin{cases}\left(1-\left(\frac{d_{ij}}{b}\right)^2\right)^2, |d_{ij}|<b \\ 0, 其他情况\end{cases}$。

对于地理加权模型 ArcGIS、Stata、R 语言、Python 等软件皆可处理,而且还有专门的软件 GWR,这些方法正变得容易操作。

参考文献

[1]郝海,踪家峰. 系统分析与评价方法[M]. 北京:经济科学出版社,2007.

[2]林毅夫. 本土化、规范化、国际化——庆祝《经济研究》创刊 40 周年[J]. 经济研究,1995(10).

[3]钱颖一. 现代经济学与中国经济改革[M]. 北京:中国人民大学出版社,2003.

[4]踪家峰. 公共经济学十二讲[M]. 北京：中国人民大学出版社，2021.

[5]Angrist J D, Pischke J-S. *Mostly Harmless Econometrics: An Empiricist's Companion* [M]. Princeton: Princeton University Press, 2008.

[6]Angrist J D, Krueger A B. Instrumental Variables and the Search for Identification: From Supply and Demand to Natural Experiments[J]. *Journal of Economic Perspectives*, 2001, 15(4).

[7]Angrist J D, Pischke J-S. *Mastering'Metrics: The Path from Cause to Effect*[M]. Princeton: Princeton University Press, 2015.

[8]Baum-Snow N, Ferreira F. Causal Inference in Urban and Regional Economics[A]//*Handbook of Regional Science and Urban Economics: Vol. 5*. Amsterdam: Elsevier Science, 2015.

[9] Bartik T. Who Benefits from State and Local Economic Development Policies [J]. *Kalamazoo, MI: W. E. Upjohn Institute for Employment Resrarch*, 1991(2).

[10]Faber B. Trade Integration, Market Size, and Industrialization: Evidence from China's National Trunk Highway System[J]. *The Review of Economic Studies*, 2014, 81(3).

[11]Goldsmith-Pinkham P, Sorkin I, Swift H. Bartik Instruments: What, When, Why, and How[J]. *American Economic Review*, 2020, 110(8).

[12]Gibson John, Olivia S, Boe-Gibson G, et al. Which Night Lights Data Should We Use in Economics, and Where? [J]. *Journal of Development Economics*, 2021, 149.

[13]Holmes T J. Structural, Experimentalist, and Descriptive Approaches to Empirical Work in Regional Economics[J]. *Journal of Regional Science*, 2010, 50(1).

[14]Morgan S L, Winship C. *Counterfactuals and Causal Inference: Methods and Principles for Social Research*[M]. Cambridge: Cambridge University Press, 2007.

[15]Moran P. Notes on Continuous Stochastic Phenomena[J]. *Biometrika*, 1950, 37(1/2).

[16]Gerber A S, Green D P. *Field Experiments: Design, Analysis, and Interpretation*[M]. New York: W. W. Norton & Co, 2012.

[17]Saiz A. The Geographic Determinants of Housing Supply[J]. *The Quarterly Journal of Economics*, 2010, 125(3).

[18]Zheng Q, Seto K C, Zhou Y, et al. Nighttime Light Remote Sensing for Urban Applications: Progress, Challenges, and Prospects[J]. *ISPRS Journal of Photogrammetry and Remote Sensing*, 2023, 202.

[19] Baum-Snow Nathaniel, Did Highways Cause Suburbanization? [J]. *The Quarterly Journal of Economics*, 2007, 122(2).

[20]Card D. The Causal Effect of Education on Earnings[A]// Ashenfelter O & Card D. (Eds.). *Handbook of Labor Economics*, 3A. New YorK: Elsevier, 1999.

[21]Ciccone Antonio and Hall Robert. Productivity and the Density of Economic Activity[J]. *American Economic Review*, 1996, 86(1).

[22]Chen Zhiwu, Ma Chicheng and Sinclair Andrew J. Banking on the Confucian Clan: Why China Developed Financial Markets so Late[J]. *The Economic Journal*, 2022, 132(644).

[23]Chen T, Kai-Sing Kung J, & Ma C. Long live keju! The Persistent Effects of China's

Civil Examination System[J]. *Economic Journal*, 2020, 130(631).

[24]Duflo Esther. Schooling and Labor Market Consequences of School Construction in Indonesia: Evidence from an Unusual Policy Experiment[J]. *American Economic Review*, 2001, 91(4).

[25]Egger Peter, Loumeau Gabriel and Loumeau Nicole. China's Dazzling Transport-Infrastructure Growth: Measurement and effects[J]. *Journal of International Economics*, 2023, 142.

[26]Elhorst Paul, Vega Solmaria Halleck. On Spatial Econometric Models, Spillover Effects, and W[C]// 53rd Congress of the European Regional Science Association: "Regional Integration: Europe, the Mediterranean and the World Economy". Palermo, Italy, European Regional Science Association (ERSA), Louvain-la-Neuve, 2013.

[27]Bai Y, Kung J K S. Diffusing Knowledge While Spreading God's Message: Protestantism and Economic Prosperity in China, 1840—1920[J]. *Journal of the European Economic Association*, 2015, 13(4).

[28]Hoxby C M. The Effects of Class Size on Student Achievement: New Evidence from Population Variation[J]. *The Quarterly Journal of Economics*, 2000, 115(4).

[29]Redding Stephen and Venables Anthony, Economic Geography and International Inequality [J]. *Journal of International Economics*, 2004, 62(1).

[30]Tobler Waldo R. A Computer Movie Simulating Urban Growth in the Detroit Region[J]. *Economic Geography*, 1970, 46.

思考与练习

1. Pearson 相关系数的定义为 $r_{xy} = \dfrac{\sum_{i=1}^{N}(x_i - \bar{x})(y_i - \bar{y})}{\sqrt{\sum_{i=1}^{N}(x_i - \bar{x})^2}\sqrt{\sum_{i=1}^{N}(y_i - \bar{y})^2}}$，请比较 Pearson 系数与 Moran 指数。

2. 利用 Stata 进行 OLS 回归分析，得出下面内容：

Source	SS	df	MS				
Model	156427769	3	52142589.5	Number of obs	=	69	
Residual	420369190	65	6467218.31	F(3, 65)	=	8.06	
				Prob > F	=	0.0001	
				R-squared	=	0.2712	
Total	576796959	68	8482308.22	Adj R-squared	=	0.2376	
				Root MSE	=	2543.1	

price	Coefficient	Std. err.	t	P>|t|	[95% conf. interval]	
mpg	-178.1566	90.21653	-1.97	0.053	-358.3315	2.018202
rep78	698.2603	341.0836	2.05	0.045	17.06941	1379.451
length	30.68091	22.83613	1.34	0.184	-14.926	76.28781
_cons	1783.936	6011.455	0.30	0.768	-10221.77	13789.64

①请阐述 SS、df、MS 的含义。
②阐述 Model、Residual、Total 的含义。它们之间有何关系?
③R^2 和 Adj R^2 有何差异?
④说明 $P>|t|$ 的含义,它与 t 值有何关系?
⑤Number of obs=69 是什么意思?

3. 在实证研究中,经常会固定住时间、地区、行业或个体,或者说进行时间固定效应、地区固定效应、行业固定效应、个体固定效应等,如下表所示。请解释其含义,并给出 Stata 代码。

变量	模型 1	模型 2	模型 3
解释变量			
控制变量			
时间固定效应	YES	NO	YES
地区固定效应	YES	NO	NO
行业固定效应	YES	NO	YES
个体固定效应	YES	NO	NO

4. 在实证研究或阅读文献中,我们经常会集成利用微观数据和宏观数据,见下表:

变量	模型 1	模型 2
Panel A:微观数据	姓名 性别 年龄 职业 ……	企业名称 所属行业 成立时间 销售额 ……
Panel B:宏观数据	城市人均 GDP 城市化 工业化 市场化 ……	城市人均 GDP 城市化 工业化 市场化 ……
个体控制 行业控制 时间控制 地区控制		
R^2 调整 R^2 观察值 N		

请回答:
①为什么宏观数据与微观数据可以集成在一起?
②在个体、行业、时间和地区控制中,应该选择哪个或几个层次的控制?
③个体效应与时间效应的交乘项的含义是什么? Stata 的代码是什么?
④有时 R^2 或调整 R^2 比较小,比如 0.106,这是为什么?

5. 测算中国各省区房地产价格的空间相关性,并完成下表。

	1998 年	2003 年	2012 年	2017 年	2022 年
Moran 指数					
E(M)					
Var(M)					
Z(d)					
P 值					

6. 通过 NASA 等网站下载中国海拔高度 DEM 地图(SRTM 格式),并计算中国各地级市的高程及其坡度。

7. 通过中国气象数据网(http://data.cma.cn)下载国际交换站数据,并绘制中国年降水量分布图。

8. 本章第四节绘制了天津市学校分布地图,但仍有三个步骤没有完成:①打开"View",点击"Layout View",将数据视图转变成布局视图;②打开"Insert"按钮,依次点击并填写"Title"(地图名称)、"Legend"(图例)、"North Arrow"(指南针);③打开"File",然后点击"Export",输出刚才绘制的地图。请完成这些步骤,绘制出精美的天津市学校专题地图。

9. 利用 GIS 之"Analysis Tools"工具箱 Proximity 的功能,试求:①中国县城之间的距离;②各县城到北京的距离;③各县城到京沪高铁线的距离;④各县城到最近海岸线的距离。

10. 利用 GIS 之"Analysis Tools"工具箱的 Buffer 等命令,试求:①长江沿线 20 千米内的工厂数量;②省际交界地区 100 千米内的平均人口密度。

11. 请下载四川省 DEM 栅格地图,利用"Spatial Analysis Tools"之"Reclass"的重分类等命令,计算四川省地形的坡度和海拔高于 1 000 米的区域占四川省面积的百分比。

12. Saiz(2010)将一个城市的土地供给弹性作为房价的工具变量,土地供给弹性为城市中坡度大于 15°的土地占未开发土地的比例,可以用夜间灯光值低于 20 的作为未开发的土地。请利用 GIS 的工具箱中的 Buffer、Mask、Reclassify 等命令计算北京市、上海市、天津市、成都市的土地供给弹性。

13. 求解中国地级市 1992 年以来的夜间灯光数据,并回答:①夜间灯光强度之间存在空间依赖吗?②夜间灯光强度与人均 GDP 有什么关系?③夜间灯光强度与能源消耗有什么关系?

14. 制度与经济发展可能存在双向因果关系:好的制度可能促进经济发展,而经济发展可能带来好的制度。那么,寻找制度的工具变量就成为相关实证研究的关键。制度的工具变量与制度高度相关,所含信息量差不多,但与误差性无关。寻找制度的工具变量往往从制度产生的历史与地理条件出发得出理想的结果。下表是代表性的制度工具变量。

国际/国内	工具变量	提出者
国际	欧洲早期殖民者在各殖民地的死亡率	Acemoglu(2001)等
	各地国家到赤道的距离	Hall 和 Jones(1999)
中国	各地到最近海港的距离 各地到铁路线的距离 各地到曲阜的距离 各地到北京的距离 1949 年前各城市租界的数量 1949 年前各城市基督教教堂数量 1949 年前女性解放程度(比如女性就学率、离婚率、女性期刊发行量等)	

请回答：

①上面的工具变量合理吗？

②到杭州的距离最可能作为哪类变量的工具变量？

③你能找出更多的制度变量吗？

15. 逆温可以作为空气污染的工具变量。一般情况下，气温是随海拔高度的增加而降低的，爬一座山，山下只需要穿背心，山上就需要穿棉袄。但有时候气温也会随海拔高度的增加而升高，这种现象称为逆温。逆温阻碍了空气的对流运动，使得近地层空气中的水汽、烟尘、尾气以及各种有害气体不易扩散，加剧了空气污染。NASA 提供了第一个大气层、第二个大气层、第三个大气层空气温度的栅格数据，可以将第二个大气层温度与第一个大气层温度之差来表示逆温程度：如果差为正，则逆温发生；如果不为正，则逆温没有发生；正值大小体现逆温强度。①请利用上述处理方法，实证研究空气污染对人口迁移、肥胖、收入、死亡率、劳动生产率等的影响。②如以秦岭－淮河作为断点，上述结果又如何？③如何选择水污染的工具变量？

16. 要想富先修路。交通基础设施往往作为促进经济增长和居民收入提升的重要措施，但会碰到内生性问题。我们可以通过构建工具变量解决这一问题，一些构建方法见下表：

工具变量	提出者
构建中心城市最小生成树，将边缘城市是否处于最小生成树上作为工具变量	Faber(2014)
N 年前的公路网密度/铁路网密度	
地形坡度	
离北京或省会城市的距离	
河网密度	

完成以下练习：

①利用上述方法实证研究交通与经济增长、居民收入的关系；

②寻找更多的交通工具变量。

17. 测度地方政府战略相互作用最常用的方法是空间计量经济学，请利用 Stata 或 R 语言中的

有关命令,完成下列练习:

①如何构建邻接矩阵?

②分别求出 2000 年以来中国 GDP、人均 GDP、人均财政支出、人均税收空间相关性(Moran Index),并解释其意义;

③分别利用空间计量的空间误差、空间滞后和杜宾模型实证研究税收、财政支出、各项财政支出的空间依赖性;

④能否用莫兰指数描述地方政府之间以邻为壑的竞争?

18. 查找清朝末年中国开埠城市及其开埠时间的数据,请回答:①这些开埠城市是否可以作为市场化的工具变量? ②开埠时间是否可以作为 1978 年后吸引 FDI 的工具变量?

19. 我们需要研究高速公路运输对经济发展、产业结构对收入差异、能源消耗对绿色 TFP、环境污染对居民健康的影响,请利用 Bartik 分离份额方法,分别构建高速公路、产业结构、能源消耗、环境污染等工具变量。

20. 尝试利用 Landscan(https://landscan.ornl.gov/)栅格数据,提取中国县级行政区的人口数据,并利用中国 DEM 地图,求解不同坡度的人口密度。

21. 一个地区到北京的距离可以做什么工具变量? 那么,到省会城市、到各大港口、到杭州、到最近铁路线、到赤道呢?

22. 请利用 GIS 提取中国各县(包括县级市)的夜间灯光数据,建立中国县域夜间灯光数据库。

第十二章　实证论文初步 Ⅱ

第一节　系统评价概述

系统的观点和方法为我们认识客观世界给予了更好的"眼力"和全新的思维方式。系统思想已经渗透到社会、政治、经济和技术的各个领域,成为分析和解决问题的核心观点和方法。面对复杂多样的现实,需要从各个层面把握好研究对象,只有对影响研究对象的各种因素及其相互之间的关系进行总体的、系统的分析研究,才能从整体上和变化中找到解决问题的方案。

系统也可以描述为具有输入和输出功能的有机整体。其过程为:输入物质、能量、信息,在系统内进行处理;输出新的物质、能量、信息,并利用反馈对系统进行有效控制。这个过程处在一定的环境中,并与环境进行物质、能量、信息的交换。也就是说,任何一个系统都是由输入、转换、输出三部分组成,加上反馈就构成了一个完备的系统。

(1)系统的输入和输出。这里的输入是外部环境对系统的直接输入,它是系统处理的对象。系统的输出是系统对环境的直接输出,但是输出通过系统的转换处理,是系统转换处理的结果。系统的输出是系统有用性的体现。

(2)系统的环境。它是指系统所处的更大的系统,它是系统模式中不可缺少的组成部分,也是系统面对的外部条件。系统与其环境之间的相互作用具体表现为系统的输入和输出。

(3)系统的转换处理。它是指系统本身的转化处理过程,把输入转化成输出的过程,即将输入加工成环境所需的输出,并且对环境进行输出。

(4)系统的约束、干扰和反馈。约束是环境对系统的间接输入,包括人力、物力、信息、能源以及政治、经济、文化、地理、气候等软硬条件。它们是系统处理的先决条件,是系统情愿或不情愿都必须接受的外部条件。系统的干扰是一种偶然的约束,也是一种间接的、强迫性的输入。反馈,主要是信息的反馈,存在于输入过程和输出过程中,在约束或干扰中也有。信息反馈一般都是系统和环境之间的信息反馈。

系统评价是对研究对象的价值评估。它针对解决系统问题的各种可行方案,从社会、政治、经济、技术的观点予以综合考察,全面权衡利弊得失,从而为选择最优方案以及系统决策提供科学的依据。系统评价是决策的前提,它既是系统分析的重要环节,又是系统分析和决策活动的结合点。

系统评价一般属于多目标、多判据的评价,依照系统结构不同、性能不同、评价因素不同,系统评价方法也有所不同。系统评价方法的选用应根据系统的具体情况而定,目前国内外系统评价使用的方法很多,如层次分析法、模糊综合评价法、数据包络分析法、主成分分析法、机器学习法、因果推断法、实物期权法、人工智能法等。

本章仅介绍数据包络分析、主成分分析、双重差分法等,更详细更专业更系统的评价方法见本章的第一个参考文献。

第二节　投入-产出分析

投入-产出分析的提出者是里昂惕夫(Wassily Leontief),他于1928年获得德国柏林大学经济学博士,1931年来到美国,1932年到哈佛经济系任教,1946年担任教授。1936年,里昂惕夫构建了投入-产出模型用于投入-产出分析,1973年因为提出投入-产出方法而获得诺贝尔经济学奖。现在投入-产出分析已经被区域与城市经济学、国际贸易、经济增长、环境经济、能源系统等广泛应用。

我们还是以第一章的汽车为例,只不过我们这里补充了供给方面,变成了如下形式,见表12.1。先看横向需求,需求包括对汽车发动机的需求和对汽车的需求,汽车发动机是中间产品需求,汽车则是最终产品需求,那么总需求就等于中间产品需求加上最终产品需求,也就是汽车发动机加上汽车。

再看纵向的投入,汽车厂生产汽车,它需要投入资本与劳动等要素,还需要投入汽车发动机,这种情况对于组装式汽车厂更是如此,汽车零部件是中间投入品。那么总投入就等于初始投入加上中间投入,也就是图中的汽车发动机加上资本与劳动。

表 12.1　　　　　　　　　　　　　汽车的投入-产出

投入-产出	中间产品需求	最终产品需求	总需求
中间投入	汽车发动机	汽车	
初始投入	资本与劳动		
总投入			

在这张表里,有这样一些恒等式:

(1) 总投入＝总需求；
(2) 中间投入＋初始投入＝总投入；
(3) 中间产品需求＋最终产品需求＝总需求。

一、投入-产出表结构

一个比较完整的投入-产出表如表 12.2 所示。从横向上看，包括中间产品需求部分、最终产品需求部分和总需求部分；从纵向上看，包括中间投入部分、初始投入部分和总投入部分，与前面的简表不同，这里的中间需求/投入来自 n 个部门。

表 12.2　　　　　　　　　　　投入-产出表的结构

投入-产出		中间产品需求				最终产品需求	总需求
		部门1	部门2	……	部门n		
中间投入	部门1	x_{11}	x_{12}		x_{1n}	C_1	X_1
	部门2	x_{21}	x_{22}	……	x_{2n}	C_2	X_2
	……	……	……	……	……		
	部门n	x_{n1}	x_{n2}		x_{nn}	C_n	X_n
初始投入		N_1	N_2		N_n		
总投入		X_1	X_2		X_n		

先来看第一个矩阵：

$$\begin{bmatrix} x_{11} & x_{12} & \cdots & x_{1n} \\ x_{21} & x_{22} & \cdots & x_{2n} \\ \cdots & \cdots & \cdots & \cdots \\ x_{n1} & x_{n2} & \cdots & x_{nn} \end{bmatrix}$$

该矩阵的第一行是所有部门对部门 1 的中间需求，x_{11} 是部门 1 对部门 1 的需求，x_{12} 部门 2 对部门 1 的需求……，部门 x_{1n} 是部门 n 对部门 1 的需求。该矩阵的第二行是所有部门对部门 2 的中间需求。同理，第 n 行是对部门 n 的中间需求。

该矩阵的第一列是所有部门对部门 1 的投入，x_{11} 是部门 1 对部门 1 的自身投入，x_{21} 是部门 2 对部门 1 的投入……，x_{n1} 是部门 n 对部门 1 的投入。该矩阵的第二列是所有部门对部门 2 的中间投入。同理，第 n 行是对部门 n 的中间投入。

我们再看来第二个矩阵，这是最终产品需求矩阵：

$$\begin{pmatrix} C_1 \\ C_2 \\ \\ C_n \end{pmatrix}$$

该矩阵中的 C_1 是对部门 1 的最终产品需求,C_2 是对部门 2 的最终产品需求……,C_n 是对部门 n 的最终产品需求。

我们再来看第三个矩阵,这是总需求矩阵:

$$\begin{pmatrix} X_1 \\ X_2 \\ \\ X_n \end{pmatrix}$$

该矩阵中的 X_1 是对部门 1 的总需求,X_2 是对部门 2 的总需求……,X_n 是对部门 n 的总需求。

相应初始投入矩阵为:

$$\begin{pmatrix} N_1 \\ N_2 \\ \\ N_n \end{pmatrix}'$$

而总投入矩阵为:

$$\begin{pmatrix} X_1 \\ X_2 \\ \\ X_n \end{pmatrix}'$$

二、直接消耗系数与完全消耗系数

投入-产出分析最常遇到的两个概念是直接消耗系数和完全消耗系数,这两个系数可以由投入-产出关系定义。

由于
$$\begin{pmatrix} x_{11} & x_{12} & \cdots & x_{1n} \\ x_{21} & x_{22} & \cdots & x_{2n} \\ \cdots & \cdots & \cdots & \cdots \\ x_{n1} & x_{n2} & \cdots & x_{nn} \end{pmatrix} + \begin{pmatrix} C_1 \\ C_2 \\ \\ C_n \end{pmatrix} = \begin{pmatrix} X_1 \\ X_2 \\ \\ X_n \end{pmatrix}$$

则上述可以变形为：

$$\begin{pmatrix} \dfrac{x_{11}}{X_1} & \dfrac{x_{12}}{X_2} & \cdots & \dfrac{x_{1n}}{X_n} \\ \dfrac{x_{21}}{X_1} & \dfrac{x_{22}}{X_2} & \cdots & \dfrac{x_{2n}}{X_n} \\ \cdots & \cdots & \cdots & \cdots \\ \dfrac{x_{n1}}{X_1} & \dfrac{x_{n2}}{X_2} & \cdots & \dfrac{x_{nn}}{X_n} \end{pmatrix} \begin{pmatrix} X_1 \\ X_2 \\ \\ X_n \end{pmatrix} + \begin{pmatrix} C_1 \\ C_2 \\ \\ C_n \end{pmatrix} = \begin{pmatrix} X_1 \\ X_2 \\ \\ X_n \end{pmatrix}$$

即：

$$\begin{pmatrix} a_{11} & a_{12} & \cdots & a_{1n} \\ a_{21} & a_{22} & \cdots & a_{2n} \\ \cdots & \cdots & \cdots & \cdots \\ a_{n1} & a_{n2} & \cdots & a_{nn} \end{pmatrix} \begin{pmatrix} X_1 \\ X_2 \\ \\ X_n \end{pmatrix} + \begin{pmatrix} C_1 \\ C_2 \\ \\ C_n \end{pmatrix} = \begin{pmatrix} X_1 \\ X_2 \\ \\ X_n \end{pmatrix}$$

我们把 $a_{ij} = \dfrac{x_{ij}}{X_j}$ 称为直接消耗系数，直接消耗系数是 i 部门对 j 部门的投入与 j 部门总投入之比，也就是 j 部门对 i 部门的消耗量。比如一套煎饼馃子，是由煎饼、油条、鸡蛋、葱花、酱料等加工而成，鸡蛋直接消耗系数就是这套煎饼馃子对鸡蛋的消耗量。

把 $A = \begin{pmatrix} a_{11} & a_{12} & \cdots & a_{1n} \\ a_{21} & a_{22} & \cdots & a_{2n} \\ \cdots & \cdots & \cdots & \cdots \\ a_{n1} & a_{n2} & \cdots & a_{nn} \end{pmatrix}$ 称为直接消耗系数矩阵，将上式写成矩阵形式：

$$AX + C = X$$

即：

$$(I - A)X = C$$

可变为：

$$X = (I - A)^{-1} C$$

式中，$I = \begin{pmatrix} 1 & 0 & \cdots & 0 \\ 0 & 1 & \cdots & 0 \\ \cdots & \cdots & \cdots & \cdots \\ 0 & 0 & \cdots & 1 \end{pmatrix}$ 为 n 阶单位矩阵，$(I-A)^{-1}$ 为 $(I-A)$ 的逆矩阵。$(I-A)$ 称为里昂惕夫矩阵，$(I-A)^{-1}$ 为里昂惕夫逆矩阵。

此外，还有一种消耗系数叫作完全消耗系数，即某部门 j 生产单位最终产品对另一部门 i 的直接与间接消耗量。比如汽车生产的一个产业链包括铁矿石、钢铁、汽车，生产铁矿石、生产钢铁需要消耗电，生产汽车也需要消耗电，前两者消耗电都属于间接消耗，最后一个属于最终产品的直接消耗，直接消耗加上间接消耗就是生产汽车的完全消耗，见图 12.1。

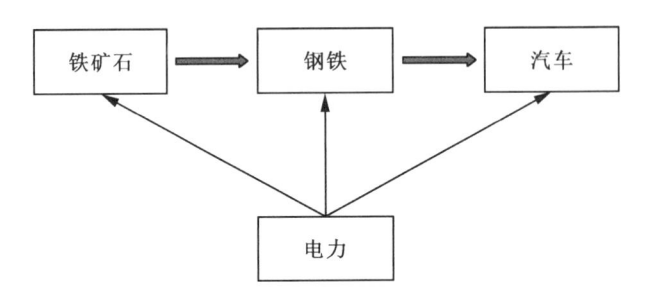

图 12.1　完全消耗

完全消耗系数一般用 b_{ij} 表示，其定义为：
$$b_{ij} = a_{ij} + b_{i1}a_{1j} + b_{i2}a_{2j} + \cdots + b_{in}a_{nj}$$
写成矩阵形式为：
$$B = (I-A)^{-1} - I$$
式中，I 为单位矩阵。

三、投入-产出表的扩展

在基本的投入-产出表基础上，可以将投入-产出表或投入-产出分析进行扩展。这种扩展有多个方向，其中一个方向是将单一区位扩展成多个区位，另一个方向是进行可计算一般均衡分析。

1. 扩展方向1：多个区位

这种方法是将单一区位扩展成多个区位，表 12.3 是具有 2 个区位（国家 1 和国家 2）的投入-产出分析表。从横向上看，$x_{11,11}$ 的意思是国家 1 的部门 1 对部门 1 的需求，$x_{11,12}$ 是国家 2 的部门 1 对来自国家 1 的部门 1 的需求。N11 为国家 1 的部门 1 的增值，N22 为国家 2 的部门 2 的增值，C11 为国家 1 的部门 1 的需求，C22 为国家 2

的部门 2 的需求。

表 12.3　　　　　　　　　　　投入-产出表的扩展

投入-产出		国家 1		国家 2		国家 1	国家 2	总产出
		部门 11	部门 21	部门 12	部门 22			
国家 1	部门 11	$x_{11,11}$	$x_{11,21}$	$x_{11,12}$		C11		
	部门 21	$x_{21,11}$				C21		
国家 2	部门 12	$x_{12,11}$					C12	
	部门 22	$x_{22,11}$					C22	
国家 1	增加值	N11	N21					
国家 2	增加值			N12	N22			
总投入								

2. 可计算一般均衡模型

1960 年,挪威经济学家约翰逊建立了可计算一般均衡模型,现在可计算一般均衡模型被广泛应用于区域、城市、财政、能源、金融、资源环境领域。可计算一般均衡模型的重要基础是投入-产出表。

1970 年世界银行(World Bank)开发出 GAMS 软件用于可计算一般均衡模型计算。另一个常用的软件是 GEMPACK,它是由澳大利亚蒙纳士大学 Ken Pearson 教授开发。

第三节　DEA 模型

在看例子之前,我们先来了解 DEA 常用的两个概念:一个是决策单元(DMU),决策单元也是评价对象单元,是一个投入-产出的单位;另一个是效率,效率是一个决策单元的投入-产出比,即:

$$效率 = \frac{产出}{投入}$$

由此可见,效率是个相对概念,效率也称为生产率。表 12.4 是一个投入-产出的例子,共有 8 个决策单元,以及每个决策的单元投入、产出、效率及其效率排名。每个决策单元仅有 1 种投入要素,也仅有 1 种产出要素,见表 12.4。

表 12.4　　　　　　　　　　　　简单的投入-产出效率

决策单元	投入	产出	效率	效率排名
DMU1	1.5	0.5	0.5	8
DMU2	1.2	0.6	0.5	6
DMU3	1.7	1.7	1	1
DMU4	4	2.2	11/20	5
DMU5	5	4	0.8	2
DMU6	6	4	2/3	4
DMU7	10	7	7/10	3
DMU8	8	3	3/8	7

我们将决策单元的投入-产出表绘制成图 12.2。

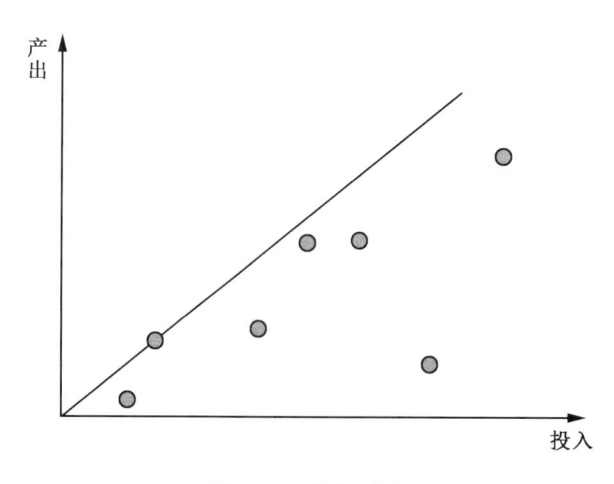

图 12.2　投入-产出

我们发现决策单元 3 的效率最高为 1，这个效率"包络"了其他 7 个决策单元，这也是这种方法为什么被称为数据包络分析的直白原因。

上例中每个决策单元仅有一种投入要素、一种产出要素，属于单输入、单输出的情况，但大多数情况下我们评价的决策单元是多投入、多产出情况。C^2R 模型和 C^2GS^2 模型均是多投入、多产出的情形。

一、C^2R 模型与 C^2GS^2 模型

C^2R 模型和 C^2GS^2 模型是 DEA 最常见的两种模型，这两种模型皆为投入导向 (Input-Oriented) 的 DEA 模型，投入导向的意思是为了达到相同的产出各决策单元的

相对投入量。还有一类模型是产出导向型(Output-Oriented),这类模型是在投入相同的情况下各决策单元的相对产出量。

(一)C^2R 模型

C^2R 模型是 Charnes A 等人于 1978 年提出的,模型的名称用三位作者的第一个字母表示,简记为 C^2R 模型,其中上标 2 表示有两个人的姓氏的第一个字母相同,都为 C。其他 DEA 模型也都同样表示。

在 $n+1$ 个决策单元 DMU 中,每个决策单元都有 m 种输入和 s 种输出。x_{ij} 为第 j 个 DMU 对第 i 种投入量,$x_{ij}>0$。y_{rj} 表示第 j 个决策单元对第 r 种产出量,$y_{rj}>0$。$i=1,2,\cdots,m;j=0,1,2,\cdots,n;r=1,2,\cdots,s$。$v_i$ 表示第 i 种投入的重要性或权重,可以理解为投入品单位成本。u_r 表示第 r 种输出的重要性或权重,可以理解为产出的单位价格。

求解评价单元相对效率的最优化模型:

$$\max h_0 = \frac{\sum_{r=1}^{s} u_r y_{r0}}{\sum_{i=1}^{m} v_i x_{i0}}$$

约束条件为:

$$\sum_{r=1}^{s} u_r y_{rj} - \sum_{i=1}^{m} v_i x_{ij} \leqslant 0$$
$$V = (v_1, v_2, \cdots, v_m)^T \geqslant 0$$
$$U = (u_1, u_2, \cdots, u_s)^T \geqslant 0$$

式中,最大化问题的分母为投入,分母为产出。约束条件的第一项为产出不大于投入,这说明 C^2R 模型是假设规模报酬不变的;向量 $V,U \geqslant 0$,表示其所有分量都大于或等于 0,且至少存在一个分量大于 0。

(二)C^2GS^2 模型

1985 年,Charnes A 等提出了生产可能集不满足锥性条件的 DEA 模型,简记为 C^2GS^2 模型。C^2GS^2 以基于投入的 DEA 模型介绍有关理论。C^2GS^2 模型为:

$$\max \frac{U^T Y_0 + u_0}{V^T X_0}$$

约束条件为:

$$\frac{U^T Y_j + u_0}{V^T X_j} \leqslant 1, j = \overline{0, n}$$
$$U \geqslant 0, V \geqslant 0, u_0 \text{ 自由}$$

利用 Chances-Cooper 变换可将分式规划转换成等价的线性规划。

$$\max \mu^T Y_0 + u_0$$

约束条件为:

$$\omega^T X_j - \mu^T Y_j - u_0 \geq 0, j = \overline{0, n}$$

$$\omega^T X_0 = 1$$

$$\mu \geq 0, \omega \geq 0, u_0 \text{ 自由}$$

二、技术效率分解与马尔奎斯生产率指数

(一)技术效率分解

在 DEA 中,我们常碰到三个效率问题:一是技术效率(Technical Efficiency, TE);二是配置效率(Allocative Efficiency, AE);三是规模效率(Scale Efficiency, SE)。技术效率,或者称为纯技术效率,即通过上述 C^2R 求得了同样产出下的投入为多少,呈现的是决策单元的投入-产出关系;配置效率 AE 是指决策单元在投入成本与最佳成本上的差距;而规模效率 SE 是指由于决策单元的规模原因产出的效率。这三者存在以下关系:

$$TE = AE \times SE$$

(二)马尔奎斯生产率指数

马尔奎斯生产率指数(Malmquist Productivity Index)由 Malmquist(1953)提出,然后由 Caves 等(1982)、Färe 等(1992)发展。马氏指数是测度生产率随着时间变化的指标,一般用 MPI 表示,有时候直接用 TFP 表示,因为马尔奎斯生产率指数与全要素生产率 TFP 的原理相同,测算结果一致,当然有时候称这种以马尔奎斯方法测算的 TFP 为马氏 TFP 指数。

马尔奎斯生产率指数定义为:

$$TFP^t = \frac{D^t(x^{t+1}, y^{t+1})}{D^t(x^t, y^t)}$$

式中,$D^t(x^{t+1}, y^{t+1})$ 测量的是基于 t 时期生产技术的 $t+1$ 时期的生产率,$D^t(x^t, y^t)$ 测量的是基于 t 时期生产技术的 t 时期的生产率,TFP^t 则是基于 t 时期生产技术的 t 时期到 $t+1$ 时期的生产率变化。

我们还可以定义基于 $t+1$ 生产技术的马尔奎斯生产率指数:

$$TFP^{t+1} = \frac{D^{t+1}(x^{t+1}, y^{t+1})}{D^{t+1}(x^t, y^t)}$$

式中,$D^{t+1}(x^{t+1}, y^{t+1})$ 测量的是基于 $t+1$ 时期生产技术的 $t+1$ 时期的效率,$D^{t+1}(x^t, y^t)$ 测量的是基于 $t+1$ 时期生产技术的 t 时期的效率,M^{t+1} 则是基于 $t+1$ 时期生产技术的 t 时期到 $t+1$ 时期的效率变化。

Färe 等(1992)定义了马尔奎斯生产率指数:

$$TFP=\sqrt{M^tM^{t+1}}=\Big(\frac{D^t(x^{t+1},y^{t+1})}{D^t(x^t,y^t)}\times\frac{D^{t+1}(x^{t+1},y^{t+1})}{D^{t+1}(x^t,y^t)}\Big)^{\frac{1}{2}}$$

Coelli 等(2005)将全要素生产率的变化(tfpch)分解为技术效率变化(effch)、技术变化(techch)、纯技术效率变化(pech)、规模效率变化(sech)，即：

$$tfpch=effch\times techch\times pech\times sech$$

三、软件

处理 DEA 已经有了很成熟的软件，Matlab、Python、R 语言等皆可以处理 DEA 模型。最常用的软件之一为 DEA 的专有软件 Deap 2.1 及其 Windows 版，Stata 现在也可以处理 DEA 和马尔奎斯生产率指数。

（一）Deap 与 Win4Deap 2

常用的 DEA 软件是 Deap 2.1 及其 Windows 版 Win4Deap 2。Win4Deap 2 的内核是 Deap 2.1，安装 Win4Deap 2 然后指出 Deap 2.1 路径，Win4Deap 2 就算安装成功了。Win4Deap 2 的界面如图 12.3 所示：

图 12.3　Win4Deap2 界面

点击"File"，选择"NEW"，然后出现以下界面，见图 12.4。我们选择 2 个评价单元 DMU、2 个投入、2 个产出、2 个时期的情形。

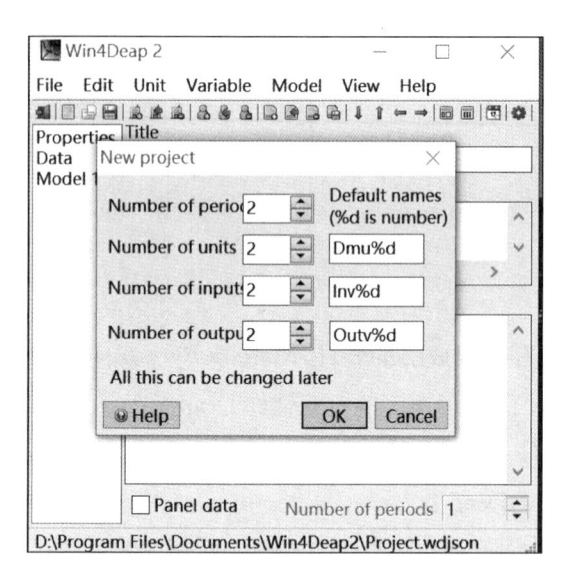

图 12.4　Win4Deap2 的评价单元设置 1

输入具体数值,见图 12.5。

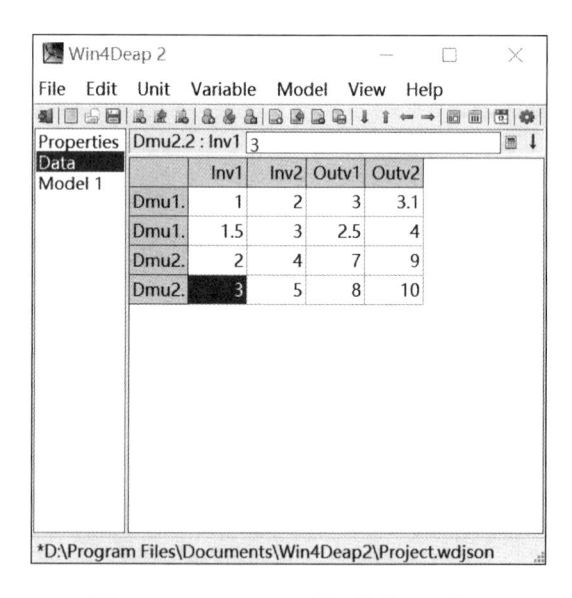

图 12.5　Win4Deap2 的评价单元设置 2

然后打开"Model1",选择 input 导向、constant 规模报酬、DEA、2 个时期,接着点击右下角的闪电按钮,见图 12.6。

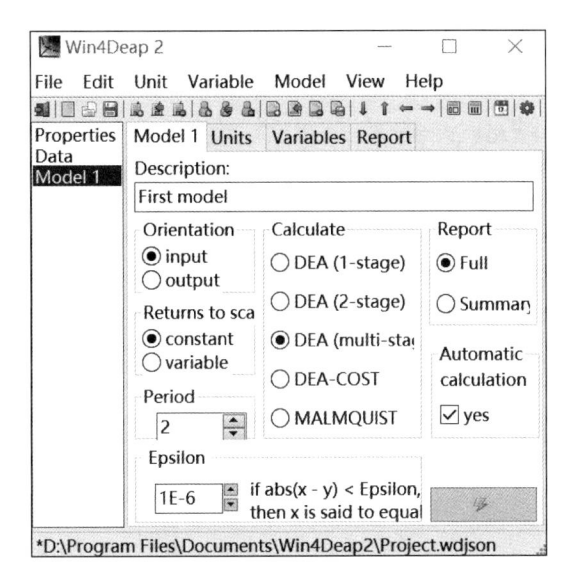

图 12.6　Win4Deap2 的操作

点击"Report",查看运行结果,"te"就是技术效率,两个评价单元的效率分别为 0.8 和 1.0,见图 12.7。

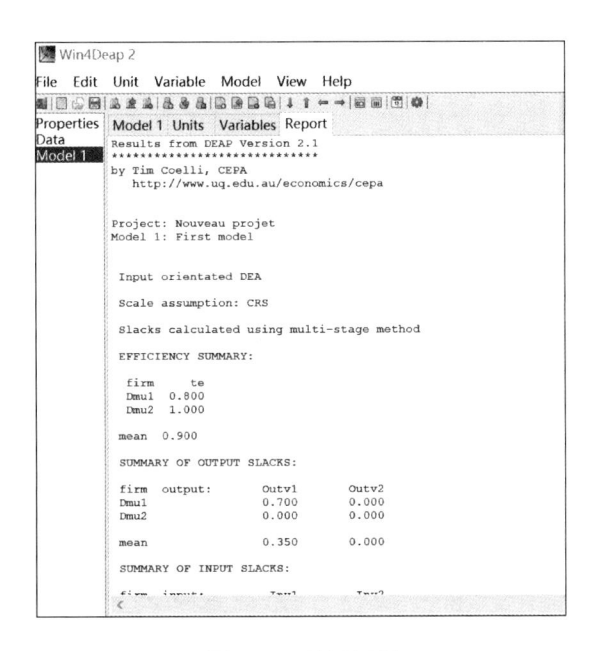

图 12.7　结果汇报

我们也可以很方便地计算马尔奎斯生产率指数。返回"Model 1",选择 "MALQUIST",点击右下角的闪电按钮,见图 12.8。

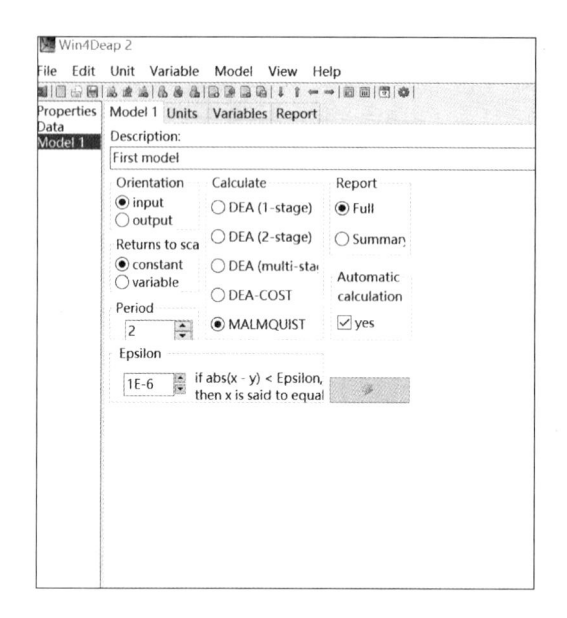

图 12.8　马尔奎斯生产率计算

查看"Report",tpfch 就是马尔奎斯生产率指数,见图 12.9。我们发现该软件还提供了 Coelli 分解。

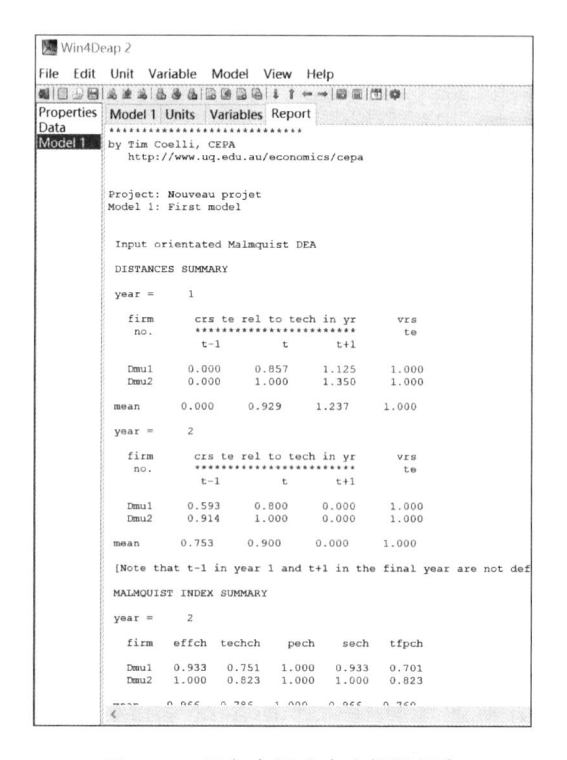

图 12.9　马尔奎斯生产率指数报告

上述仅是简单的例子,对于 Excel 数据,可以转换成 csv 格式,然后由 File-Import 输入,计算方式如上所示,完全一样。

(二)Stata

Stata 有两个命令:一个是 dea,另一个是 malmq。前者求各种效率,后者求马尔奎斯生产率指数,操作非常简单和方便。这里不再赘述。

(三)Matlab

Matlab 是传统的处理 DEA 的工具,一个重要原因是 DEA 本质上是最优规划问题,而且数据基于矩阵形式。具体的 DEA 的 Matlab 处理代码可以参考郝海和踪家峰著的《系统分析与评价方法》。

第四节　主成分分析

一、基本原理与分析步骤

主成分(Principal Component)的概念是卡尔·皮尔逊(Karl Pearson)在 1901 年首先提出的。主成分分析是多元分析中最重要的方法之一。多元分析中的随机向量,是对同一个体进行测量的结果,它们从不同侧面反映了个体的性质,表面上这些变量处于同等地位,实际上各变量所包含的信息量参差不齐,变量与变量间往往不是独立的,而是相关的,即它们所包含的信息是有交叉的或重叠的,有共性,是一种你中有我、我中有你的关系。如果将所有变量用来分析,势必增加问题的复杂性。该如何对这些变量进行综合,即根据这些变量,给出少数几个综合指标,以反映多个变量所提供的信息呢?变量间的共性一般以相关性表示,相关愈大,则共性愈多,反之亦然。主成分分析实际上是对变量共性的一种提取,它用降维分析技术来解释原变量的协方差结构。

多元统计分析中的主成分分析法,其机理可以简要陈述如下:首先借助于一个正交变换 T,将其分量相关的原随机向量 $X=(x_1,x_2,\cdots,x_p)^T$ 转换成分量不相关的新随机向量 $U=(u_1,u_2,\cdots,u_p)^T$,这在代数上表现为将 X 的协方差阵变换成对角形阵,在几何上表现为将原坐标系变换成新的正交坐标系,使之指向样本点散布最开的 p 个正交方向。然后对多维变量系进行降维处理,使之能以一个较高的精度转换成低维变量系。最后通过构造适当的价值函数,进一步把低维系统转化成一维系统。

设 $X=(x_1,x_2,\cdots,x_p)^T$ 为 p 维随机向量,x_i、x_j 是其两个分量,$i,j=1,2,\cdots,p$。$Dx_i=Varx_i=E(x_i-Ex_i)^2$ 是随机变量 x_i 的方差,$\sqrt{Dx_i}$ 是随机变量 x_i 的标准

差或均方差，$Cov(x_i,x_j)=E(x_i-Ex_i)(x_j-Ex_j)$ 是随机变量 x_i、x_j 的协方差。$Z=(z_1,z_2,\cdots,z_p)^T$ 是标准化随机向量，其中 $z_i=\dfrac{x_i-Ex_i}{\sqrt{Dx_i}}$。$r_{ij}=Cov(z_i,z_j)=\dfrac{Cov(x_i,x_j)}{\sqrt{Dx_i}\sqrt{Dx_j}}$ 是随机变量 x_i、x_j 的相关系数或标准化协方差。$\sum=Cov(X-EX)(X-EX)^T=(Cov(x_i,x_j))_{p\times p}$ 是随机向量 X 的协方差矩阵。$\Gamma=Cov(ZZ^T)=(r_{ij})_{p\times p}$ 是随机向量 X 的相关系数矩阵。

协方差矩阵 $\sum$ 和相关系数矩阵 Γ 是对随机向量 X 各个分量之间相关程度的一种度量(在某种意义上，可认为是一种距离)，包含着丰富的信息。鉴于 $\sum$ 和 Γ 都是实对称阵，人们为了将协方差矩阵信息集中起来，从提炼信息的角度出发，希望通过一个正交变换(坐标旋转)，把它们转化成对角形阵，而由此生成的新随机向量，其各个分量也就成为互不相关的了，以便简化协方差矩阵。

为把主成分分析法原理应用于实际问题，尚需解决两个问题：其一是随机向量 X 的协方差阵 $\sum$ 或相关系数矩阵 Γ 通常是未知的，需借助于随机抽样的方法，计算出协方差矩阵；其二是随机向量 X 的各个分量通常具有不同的量纲，需通过标准化变换的方法，以解决不可公度的问题。

主成分分析法的算法可归纳如下：

步骤1：取 p 维随机向量 $X=(x_1,x_2,\cdots,x_p)^T$ 的 n 个样本，一般 $n>p$，构造样本矩阵。

$$X=\begin{pmatrix} x_{11} & x_{12} & \cdots & x_{1p} \\ x_{21} & x_{21} & \cdots & x_{2p} \\ \cdots & \cdots & \cdots & \cdots \\ x_{n1} & x_{n2} & \cdots & x_{np} \end{pmatrix}$$

步骤2：对样本矩阵 X 中元进行变换。

$$y_{ij}=\begin{cases} x_{ij} & \text{对正数效应指标} \\ -x_{ij} & \text{对负数效应指标} \end{cases}$$

得出 $Y=(y_{ij})_{n\times p}$。

步骤3：对矩阵 Y 中元进行标准化变换。

$$z_{ij}=\dfrac{(y_{ij}-\overline{y_j})}{s_j} \quad i=1,2,\cdots,n; j=1,2,\cdots,p$$

式中，$\overline{y_j}=\dfrac{\sum_{i=1}^{n}y_{ij}}{n}$，$s_j^2=\dfrac{\sum_{i=1}^{n}(y_{ij}-\overline{y_j})^2}{n-1}$，得到标准化随机向量 $Z=(z_1,z_2,\cdots,$

$z_p)^T$ 的样本矩阵,即标准化样本矩阵。

$$Z = \begin{pmatrix} z_{11} & z_{12} & \cdots & z_{1p} \\ z_{21} & z_{21} & \cdots & z_{2p} \\ \cdots & \cdots & \cdots & \cdots \\ z_{n1} & z_{n2} & \cdots & z_{np} \end{pmatrix}$$

步骤4:对标准化矩阵 Z 求样本的相关系数矩阵。

$$R = (r_{ij})_{p \times p} = \frac{Z^T Z}{n-1}$$

式中, $r_{ij} = \dfrac{\sum_{k=1}^{n} z_{kj} \times z_{ki}}{n-1}, i,j = 1,2,\cdots,p$。

步骤5:求相关系数矩阵 R 的特征值和特征向量。求解关于 R 的特征方程 $|R - \lambda I_p| = 0$,得出 p 个特征值 $\lambda_1 \geqslant \lambda_2 \geqslant \cdots \geqslant \lambda_p \geqslant 0$。

步骤6:主成分选取原则一般是选取累积方差贡献率 $\dfrac{\sum_{j=1}^{k} \lambda_j}{\sum_{i=1}^{p} \lambda_i} \geqslant 0.85$ 的 k 个主成分,即信息的利用率达85%以上,并对每个 λ_i 和 $i = 1,2,\cdots,k$,求出对应的单位化特征向量 $\eta_j = (b_{1j}, b_{2j}, \cdots, b_{pj})^T, j = 1,2,\cdots,k$,即解 $R\eta = \lambda_i \eta$,并将特征向量单位化。

步骤7:求出标准化随机向量 $Z = (z_1, z_2, \cdots, z_p)^T$ 的 k 个主成分分量 $u_j = \sum_{i=1}^{n} b_{ij} z_i$, $j = 1, 2, \cdots, k$。

步骤8:选择合适的主成分综合评价函数,进一步将 k 维系统降为一维系统。比如可选综合评价函数为 $F = \dfrac{1}{k} \sum_{j=1}^{k} \lambda_j u_j$ 等。

系统评价是对评价对象比较全面的,从各个方面用多个指标进行评价,最后进行综合以便得到较为客观的评价,主成分分析正是在这些方面显示了其优越性。

二、相关例子

这里应用主成分分析法,对某流域各省区的经济情况进行宏观和微观的分析,按经济综合实力评价各省在某流域的地位。为此,选择反映经济情况的七项主要指标:人均国内生产总值 x_1、人均农业总产值 x_2、人均工业总产值 x_3、人均财政收入总额 x_4、人均社会固定资产投资 x_5、人均进出口商品总值 x_6、人均最终消费 x_7。具体指标值参见表12.5。

表 12.5　　　　　　　某年度某经济带各省市国民经济主要指标

样本	x_1	x_2	x_3	x_4	x_5	x_6	x_7
Q 市	5 735	818	1 705	379	3 754	39	3 781
Z 市	5 307	1 424	412	232	3 165	35	3 147
S 市	5 250	1 136	1 629	313	1 872	35	3 115
Y 市	4 866	1 050	1 688	446	1 722	46	3 336
C 市	5 654	946	1 861	342	2 250	59	3 480
H 市	7 813	1 158	3 458	388	2 487	59	4 031
N 市	6 054	1 251	1 985	311	1 780	41	3 870
J 市	5 221	1 208	1 422	315	1 509	36	3 242
A 市	5 221	1 185	1 883	303	1 411	57	3 331
X 市	12 922	1 471	5 806	777	3 838	698	5 840
O 市	37 382	529	13 142	3 776	12 420	3 772	13 315

(一)指标的标准化处理

由于一些经济指标具有不同的量纲,且有的指标值在数量级上也有很大差异,致使在应用主成分分析研究问题时,不同的量纲和数量级引起新的问题。为了消除由于量纲的不同可能带来的不合理影响,在进行主成分分析之前应先对数据作标准化处理,根据表 12.5 中的原始数据,采用 Z-Score 无量纲化方法转换原始数据,计算公式为 $z_i = \dfrac{x_i - \bar{x}_i}{\sigma_i}$,其中 z_i 为各样本指标标准化处理后的计算值,$\bar{x}_i$ 为各样本在相同指标下的均值,σ_i 是相同指标下的方差,处理后得表 12.6。

表 12.6　　　　　　　　　　无量纲指标标准化值

x_1	x_2	x_3	x_4	x_5	x_6	x_7
−0.36	−1.08	−0.41	−0.30	0.15	−0.36	−0.27
−0.41	1.18	−0.77	−0.44	−0.04	−0.36	−0.48
−0.41	0.11	−0.43	−0.36	−0.45	−0.36	−0.49
−0.45	−0.21	−0.42	−0.24	−0.50	−0.35	−0.42
−0.37	−0.60	−0.37	−0.34	−0.33	−0.34	−0.37
−0.15	0.19	0.08	−0.29	−0.26	−0.34	−0.19
−0.33	0.54	−0.33	−0.37	−0.48	−0.36	−0.24
−0.42	0.38	−0.49	−0.36	−0.57	−0.36	−0.45

续表

x_1	x_2	x_3	x_4	x_5	x_6	x_7
−0.42	0.29	−0.36	−0.37	−0.60	−0.34	−0.42
0.38	1.36	0.73	0.08	0.17	0.23	0.42
2.93	−2.15	2.78	2.99	2.90	2.97	2.91

(二)相关矩阵的特征值和方差贡献率

根据表12.6中的数据，利用 Matlab 或 Stata 软件可得到指标的相关矩阵及相关矩阵的特征值、贡献率和累积贡献率(见表12.7)。

表 12.7　　　　　　　　　　　　特征值及贡献率

序号	特征值	方差贡献率(%)	累积方差贡献率(%)
1	6.340 1	90.572 6	90.572 6
2	0.570 6	8.151 3	98.723 9
3	0.060 5	0.864 6	99.588 5
4	0.025 4	0.362 3	99.958 8
5	0.002 1	0.029 3	99.988 1
6	0.000 8	0.011 2	99.999 3
7	0.000 6	0.008 6	100

由表12.7可知，变量相关矩阵有两个最大的特征根，即6.340 1和0.570 6。它们一起解释了总方差贡献率(98.723 9%)，这说明前两个主成分已提供了足够的原始数据信息。于是在这里取前两个主成分分别作为第一主成分、第二主成分。

(三)两个主成分相应的特征向量

主成分特征向量如表12.8所示。

表 12.8　　　　　　　　　　　　主成分特征向量

主成分序号	x_1	x_2	x_3	x_4	x_5	x_6	x_7
1	0.394 2	−0.277 4	0.385 2	0.395 5	0.389 4	0.394 6	0.394 5
2	0.158 1	0.946 3	0.219 6	0.026 5	0.025 7	0.100 6	0.140 5

(四)构造主成分分析表达式

设 u_1、u_2 分别为第一、第二主成分，则：

$u_1 = 0.394\ 2x_1 - 0.277\ 4x_2 + 0.385\ 2x_3 + 0.395\ 5x_4 + 0.389\ 4x_5 + 0.935\ 6x_6 +$

$$0.394\,5x_7$$
$$u_2=0.158\,1x_1-0.946\,3x_2+0.219\,4x_3+0.026\,5x_4+0.025\,7x_5+0.100\,6x_6+0.140\,5x_7$$

第一主成分 u_1 的方差贡献率已达 90.572 6%，因此 u_1 是综合能力较强的指标。第二主成分 u_2 主要依赖 x_1，即 u_2 反映了各城市的农业发展水平。

(五)计算主成分得分并进行评价

主成分 u_1、u_2 分别从不同方面反映了不同地区经济生产的情况和经济发展的总体水平，虽然主成分 u_1、u_2 综合原信息的能力较强，但是还不能直观地看出长江流域各省市综合经济实力的强弱。故需将两个主成分得分综合，构造出综合评价模型：

$$F=0.905\,7u_1+0.081\,5u_2$$

式中，0.905 7 和 0.081 5 分别为第一、第二主成分的方差贡献率。

综合得分计算如表 12.9 所示。

表 12.9　　　　　　　　某流域各省、直辖市因子得分及排序

地区	得分 u_1	得分 u_2	得分 F	名次
Q市	−0.31	−1.24	−0.39	3
Z市	−1.31	0.77	−1.12	11
S市	−1.02	−0.18	−0.94	8
Y市	−0.87	−0.48	−0.83	6
C市	−0.66	−0.81	−0.67	5
H市	−0.50	0.10	−0.45	4
N市	−0.98	0.29	−0.86	7
J市	−1.14	0.06	−1.03	10
A市	−1.07	0.01	−0.96	9
X市	0.41	1.59	0.50	2
O市	7.45	−0.10	6.74	1

按综合得分 F 的大小得到了某流域各省经济实力排名。从表 12.9 中可以看出，经济实力比较雄厚的是 X 市和 O 市；相对的经济实力比较薄弱的是 Z 市、J 市、A 市、S 市。这个排名结果是根据综合各指标信息而得到的，可以看出得分 F 与 u_1、u_2 的排名不完全一致。

某些省份的综合评价指标的得分 F 为负数，这是因为在进行主成分分析时，对原始数据进行了标准化处理，把各个评价指标的平均水平当作 0 来处理的缘故。因此，某些省份的综合得分为负数，只能说明该地区的综合经济发展水平在全体被考察对象

的平均水平之下。

三、软件

Matlab、Python、R 语言、Stata 均可以进行主成分分析,特别是 Stata 进行主成分分析较为简单,Stata 的主成分分析命令是 PCA。值得一提的是,主成分分析作为一种常用的降维方法,在机器学习中已经得到广泛的应用,成为机器学习的最重要算法之一,比如可以从 Scikitlearn 库调用主成分分析 PCA 模块进行主成分分析。

第五节 双重差分法

双重差分法是最经典的也是最常见的准实验方法,是因果推断最基础的方法。双重差分法的原理是比较处理组与对照组政策前后的差分是否相同,如果相同则政策无效,如果不同则政策有效。因此,理解双重差分法首先要明白处理组与对照组这两个概念。

一、一些基础概念

因果推断最基础的一个概念是反事实(Counterfactuals)。我们看下面的例子:

①翠花要是考上 P 大,翠花比现在混得更好。事实上,翠花没有考上 P 大,对翠花来说考上 P 大就是反事实,与事实相反。

②如果给予 A 地税收优惠政策,A 地也能变成发达地区。事实上,A 地区没有享受税收优惠政策,税收优惠对 A 地区而言就是反事实。

翠花考上 P 大,A 地享受税收优惠,这些都是反事实,因果推断就是对反事实的一种推断。如何推断呢?如果正好翠花有个双胞胎妹妹小花,与翠花几乎完全相同,而小花考上了 P 大,我们可以观察翠花与小花,如果小花混得比翠花强,那么我们可以认为翠花如果考上 P 大会比现在混得好。同样的道理,如果我们能找到与 A 地条件完全一样的 B 地,而 B 地正好实行了税收优惠政策,如果 B 地变成了发达地区,那么我们可以认为 A 地如果实行税收优惠政策也会成为发达地区。如何更一般地实现对反事实的推断呢?我们一般利用分组方法,通过比较分组后每组的效果异同来对政策的实施效果进行推断。

分组是因果推断第二个重要的概念,分组是将研究对象分成处理组(Treatment Group)与对照组(Control Group)。处理组又叫实验组,是研究者希望通过干预得到研究者感兴趣的效应的部分,而对照组是研究者没有通过干预的部分,其效应多为已知。相对分组可以由实验者来确定,比如医学工作者在实验室将小白鼠分成组;社会科学家会根据田野调查进行分组。比如将研究的村庄进行分组。分组还可以自然特征进行分组,比如将人群分成70后、80后、90后等,也可以根据地理特征进行分组,比如秦岭—淮河以南为南方,以北则为北方等。

二、两次差分

差分即相减的意思。在吃药之前,我们测量了处理组的某个生理指标,500人的平均值为100mg,而对照组的平均值也为100mg,处理组与对照组的生理指标之差为0,两组没有什么不同,这是第一次差分。现在,我们给处理组500人吃某种抗病毒的药物,吃药后测量上述生理指标,处理组平均值变为600mg,而对照组没有任何变化还是100mg,那么吃药后生理指标的变化为500mg,即600－100,这是第二次差分。两次差分有显著不同,我们可以说这种药对于某种病毒有效果。

当然,也可能随着时间的推移,即使不吃药,这种生理指标也会从100mg增加到120mg,我们将这种变化称为时间趋势变化。

我们将上述治疗过程用图形表示。处理组平均值为A,对照组平均值为B,则两组之差为$A-B=\beta_2$,这是第一次差分。由于推行政策,处理组政策前后的平均值为$C-A$,对照组政策前后的平均值为$D-B$,则处理组与对照组之差为$(C-A)-(D-B)=\beta_3$,这是第二次差分。如果$\beta_2=\beta_3$,则两次差分之值相等,政策无效;如果$\beta_2\neq\beta_3$,则两次差分之值不相等,政策有效。吃药前后两次差分具体演示见表12.10。

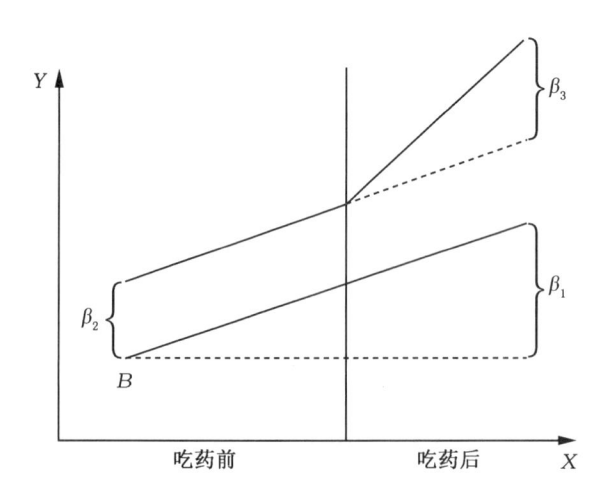

图 12.10 两次差分

表 12.10　　　　　　　　　　　双重差分法分组演示

	各参数的变化	
β_0	B	常数项
β_1	$D-B$	控制组的时间趋势
β_2	$A-B$	处理组与控制组在吃药前之差
β_3	$(C-A)-(D-B)$	处理组与控制组在吃药后之差

三、计量方程

上述过程可以用计量方程表示如下：

$$y=\beta_0+\beta_1\times Time+\beta_2\times treatment+\beta_3\times(Time\times treatment)+\varepsilon$$

式中，$Time$ 为虚拟变量，$Time=0$ 表示政策实施之前即吃药前，$Time=1$ 为政策实施之后即吃药后。$treatment$ 为分组变量，$treatment=1$ 为处理组，$treatment=0$ 为对照组。我们最关心的系数为 β_3，即处理组吃药后是否有效。相关关系见表 12.11。

表 12.11　　　　　　　　　　　对照组与处理组关系

分组	$Time=0$	$Time=1$	$(Time=1)-(Time=0)$
$treatment=0$	β_0	$\beta_0+\beta_1$	β_1
$treatment=1$	$\beta_0+\beta_1$	$\beta_0+\beta_1+\beta_2+\beta_3$	$\beta_2+\beta_3$
$(treatment=1)-$ $(treatment=0)$	β_1	$\beta_2+\beta_3$	

四、安慰剂检验

安慰剂检验(Placebo Test)最初来自医学。以上述吃药为例，我们给处理组吃药，处理组的生化指标变为 600mg。把药变成普通的糖豆，各种口感与药没有差异，处理组病人并不知道自己吃的是糖豆，这个检验就叫安慰剂检验。在这种情况下，如果处理组的生化指标也为 600mg 左右，那么证明药物没有什么效果，吃糖豆与吃药无异。

在实证研究中，我们往往通过改变政策实施的时点来进行安慰剂检验，比如某项政策为 2001 年实施，我们可以将之变为 1998、1999、2002、2004 等年度实施，看一下在这些年度的政策是否与 2001 年有所不同，如果没有不同之处，则说明这个政策是无效的，因为这些年度并没有真正实施某项政策，我们仅仅做了反事实检验。Stata 提供了 permute 等命令用来进行安慰剂检验。

五、处理组与对照组的可比性

双重差分法的最基础概念是处理组和控制组概念,处理组与对照组的可比性是这一准实验成功的关键。

例如,光头强召集森林运动会。猴子与大象比赛看谁爬树爬得快,不用比都知道猴子爬得更快。猴子的专长就是爬树,而大象一般不会爬树。处理组与对照组不具有可比性。

光头强想要考上 P 大,觉得能比现在混得更好,可惜没有考上。既然考上 P 大这一事实没有发生,那么怎么能知道混得更好呢? 如果能克隆一个自己或者自己的双胞胎弟弟正好考上 P 大,那么可以比较一下自己与弟弟的成就,看看 P 大是否对人生有重要作用。这种事情也经常发生在恋人之间,周星星大学时候谈的女朋友由于各种原因分手了,N 年后见面周星星对昔日女友说要是当初娶了她那么她会更幸福,可惜这件事情没有发生,不能被验证。但如果周星星的同班同学李星星娶了他的昔日女朋友,那么我们可以观察一下这位女生过得是否比和周在一起时更好?

上述考上 P 大或者娶了昔日的女朋友,都是没有发生的事情,如果我们恰好能找到一个与光头强或周星星完全一样或大致相同的人作为对照组,就可以大致"观察"到没有发生的反事实,见图 12.11。这个道理很明显,用一句通俗的话叫作"门当户对",要有可比性。很多时候找不到具有完全可比性的对照组,只能"合成"出一个对照组,想一想动物界的四不像(麋鹿):头像马、角像鹿、蹄子像牛、尾像驴,可以认为四不像是由马、鹿、牛、驴"合成"出来的。这种方法被称为合成控制法(Synthetic Control Method,SCM)。合成控制法也是政策评估最常用的方法之一,可以视为 DID 的一个特例。合成控制法的 Stata 常见命令为 Synth 和 Synth2。

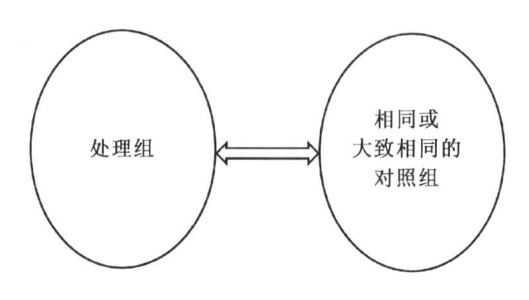

图 12.11 处理组与对照组

在分组中,处理组与对照组需要具有相同或大致相同的性质,这种性质我们有时候称为共同趋势。

六、时变双重差分法

上述治疗病毒感染的例子,我们发现处理组在某个时点吃药,而这个时点大家也在同时吃药。但我们往往碰到的是多个时点上的政策冲击。比如在实证研究中,一个经典不衰的题目是高铁的效应,我们知道 2008 年京津高铁开通,此后高铁陆续在许多城市开通。如果将通高铁作为一项政策,则这是一个典型的多时点 DID 问题,也称为时变 DID(Time-Varying DID 或 Staggered DID,还可翻译成渐进 DID 或交叠 DID)等,每个时间段有不同的组被处理,随着时间发展处理组不断增加,已不再仅有一个处理组和对照组(见图 12.12)。

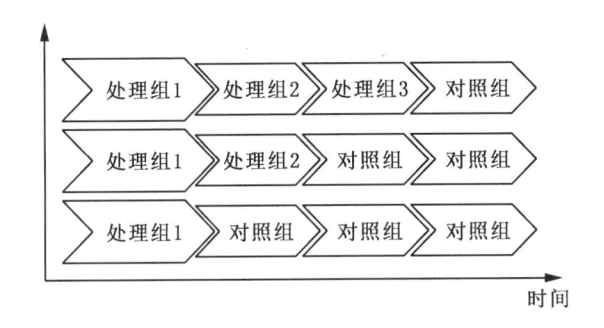

图 12.12 随着时间而变的处理组

多时点 DID 的计量模型为:
$$y = \beta_0 + \beta_2 \times treatment + \lambda + \nu + \varepsilon$$

与标准的 DID 相比,$Time$ 项被时间固定效应 λ 代替,又增加了个体固定效应 ν,还有一个交叉项 $Time \times treatment$ 也被去掉了,这是因为 $Time \times treatment$ 与政策项目 $treatment$ 在此处的作用是完全一致的,放在模型里属于画蛇添足了。

接着高铁的效应,很明显 2008 年通高铁、2018 年通高铁、2023 年通高铁对于通高铁的城市的影响(平均处理效应)是不一样的,我们可以说处理组存在异质性。Stata 18 提供了两个命令 hdidregress 和 xthdidregress 来估算这种异质效应(Average Treatment Effects on the Treated,ATETs)。Goodman-Bacon(2021)提出了 Bacon 多时点 DID 分解方法的目的相同,其命令为 bacondecomp 和 ddtiming。

七、DDD

有时候我们会遇到三重差分的问题(triple DID)。我们还是以交通为例,这次不仅有高铁,而且有地铁。

对于高铁,双重差分为:

$$DiD_h = 高铁处理组前后变化 - 高铁控制组前后变化$$

对于地铁,双重差分为:

$$DiD_s = 地铁处理组前后变化 - 地铁控制组前后变化$$

现在同时有两个政策:高铁与地铁,我们可以求出:

$$DD_T = 高铁处理组前后变化 - 地铁处理组前后变化$$

$$DD_C = 高铁控制组前后变化 - 地铁控制组前后变化$$

那么,我们可以得出第三次差分:

$$\begin{aligned}DDD = DD_T - DD_C &= (高铁处理组前后变化 - 地铁处理组前后变化)\\&\quad - (高铁控制组前后变化 - 地铁控制组前后变化)\\&= (高铁处理组前后变化 - 高铁控制组前后变化)\\&\quad - (地铁处理组前后变化 - 地铁控制组前后变化)\end{aligned}$$

这就是三重差分法的原理。这里高铁处理组就是开通高铁城市,前后变化就是开通前后,地铁也是同样的表述。我们发现三重差分其实就是两个两重差分再差分,所以做了两个两重差分,不再做三重差分。三重差分的数学表达式可以简写为:

$$y = \beta_0 + \beta_1 T + \beta_2 D_1 + \beta_3 D_2 + \beta_4 TD_1 + \beta_5 TD_2 + \beta_6 D_1 D_2 + \beta_7 TD_1 D_2 + \varepsilon$$

其中,T 为处理时间;D_1 为第一项政策,如高铁;D_2 为第二项政策,如地铁。

八、双重差分的 Stata 实现

Stata 提供了双重差分的命令 didregression 和 xtdidregression、安慰剂检验的命令 permute 以及共同趋势的常用命令 coefplot 等。

第六节 机器学习

IBM 给出的机器学习定义为:机器学习(Machine Learning,ML)是人工智能(AI)和计算机科学的一个分支,它专注于利用数据和算法模拟人类学习方式,并逐渐提高它的精确性,而微软给出的定义为机器学习是训练机器像人类一样从数据中分析与学习的科学,通常被认为是人工智能(AI)的分支学科。机器学习现在已经开始应用于社会科学的研究中,如情感分析(Emotion Analysis)、情绪分析(Sentiment Analysis)、语音合成(Speech Synthesis)、文本分析,各种预测如股票、房价、石油价格等。机器学习在经济学的应用越来越广泛。

机器学习模型包括有监督的学习(Supervised Learning)和无监督的学习(Unsupervised Learning)。有监督的学习包括分类(Classification)、回归(Regression)等算

法;无监督学习包括聚类分析(Clustering)、关联分析(Association)、降维分析(Dimensionality Reduction)等算法。监督学习是利用标签数据进行训练的模型,而无监督学习是利用无标签数据进行训练的模型。做个简单的比喻,比如建房子,建筑材料最好够建三间瓦房,这个叫作监督学习;而利用建筑材料,可以建三间瓦房,也可以是建两间房子再加一个院墙,还可以建两层楼,没有要求,纯粹从建筑材料出发,这叫作无监督学习。

机器学习与传统的经济学方法有所不同,一般说来机器学习是从数据中发现规律,事先是不知道数据之间存在什么关系,机器学习所用方法除了回归外,还有随机森林、支持向量机、神经网络、决策树等;而经济学方法是建立理论模型,利用数据去验证模型的合理性,主要方法包括最小二乘法、最大似然估计、工具变量法、因果推断法。机器学习是为了数据的预测,而经济学是利用历史数据来探究因果关系。近年来机器学习开始应用于经济学的研究中,正在改变经济学的传统研究方法。

机器学习的软件可以是 Matlab 和 Python 等,对于经济学者来说我们推荐使用 Python,Python 中机器学习包有 Scikit-Learn、Keras、PyTorch、Tensorflow 等。当然,Stata 也可以用于机器学习,从 Stata 17 后,Stata 和 Python 可以交互使用,你可以在 Stata 里调用 Python 代码,也可以在 Python 里调用 Stata 命令。

第七节 论文选题

一、制度背景与特征事实

在论文选题之前,我们大概需要知道世界的制度背景与一些特征事实,这些背景与事实包括:①大航海时代以来世界的发展演变;②工业革命以来世界人口、经济等发展演变;③世界宗教、语言与人口的分布;④第三次工业革命与现代信息技术发展;⑤工业革命为什么发生在英国而不是其他地区? ⑥市场经济与计划经济体制的发展演变;等等。

关于中国的制度背景与特征事实包括:① 朝代更迭与循环的朝代;②1840 年以来中国的开放与发展;③1949 年以来中国经济的巨大成就,1949—1978 年中国计划经济体制建立的原因及其影响;④1978 年以来的中国经济发展与改革的事实,比如农村改革、国有企业改革;⑤中国户口制度与土地制度的演进;⑥中国城市化、工业化与产业集聚的事实;⑦中国分税制改革及其演进;⑧国家区域发展战略的历史演进,从三线建设到四大板块再到重要区域发展战略;⑨中国开发区(园区)建设的历史与效应;⑩

中国干部的任命与选拔制度的演进;等等。

中国历史发展的一些时间点及其发生事件见表12.12。

表12.12　　　　　　　　　　　中国一些历史事件

时间	历史事件
隋朝大业三年(607年)至清光绪三十一年(1905年)	科举制度
隋朝大业元年(605年)开凿通济渠	修建大运河
宋朝	城市化水平最高达20%~30%
1840年	鸦片战争,中国近代化开始
1949年	新中国成立
1950年初	高校西迁
20世纪60—70年代	三线建设
1978年	党的十一届三中全会,改革开放拉开序幕
1978年	中国城市化率为17.9% 中国第二产业占比47.9%
1994年	分税制改革
1998年	住房市场化
1999/2000年	西部大开发
2001年	中国加入世贸组织
2008年	世界金融危机
2012年	中国进入新时代

二、常见的数据库与指标测度

(一)常见的数据库

《中国统计年鉴》和国家统计局(www.stats.gov.cn),主要提供国家及其省级层面的宏观数据。

中国综合社会调查(CGSS)、中国家庭收入调查(CHIPS)、中国教育追踪调查(CEPS)、中国家庭追踪调查(CFPS)、中国健康与养老追踪调查(CHARLS)主要提供个体层面的微观数据库。

中国工业企业数据库、中国海关数据库、万德数据库这三个微观数据库主要提供企业层面数据。中国工业企业数据库是国家统计局建设的数据库,主要包括销售额500万元以上(2011年起调整为2 000万元以上)的各类工业企业,涵盖了企业的基本情况、企业财务情况、企业生产销售情况等多个维度的数据。整个数据库涵盖中国工业制造业 40 多个大产业、90 多个中类、600 多个子行业。海关统计数据库是由海关总署统计的所有通过海关的企业进出口交易记录,包括企业代码、企业名称、企业类型、贸易方向(进口或出口)、产品 HS 编码、数量、单位、金额等。在实证研究中,我们通常将这两个数据库的数据进行匹配。

(二)常见指标测度

研究中国的区域与城市经济问题,经常会用到以下指标或指标体系:

①中国各省区市的产业集聚的 EG 指数。

②中国直辖市、副省级城市、省会城市的哈里斯(Harris,1954)市场潜力指数。

③中国各省区市的降水量、空气质量、地形坡度和一月、七月平均气温等。

④中国铁路通达城市及其里程矩阵、中国各市县到最近海港的距离等。

⑤中国 1978 以来中国地区全要素生产率:各省区市资本劳动存量与全要素生产率;中国地级市的资本与劳动存量与全要素生产率。在估算中最主要的是估算各地区的物质资本存量,一般利用永续盘存法等方法。

⑥中国各地级市的城市品质指数。

⑦中国各省区市的基尼系数。

⑧中国地区分割(一体化)指数。

⑨中国城市住房价格指数。

⑩中国各市县的夜间灯光数据。

测量地区或产业的全要素增长率一直是研究的重点。经济增长率等于资本增长率加劳动力增长率再加全要素生产率增长率:

$$y = TFP + \alpha k + \beta l$$

式中,TFP 增长率是除资本、劳动外的组织、制度等因素带来的增长率,因而常被用于衡量经济增长的质量。

测量全要素生产率的一个常用方法是索罗余值法,即如果知道了经济增长率、资本资产率、劳动增长率,那么通过计量方法即可求得 α 和 β,从而很容易求出 TFP 增长率。估算方法常用的工具是 OLS(Olley-Pakes,1996)半参数方法和基于数据包络技术的非参数方法。此外,还有 Levinshon-Petrin(2003)、Gandhi-Navarro-Rivers(2020)、Achkerberg-Caves-Frazer(2015)等方法。

由于 Olley-Pakes(1996)半参数方法可以纠正常见的联立性和选择性偏差等问题,因而常被使用。

$$y = \beta_l l + \beta_k k + \omega + \varepsilon$$

式中,y 为产出,l 为劳动力投入,k 为资本投入,ω 为全要素生产率,ε 为随机误差性,这里省略了所有的下标。

Olley-Pakes(1996)为了估计 ω,建立了投资方程:
$$I_t = k_{t+1} - (1-\delta)k_t$$
式中,k 为资本存量,I 为投资,δ 为折旧率。

构建最优投资函数:
$$i = i(\omega, k)$$
可以写出其反函数:
$$\omega = h(i, k)$$
所以
$$y = \beta_l l + \beta_k k + \omega + \varepsilon = \beta_l l + \beta_k k + h(i, k) + \varepsilon$$
令 $\varphi = \beta_k k + h(i, k)$,可以估计出无偏的 φ,则:
$$y = \beta_l l + \varphi + \varepsilon$$
对上式进行估计,可以得出 β_l 的估计值为 $\widetilde{\beta}_l$。

令 $\aleph = y - \widetilde{\beta}_l l$,再次估计,可得:
$$\aleph = \beta_k k + g(\varphi - \beta_k k) + \mu + \varepsilon$$
求出系数 β_k 的估计值 $\widetilde{\beta}_k$,这样就估计出了所有待估系数,从而测算出了全要素生产率。

另一种常用的估算方法是 Caves-Christensen-Diewert(1982)提出的马尔奎斯生产率指数方法,我们在前文已经提过,不再赘述。

Stata 提供了处理全要素生产率的一个通用命令:prodest。其基本语法为:

prodest depvar[if][in], free(varlist) proxy(varlist) state(varlist) method(op)[options]

其中,depvar 是被解释变量,free(varlist)为自由变量,proxy(varlist)为代理变量,state(varlist)为状态变量。

method(op)为 OP 估计方法,如果是 LP 方法,则括号内换成 lp。同理,wrdg 为 Wooldrige 方法,rob 为 Robinson 和 Wooldrige 方法,mr 为 Mollisi 和 Rovigatti 方法。

三、常见的选题

论文选题常常困扰研究者特别是研究生,选题的方法:一是从社会实践中来,去发现现实经济社会发展中还没有解决的问题,大量的工科专业都是遵从这一套路,用中国的数据讲好中国的故事。二是从文献而来,通过看文献去挖掘研究课题,常见的一个方法是利用国外的模型和实证方法套上中国的数据进行研究,当然这是初学者的模式。三是跟踪热点,比如最近几年的高铁、数字经济等都是研究热点,数字经济几乎对社会经济的各个变量都有影响,那么甲可以研究数字经济对 A 变量的影响,乙则可以研究数字经济对 B 变量的影响,总有别人没研究的变量。这种跟风研究有个好处,容易"搭便车"蹭热点,可以更快地发表论文。四是靠长期的积累和灵感。苏东坡说:"文章本天成,妙手偶得之。"正是此意也。无论哪种选题,应该明白科学研究是为了发现真理,服务社会和国家,研究者要遵守宪法和法律。

参考文献

[1]郝海,踪家峰. 系统分析与评价方法[M]. 北京:经济科学出版社,2007.

[2]踪家峰. 区域与城市经济学[M]. 上海:上海财经大学出版社,2021.

[3]Balk B M. Scale Efficiency and Productivity Change[J]. *Journal of Productivity Analysis*,2001,15(3).

[4]Blair P D, Miller R E. *Input-Output Analysis: Foundations and Extensions*[M]. Cambridge:Cambridge University Press,2009.

[5]Charnes A, Cooper W W, Rhodes E. Measuring the Efficiency of Decision Making Units[J]. *European Journal of Operational Research*,1978,2(6).

[6]Farrel M J. The Measurement of Productive Efficiency[J]. *Journal of the Royal Statistical Society*,Series A (General) 1956,120(3).

[7]Fare R, Grosskopf S, Lindgren B, et al. Productivity Change in Swedish Pharmacies 1980—1989: A Nonparametric Malmquist Approach[J]. *Journal of Productivity Analysis*,1992,3(1—2).

[8]Morgan S L, and Christopher Winship. *Counterfactuals and Causal Inference: Methods and Principles for Social Research*[M]. Cambridge: Cambridge University Press, 2007.

[9]Mariaflavia Harari. Cities in Bad Shape: Urban Geometry in India[J]. *American Economic Review*,2020,110(8).

[10]Imbens G W, Rubin D R. *Causal Inference for Statistics, Social, and Biomedical Sciences*[M]. Cambridge: Cambridge University Press, 2015.

[11]Ackerberg Daniel, Caves Kevin and Frazer Garth. Identification Properties of Recent Production Function Estimators[J]. *Econometrica*,2015,83.

[12]Bryan Gharad and Morten Melanie. The Aggregate Productivity Effects of Internal Migration: Evidence from Indonesia[J]. *Journal of Political Economy*,2019,127(5).

[13]Harari M. Cities in Bad Shape: Urban Geometry in India[J]. *The American Economic Review*,2020,110(8).

[14]Coelli T J, Rao D S P. O'Donnell C J,et al. *An Introduction to Efficiency and Productivity Analysis*, 2nd ed[M]. New York:Springer, 2005.

[15]Harris C D. The Market as a Factor in the Localization of Industry in the United States[J].

Annals of the Association of American Geographers,1954,44(4).

[16]Levinsohn James and Petrin Amil. Estimating Production Functions Using Inputs to Control for Unobservables[J]. *The Review of Economic Studies*,2003,70(2).

[17]Gandhi Amit,Navarro Salvador and Rivers David. On the Identification of Gross Output Production Functions[J]. *Journal of Political Economy*,2020,128(8).

[18]Malmquist S. Index Numbers and Indifference Surfaces[J]. *Trabajos de Estadística*,1953,4.

[19]Olley G Steven and Pakes Ariel. The Dynamics of Productivity in the Telecommunications Equipment Industry[J]. *Econometrica*,1996,64(6).

[20]Goodman-Bacon A. Difference-in-Differences With Variation in Treatment Timing[J]. *Journal of Econometrics*,2021,225(2).

思考与练习

(一)关于区位因素的研究

1.为研究区位因素的影响,分别建立如下实证模型:

①$Y=\beta_0+\beta_1 X+\varepsilon$；②$\ln Y=\beta_0+\beta_1 X+\varepsilon$；③$\ln Y=\beta_0+\ln\beta_1 X+\varepsilon$；④ $Y=\beta_0+\beta_1 X+\varepsilon$,但 Y 是虚拟变量0或1。

请分别解释当 X 增加1%的时候,Y 增加多少?

2.实证研究中国城市星巴克分布的影响因素:①地级以上城市的星巴克数量。②被解释变量是什么? 解释变量中距离和城市市场规模变量该如何度量?③模型的估计方法是什么?④请写出Stata、R、Python 代码。

3.实证研究北上广深或所在城市的银行网点分布的影响因素:①查找到所研究城市之所有银行网点的经纬度;②被解释变量是什么? ③解释变量的距离变量可以设置为到 CBD 距离、到地铁站距离,那么还有其他解释变量吗? ④请写出 Stata、R 语言、Python 代码。

4.研究跨国公司 FDI 区位选择常用实证工具是概率单位回归模型(多用 Logit 回归),实证模型中解释变量可能是区位、市场规模、基础设施、工资水平等,而被解释变量为0、1,0 代表没有投资,1代表有投资。以跨国汽车公司在华投资数据来实证研究跨国公司价值链区位的影响因素。如果将跨国公司选择哪个城市进行投资看成一个随机事件,则被它选中的城市为1,没有选中的城市为0,一般用 logit 模型估计:

$$p(X_j)=P(D_j=1|X_j)=\frac{\exp(X'_j\beta)}{1+\exp(X'_j\beta)}$$

(二)关于城市化和人口流动的研究

1.请利用夜间灯光数据实证研究中国的城市化:①建立中国城市夜间灯光数据库;②灰度值有何优点和不足;③夜间灯光数据主要反映了人口城市化还是土地城市化? ④研究撤县设区的效应。

2.中国城市化的一个特点是众多城市在郊区建立大学城。实证研究大学城对城市创新的影响。

3.住房规制(限购等)是否导致了离婚率的上升,也就是说人们是否为了买房而离婚?

4. 房价上涨是否推动了中国经济增长,是否影响了企业的创新?

5. 中国城市空间蔓延的研究:①蔓延的影响因素;②蔓延是否影响城市发展效率;③高铁开通促进了城市蔓延吗?

6. 中国城市出现大规模收缩了吗?请以"五普""六普""七普"数据分析。

7. 基于"七普"数据尝试用机器学习的有关方法对中国城市进行分类。

8. Bryan 和 Morten(2019)对印尼的人口流动进行了研究,他们发现人口流动随着距离的增长而衰减,到更远处打工的人的工资更高。请参照 Bryan 和 Morten(2019)的实证模型,利用中国的数据进行实证研究。

9. 利用 LandScan 世界人口分布地图,提取中国各地级市人口数据。

10. 给出上述各题目的 Stata、R、Python 代码。

(三)关于城市空间结构与城市体系的研究

1. 基于手机信令等多源数据,研究北上广深和你所在城市的职住分离情况,并利用 GIS 可视化你的研究结果。

2. 利用多源数据进行城市研究:①利用出租车数据,估算你所在城市的半径;②利用手机信令数据,估算你所在城市群的边界;③利用百度、高德数据研究你所在城市流动人口流动规模;④利用共享单车数据研究你所在城市通勤或日常生活半径;⑤利用 GIS 将研究结果可视化。

3. 估算中国城市的通勤成本和拥堵成本,回答城市规模影响这些成本吗?能用土地交易数据估算通勤成本吗?

4. 借鉴 Harari(2020)研究中国城市形状的影响:①如何测度城市的形状;②城市形状对城市经济增长的影响;③城市形状对生产率的影响;④城市形状对工资的影响;⑤开发区的区位是否影响了城市蔓延?⑥想一想就中国城市形状还可以做什么研究?

5. 学区房的价格更高吗?请实证分析。

6. 利用"五普""六普"和"七普"数据,研究中国城市的 Zifp 规模分布。

7. 数字经济更有利于城市单中心发展还是多中心发展?

8. 利用爬虫等技术收集中国土地交易数据(如中国土地市场网 https://www.landchina.com/),研究并回答:①如何得到土地交易的微观数据?②工业用地价格比住房用地价格低吗?为什么?③利用土地微观数据还可以做什么研究?

9. 给出上述各题目的 Stata、R、Python 代码。

(四)关于产业集聚

1. 测算中国各省区市产业集聚的 EG 指数和区位商。

2. 研究地理因素对中国产业集聚的影响,中国是否存在资源诅咒现象?

3. 中国产业转移是否存在雁阵模式?如何实证研究。

4. 参阅中国工业企业数据库,利用 Olley-Pakes 方法估算中国工业企业的全要素生产率(TFP),利用 Brandt(2012)方法清理工业企业数据库并回答:①资本如何处理?②劳动力如何处理?③哪些产业可以利用柯布道格拉斯生产函数,哪些产业不能?④哪些因素会影响 TFP?可以做些什么研究?

5. 以大陆台商投资企业区位选择为例,分析企业的迁移及其影响因素。

6. 绘制中国白酒业的知识图谱。

7. 数字经济发展改变产业分布了吗？平台经济促进了实体经济的集聚还是分散？

8. 基于2020年"七普"等数据，借鉴Ciccone和Hall(1996)方法，研究中国地级市经济密度对生产率的影响：①利用城市级数据进行研究；②利用街道级数据进行研究；③仅研究开发区。

9. 产业集聚提升了出口产品质量吗？还是带来了环境污染？

10. 给出上述各题目的Stata、R、Python代码。

(五)关于区域差异与趋同的研究

1. 实证研究1978年以来中国各省区市经济发展是否存在趋同现象，写出实证模型并回答：①GDP增长率是名义增长率还是实际增长率？②存在什么类型的区别？③中国各省区市全要素生产率趋同了吗？④中国地级市全要素生产率趋同了吗？

2. 利用微观数据库(CHARLS和CHIPS)测算中国的基尼系数。

3. 实证研究中国开发区(新城、新区)的效率，回答开发区是否比老城区效率更高，开发区是否加剧了地区间(城市间)的不平等？

4. 实证研究地理条件对中国人均收入、人均财政支出、人均GDP、产业集聚的影响。其中被解释变量是人均收入等，解释变量可能是一组地理变量包括各地的气候(一月份平均气温)、距离海岸线的距离、距离最近海港的距离等，还有其他控制变量，数据可以是省级、地级市级或县级数据。

5. 中国经济发展与地区差距是呈现倒U形曲线还是钟形曲线？如何进行实证研究？

6. 构建中国各省区市相互之间贸易矩阵。东北地区的产品主要销往哪个省区市？广东呢？

7. 数字经济发展降低了城乡和地区收入差距了吗？

8. 尝试利用机器学习的有关方法预测中国区域差异的发展趋势。

9. 利用各年份的夜间灯光地图，提取中国县级夜间灯光数据(DN)，并分析其演变趋势。

10. 查阅资料，利用价格法计算2000年以来中国市场分割指数(市场一体化体制)。

11. 给出上述各题目的Stata、R、Python代码。

(六)关于交通基础设施及其影响

1. 利用多期DID研究高铁对经济发展的影响：①为什么多期DID模型不需要$Time \times treatment$交叉项，而且还做个体和时间固定效应？②高铁促进城市经济增长了吗？③高铁影响房价上涨还是降低？④高铁促进劳动力市场一体化了吗？⑤高铁与中国婚姻市场：异地恋增多了吗？⑥高铁促进异地购房了吗？⑦高铁改善了城市的空气质量或造成空气污染了吗？⑧缩小了区域差距吗？是否降低了农村贫困？⑨提升学者交流水平了吗？⑩高铁是否提升了城市的全要素生产率？⑪高铁促进产业价值链提升了吗？⑫还可以做哪些高铁方面的研究？

2. 研究高速公路对经济发展的影响：①高速公路促进城市经济增长了吗？②高速公路提升了地区一体化水平了吗？③高速公路使贫困降低了吗？④高速公路是否提高了企业的TFP？⑤高速公路是否提升了出口产品质量？⑥高速公路网络促进产业价值链提升了吗？⑦公路网或高速公路网对哪些变量还有影响，还能够做哪些方面的研究？

3. 地铁对城市经济的影响：①地铁对城市地价的影响？②地铁改善了城市空气质量了吗？③地铁提升城市企业TFP了吗？④地铁还有哪些影响？还可以做哪些方面的研究？

4. 研究高铁、高速公路协同对城市经济的影响：①用双重差分模型还是用三重差分模型？②这时候有多少个对照组？

5. 对城乡差距和农民增收的影响：①农村电商的发展降低城乡收入差距了吗？②农村交通与物

流建设促进农民增收了吗？③农村交通建设是否降低了生育率？

6.寻找交通运输的工具变量。

7.给出上述各题目的 Stata、R、Python 代码,对于多期 DID,给出 Bacon 分解。

（七）关于环境与能源问题研究

1.何处可以查到全国及其各城市环境与能源的年度、月度和实时数据？

2.夜间灯光数据可以作为各地区能源消耗的替代变量吗？

3.实证研究中国各省区市环境库兹涅茨曲线,并回答 2023 年哪些省区市达到了拐点？思考还有哪些现象呈现出倒 U 形特点？

4.利用各城市的雾霾数据和微博签到数据,研究雾霾对人们幸福感的影响。

5.秦岭－淮河是我国的南北分界线,也是我国的南北供暖分界线,淮河以北集中供暖,淮河以南不集中供暖。请利用 GIS,画出秦岭－淮河分界线。淮河南北的环境污染、死亡率、预期寿命、市场化水平、城市化水平等是否有显著的差异？如果存在显著差异,那么请利用断点回归方法(RDD)研究中国环境污染、死亡率、预期寿命等影响因素。

6.估算中国各省区市的环境全要素生产率(ETFP 或 GTFP,即环境或绿色全要素生产率),考虑环境因素的全要素生产率:①写出实证模型;②K、L 如何测算,折旧率如何处理？③污染因素如何处理,算投入还是产出？④利用索罗余值法与数据包络技术分别处理;⑤利用非合意 DEA 方法,测算各省区市的绿色马尔奎斯生产率指数。

7.环境污染的影响:①是否影响生产率？②是否影响居民收入？

8.尝试利用机器学习的有关方法预测京津冀、长三角、成渝、汾渭平原等地区的大气质量。

9.数字经济促进绿色发展了吗？或者说提高了绿色 TFP 了吗？

10.给出上述各题目的 Stata、R、Python 代码。

（八）关于地方财政的研究

1.测度财政分权:①测度中央－省区市的财政分权;②测度省区市-市县的财政分权。

2.研究中国地方政府间的税收竞争:① 如何测度税收竞争;②税收竞争对各地级市经济增长的影响。

3.研究撤县设区影响:①建立撤县设区的数据库;②撤县设区对地级市经济增长的影响;③撤县设区对地级市房价的影响。

4.研究城市政府驻地迁移:①对城市住房价格的影响;②对公共物品提供的影响;③对城市空间扩展的影响。

5.建立中国城市市委书记与市长的数据库,研究城市官员对于城市空间扩展和城市容积率的影响。

6.集聚租金高的城市企业实际负担更重吗？

7.利用机器学习的有关方法,预测撤县设区的影响。

8.给出上述各题目的 Stata、R、Python 代码。

（九）政策评价

1.熵值法是常用的一种评价方法,它的基本步骤为:

①对于 m 个样本 n 个指标(变量)的评价数据矩阵: $X_{ij} = (X_{ij})_{m \times n} (i = 1,2,3,\cdots,m; j = 1,2,3,\cdots,n)$;

②数据的无量纲处理：对于正向指标 $X'_{ij} = \dfrac{X_{ij} - \min\{X_{ij}\}}{\max\{X_{ij}\} - \min\{X_{ij}\}}$，对于负向指标 $X'_{ij} = \dfrac{\max\{X_{ij}\} - X_{ij}}{\max\{X_{ij}\} - \min\{X_{ij}\}}$；

③计算样本权重 $\pi_{ij} = \dfrac{X_{ij}}{\sum_{i=1}^{n} X_{ij}}$；

④计算第 j 个指标的熵值：$e_j = -\dfrac{1}{\ln(n)} \times \sum_{i=1}^{n}(\pi_{ij} \times \ln(\pi_{ij}))$；

⑤计算熵值冗余度：$d_j = 1 - e_j$；

⑥计算指标权重：$w_j = \dfrac{d_j}{\sum_{j=1}^{m} d_j}$；

⑦计算总得分：$s_i = \sum_{j=1}^{m} w_j x'_{ij}$。

请说出熵值法的原理。

2. 构建指标体系，分别利用主成分分析法和熵值法评价中国主要城市群协同/绿色发展/高质量发展等的程度（京津冀、长三角、珠三角等），进行城市群和城市的排名。如果使用机器学习方法呢？

3. 利用 DEA 方法，求出中国商业银行效率、汽车产业效率、港口效率、航空公司效率、城市发展效率等，并利用 Tobit 模型分析效率的影响因素特别是数字经济发展对效率的影响。

4. 上海、重庆试点房地产税对住房价格、空置率等影响：①双重差分法还是合成控制法？②写出实证模型；③上海与重庆是否存在异质性？④写出 Stata 或 R 代码。

5. 1954 年重庆并入四川省，成为四川省辖市。1997 重庆升格为中央直辖市，辖原重庆市、原万县市、涪陵市（已撤销）和黔江地区。请利用断点回归方法（RDD）研究四川与重庆交界地区的经济增长、财政收入、交通运输是否因为重庆直辖而发生变化？

6. 利用双重差分法或者其他因果推断方法研究以下问题：

①2013 年初国家智慧城市试点第一批城市为 90 个，同年 8 月第二批试点，试点城市为 103 个；2015 年又开始了第三批智慧城市试点，试点城市为 84 个。请问智慧城市试点使城市更智慧了吗？

②2010 年国家第一批低碳城市试点，2012 年国家第二批低碳城市试点，2017 年国家第三批低碳城市试点。请问低碳城市试点促进中国城市环境质量改善了吗？

③21 世纪以来全面推进"宽带中国战略"，先后确定了 2014 年试点城市、2015 年试点城市、2016 年试点城市。请问"宽带中国战略"促进城市数字经济发展、促进城市产业转型了吗？

④2014 年以来我国先后实施电子商务进农村综合示范县政策，2014 年以来每年均有新的县市纳入示范县工程。请问该项政策促进农民增收了吗？

7. 双重差分法是个进展迅速的领域。请查阅资料了解交错双重差分法（Staggered DID）、队列双重差分法（Cohort DID）、模糊双重差分法（Fuzzy DID）、三重差分法（DDD）等。

8. 请问 DID 与双向固定效应（TWFE）有区别吗？其估计结果是否不同？异质性 DID 与 TWFE 呢？请举例说明。

9. 给出上述各题目的 Stata、R、Python 代码。

(十)综合题

下表是做计量经济学的通用范式,只要补充被解释变量和解释变量,变化控制变量,在有数据的情况下即可以写出一篇论文。

被解释变量	
解释变量	
Panel A： 微观变量 企业规模 ROE 独立董事占比 所在行业 ……	
Panel B： 宏观变量 人均 GDP 第二产业比重 城市化率 ……	
Panel C： 空间数据 地形 海拔 到最近海港距离 降雨量	
个体固定效应 时间固定效应 地区固定效应 行业固定效应	
No. R^2	

请问:①如何选择 A+B+C 这样三类控制变量,可能的解释变量和被解释变量是什么?②什么时候可以忽略 Panel C 这类控制变量?③个体等固定效应的意义为何?做多少个固定效应?写出 Stata 的 Reghdfe 相应命令;④夜间灯光数据可以做哪些变量的工具变量或者哪些变量的稳健性分析? Panel C 如何利用 GIS 获得?⑤利用 Bartik 分离变量法构建你找到的解释变量的工具变量;⑥如果 Panel A 变成姓名、性别、年龄、籍贯等,那么解释变量和被解释变量又可能是哪些?⑦如果写一篇数字经济对劳动生产率影响的论文,那么解释变量是什么,被解释变量是什么,工具变量如何构建?⑧一同学想进行国家级大数据综合试验区对数字经济发展的影响研究,请问这是个准实验吗?分别写出 Stata 的 reghdfe、areg、reg 的命令,并尝试利用机器学习因果推断方法;⑨利用大语言模型(如 ChatGPT 等)写同样的论文,看一下其水平如何。

附　录

一、国内数据

国家基础地理信息中心:http://www.ngcc.cn/

国家气象科学信息中心:http://data.cma.cn/

中国环境监测总站:http://www.cnemc.cn/

全球30米地表覆盖数据库:http://www.globallandcover.com/

中国土地市场网:https://www.landchina.com/

百度地图开放平台:https://lbsyun.baidu.com/

高德地图开放平台:https://lbs.amap.com/

爱企查:https://aiqicha.baidu.com/,可以查阅中国企业相关数据

中国专利数据:https://zlbd.pt-jh.com/,专利数据常用于作为创新变量

国家统计局:www.stats.gov.cn,提供月度、季度、年度数据

中经网:www.drenet.com

中宏网:www.macrochina.com.cn

万得数据库:www.wind.com.cn,提供上市公司的数据

中国工业企业数据库(China Industry Business Performance Data):http://www.allmyinfo.com/data/zggyqysjk.asp

中国海关数据库:http://new.ccerdata.cn/Home/Special

中国家庭追踪调查(China Family Panel Studies,CFPS):http://www.isss.edu.cn/cfps/

中国健康与养老追踪调查(China Health and Retirement Longitudinal Study,CHARLS):http://charls.ccer.edu.cn

中国家庭金融调查(China Household Finance Survey,CHFS):http://chfs.swufe.edu.cn/

中国健康与营养调查(CHNS):http://www.cpc.unc.edu/projects/china/

中国综合社会调查(CGSS):http://cnsda.ruc.edu.cn/index.php

中国家庭收入调查(China Household Income Projects，CHIPS)：http://www.ciidbnu.org/chip

中国老年健康影响因素跟踪调查(Chinese Longitudinal Healthy Longevity Survey，CLHLS)：http://web5.pku.edu.cn/ageing/html/datadownload.html

中国研究数据服务平台(CNRDS)：https://www.cnrds.com/

二、国际数据

世界银行：www.worldbank.org/data

世界银行全球治理数据库：datacatalog.worldbank.org

世界天气历史数据库：http://www.worldclim.org

世界夜间灯光数据库(NASA)：http://earthdata.nasa.gov

VIIRS 夜间灯光：https://www.earthdata.nasa.gov/sensors/viirs

世界银行企业数据：http://www.enterprisesurveys.org/data/survey-datasets

世界发展指数：http://databank.worldbank.org/data/home.aspx

OECD 数据库：http://stats.oecd.org/ and http://www.oecd-ilibrary.org

国际货币金融组织数据库：http://data.imf.org

空气质量在线监测平台：https://www.aqistudy.cn/historydata

世界投入-产出数据：https://www.rug.nl/ggdc/valuechain/wiod/或 World Input-Output

Tables(WIOD)：http://www.wiod.org/new_site/database/wiots.htm

世界人口分布图：https://landscan.ornl.gov/，可以从中提取颗粒度很小的人口数据

三、软件

Python 下载：www.anaconda.com 或 www.python.com

R 语言下载：https://www.r-project.org/

Stata 下载：www.stata.com

Matlab 空间计量模型代码下载：http://www.spatial-econometrics.com/

四、Python、Stata 与 R 语言比较

软件	Python	Stata	R 语言
简介	面向对象的程序设计语言，开源、免费	统计与计量经济软件，收费	统计与计量经济软件，开源、免费
安装	官网下载 库安装：pip install 库名或 conda install 库名	官网下载 命令安装：ssc install 命令名	官网下载 install. packages（包名字）
调用库	import 库名/包名 库/包的英文：library 或 packages	不需要，没有库/包的概念	library（包名字）
数据类型	数字值、字符型、列表 list、元组 tuple、字典 dict、集合 set、数据框 data. Frame、数组 array	数值型、字符型宏 macros、矩阵 matrix、向量 vector、标量 scalar，但矩阵、向量、标量不常用	数字值、字符型、向量 vector、列表 list、矩阵 matrix、数组 array、因子 factor、数据框 data. frame
控制语句	选择语句：if 循环语句：for、while	选择语句：if 循环语句：foreach、forvalue（Stata 的 for 循环多了个 each 或 value）、while	选择语句：if、switch 循环语句：for、while
函数/命令	函数可分成内置函数与自建函数等 Stata 中的命令就是 Python 和 R 语言中的函数	命令可分成内置命令和自建 do 文件，命令就是函数	函数可分成内置函数与自建函数等
爬虫与文本	很擅长（重要的爬虫库有 requests、beautifulsoup 等；重要的文本分析库有 NLTK、jieba 等）	可以	擅长
数值	很擅长数值分析，与 Matlab 类似	比较困难	擅长
统计与计量	基于 Statsmodels 等库，能够处理统计与计量问题，比如库 PyFixest 可以实现 Stata 的 Reghdfe 的多维固定效应功能	很擅长，类似 R 语言	很擅长，类似 Stata
机器学习	很擅长（聚类与降维等算法通用于 Python\Stata\R 语言）	困难，但可以跑 Lasso 等回归，可以调用 Python 命令	擅长
空间分析	擅长空间分析，与 ArcGIS 融合较好，有 arcpy、geopandas、Shapely、GDAL、geoplot 等库	可以跑空间计量回归，有 spatwmat、xtmoran、spatgsa、xsmle 等命令	擅长空间计量、空间分析，有 spatialreg、spatstat、spdep、sf 等包